电子商务实战教程

主　编　方荣华　李　美　姜建华
副主编　陈丽萍　张　婷　周俊雯

电子工业出版社
Publishing House of Electronics Industry
北京·BEIJING

内 容 简 介

本教材主要内容包括：走进电子商务创业、创建网上创业店铺、实施店铺经营、开展店铺营销推广、掌握客服技巧。本教材根据中等职业学校电子商务专业的教学实际，系统地讲解了电子商务实战的知识，通过对实际案例的分析及操作，使学生熟悉并掌握基本创业实战工具的使用和操作。通过学习本教材，学生可以掌握创业实战的基本技能，培养认真细致的工作作风和善于沟通合作的良好品质，为其未来的发展和良好的职业能力奠定基础。

本教材除适合作为职业院校电子商务专业、各级培训机构的初中级培训教材外，还可以供相关企业员工内部培训参考。

未经许可，不得以任何方式复制或抄袭本书之部分或全部内容。
版权所有，侵权必究。

图书在版编目（CIP）数据

电子商务实战教程 / 方荣华，李美，姜建华主编. —北京：电子工业出版社，2023.5
ISBN 978-7-121-45721-0

Ⅰ. ①电… Ⅱ. ①方… ②李… ③姜… Ⅲ. ①电子商务—教材 Ⅳ. ①F713.36

中国国家版本馆 CIP 数据核字（2023）第 101526 号

责任编辑：陈　虹　　　　　　特约编辑：田学清
印　　刷：三河市君旺印务有限公司
装　　订：三河市君旺印务有限公司
出版发行：电子工业出版社
　　　　　北京市海淀区万寿路 173 信箱　　邮编 100036
开　　本：880×1230　1/16　印张：14.25　字数：328 千字
版　　次：2023 年 5 月第 1 版
印　　次：2023 年 5 月第 1 次印刷
定　　价：42.00 元

凡所购买电子工业出版社图书有缺损问题，请向购买书店调换。若书店售缺，请与本社发行部联系。
联系及邮购电话：(010) 88254888，88258888。
质量投诉请发邮件至 zlts@phei.com.cn，盗版侵权举报请发邮件至 dbqq@phei.com.cn。
本书咨询联系方式：chitty@phei.com.cn。

前言

信息技术的迅猛发展让电子商务成为我国新经济的中坚力量。加快电子商务的发展，是企业降低成本、提高效率、拓展市场和创新经营模式的有效手段。电子商务的快速发展给中等职业学校电子商务专业的建设带来了巨大的挑战。为了让中职学生有更多的专业选择权和课程学习的选择权，让学校的教学环境更好地对接就业环境，本教材充分体现任务引领、实践导向的课程设计思想，突出职业教育"学以致用、做学合一"的鲜明特色，本着"以学生为本、激发兴趣、重在实践"的主旨，将技能操作、活动组织、案例剖析等内容作为教学任务，建立全新的电子商务实战教学模式，以满足学生和社会需求为目标的编写指导思想。以创业为驱动，以实战为磨砺，实现中职电子商务专业学生"做""学""创"合一，真正培养学生的岗位综合实践能力，为学生以后的创业奠定良好的基础。本教材在编写中力求突出以下特色。

（1）以实用为核心，以实战为基础。全书以创业实战为主线，以培养学生的电子商务核心技能和自主创业能力为重点，以项目为引领，以任务为驱动，以活动为载体，结合电子商务职业领域分布、岗位工作任务和职业能力要求，降低理论难度和知识要求，以够用、适用、实用为度，力求做到学以致用。

（2）对传统教学模式中电子商务类课程相互割裂的教学内容进行取舍、优化整合和学科综合，即参照岗位工作体系，转换典型工作任务，开发教学项目，以教学项目为载体进行跨学科多元化综合，进行理、实一体化教学设计，完成从知识体系向职业体系的转化，实现知识技能的同步提升，满足对接岗位需求。

（3）打破原来"重理论、轻实践"的学科知识体系，适应行业变化、贴近实际应用；以"必须够用"为原则，突出对核心能力的培养，遵循职业能力发展规律；以"宽基础、活模块"为原则，重新构建互为依托、前后衔接的中职电子商务的全新课程体系。

（4）体现前瞻性和开放性。全书以浙江省品牌专业和高水平专业建设过程中形成的大量调研数据为依托，借助网络大数据分析，以行业协会、电商企业的实践操作为样本，在教材编写过程中，兼顾电子商务专业的新知识、新理念、新技术、新工具、新模式、新流程，创新教学内容，采用任务实践的编写体系，满足开放性教学和本土化教学的需要，满足不同层次的学生的学习需要。

（5）遵循行动导向的教学理念，以"问题引入"提升学生的学习兴趣，激励学生主动探究学习内容；"做中学"让学生有效对接岗位工作任务，实现从学习任务向工作内容的转化；"必备知识"紧扣行业新动向和新趋势，满足够用和自身发展的需要；"案例""读一读""议一议""想一想"等在增加趣味性的同时，突出对岗位实践能力的培养；而"拓展学习"可以满足不同层次学生的学习需要，有利于实现因材施教。

本教材的参考学时为72学时，具体见下表。

教学内容	项目名称	参考学时
项目1	走进电子商务创业	10学时
项目2	创建网上创业店铺	10学时
项目3	实施店铺经营	12学时
项目4	开展店铺营销推广	12学时
项目5	掌握客服技巧	10学时
综合考评		2学时
实操		16学时

本教材由方荣华、李美、姜建华担任主编，陈丽萍、张婷、周俊雯担任副主编，参与编写的人员还有涂寒威、缪小花、熊瑶、何茹媛、许燕飞、洪思、黄加平、刘红芳、方靓。在教材编写过程中，编者参阅了大量的专家和学者的相关书籍，以及大量的网络资料，在此对相应作者表示感谢。

由于电子商务的快速发展，编者的水平和时间有限，书中难免有不足之处，衷心希望使用本教材的师生和其他读者能针对教材中的问题提出批评、建议和意见，以进一步完善教材。

编　者

目 录

项目1 走进电子商务创业 1

    任务1 初识电子商务创业 2

        活动1 理解电子商务创业的含义 2

        活动2 了解电子商务创业的要素 6

        活动3 技能训练：体验网上购物 10

    任务2 分析电子商务创业的综合要求 11

        活动1 了解电子商务创业的素质要求 12

        活动2 明确电子商务创业的知识要求 15

        活动3 熟悉电子商务创业的能力要求 18

        活动4 技能训练：撰写《电子商务创业计划书》 19

    任务3 探寻电子商务创业的模式 21

        活动1 了解电子商务创业的途径 21

        活动2 感受电子商务创业模式的优势 27

        活动3 技能训练：选择合适的创业模式 32

    项目小结 33

项目2 创建网上创业店铺 34

    任务1 了解淘宝会员注册的方法 35

　　　　活动1　注册淘宝会员 35
　　　　活动2　掌握淘宝会员注册的流程 39
　　　　活动3　技能训练：淘宝会员注册 42

　　任务2　熟悉实名认证的流程 44
　　　　活动1　准备实名认证材料 44
　　　　活动2　了解实名认证流程 48
　　　　活动3　技能训练：淘宝网实名认证 58

　　任务3　开设淘宝网店 59
　　　　活动1　确定网店的装修模板与风格 59
　　　　活动2　设置网店的基本信息 65
　　　　活动3　技能训练：淘宝店铺设置 75

　项目小结 77

项目3　实施店铺经营 78

　　任务1　实施店铺装修 79
　　　　活动1　了解网店装修的常用工具 80
　　　　活动2　安装店铺促销区代码模板 82
　　　　活动3　技能训练：三轮播促销图片的设置 86

　　任务2　完成商品上架 89
　　　　活动1　学会拍摄不同类别的商品 90
　　　　活动2　掌握图片处理的技巧 113
　　　　活动3　了解商品上架的流程 124
　　　　活动4　技能训练：搜索目标消费群体的购买习惯 130

　　任务3　实施店铺内促销 131
　　　　活动1　了解店铺客户会员等级的设置 132

　　　　活动 2　学会店铺优惠方式的设置 140

　　　　活动 3　技能训练：淘宝店铺促销设置操作 144

　项目小结 146

项目 4　开展店铺营销推广 148

　任务 1　认识网店营销推广 149

　　　　活动 1　熟悉站内推广的主要方式 149

　　　　活动 2　掌握站外推广的主要方式 152

　　　　活动 3　技能训练：推广方案的撰写 157

　任务 2　学会站内引流的主要方法 159

　　　　活动 1　遴选店铺商品的淘词 160

　　　　活动 2　熟悉商品上、下架时间的合理设置 166

　　　　活动 3　技能训练：淘宝直通车的使用 173

　任务 3　学会站外推广的主要方法 176

　　　　活动 1　发布网络广告 177

　　　　活动 2　优化搜索引擎 179

　　　　活动 3　发送电子邮件 183

　　　　活动 4　学会微博营销 186

　　　　活动 5　使用微信营销 191

　　　　活动 6　技能训练：网店推广策划 193

　项目小结 195

项目 5　掌握客服技巧 196

　任务 1　学会在线沟通工具的使用技巧 197

　　　　活动 1　熟悉千牛工作台的使用技巧 197

活动 2　学会快捷短语的设置技巧 203

　　　活动 3　技能训练：在线沟通工具的使用 209

　任务 2　熟悉客服的沟通技巧 212

　　　活动 1　掌握售中服务的沟通技巧 212

　　　活动 2　打造优质售后服务 214

　　　活动 3　技能训练：网店交易纠纷处理 217

项目小结 219

项目 1

走进电子商务创业

学习目标

通过学习本项目,你应该能够:

(1) 理解电子商务创业的含义;

(2) 掌握电子商务创业的要素;

(3) 区分电子商务创业的类型;

(4) 了解电子商务创业的素质要求、知识与技能要求;

(5) 了解电子商务创业的优势;

(6) 具有撰写《电子商务创业计划书》、选择合适的电子商务创业模式的能力。

如今,网上交易已经呈现不可阻挡的趋势。网商概念的提出代表了一类新事物的出现,而且从更深的层次上揭示了电子商务,特别是中国电子商务的新变化和新方向。电子商务正在以一种前所未有的态势改变着我们的生活,当传统商务转向电子商务的时候,我们看到了社会生活的改变。电子商务是我们寻找的一种新的就业方向,给我们提供了一种解决就业问题的途径。

任务1 初识电子商务创业

问题引入

选择电子商务专业的叶飞,经过近两年的在校学习,具备了一定的专业知识,特别是在校学习期间的实战训练,使他更加相信自己适合创业。他深信创业是最好的就业,他想为自己的未来做一番打算。那么,他是否真的适合进行电子商务创业?进行电子商务创业的人该具备哪些素质?又该选择怎样的创业模式?

_____

_____

_____

你知道吗?

伴随着互联网的崛起和网络信息化的不断发展,电子商务这一商贸史上的革命性巨变正以其鲜明的时代特征,引领传统商业模式的革新。截至2021年12月,中国移动互联网用户规模达11.74亿个,移动互联网接入流量达2216亿GB,年同比增长33.9%。2020年,中国电子商务市场交易规模达到37.21万亿元,居全球电子商务市场排行榜首位。中国电子商务在经历了十余年高速增长期后,物流、在线支付和电子认证等服务快速发展,而这也向我们发出一个强有力的信号,那就是互联网平民化的投资环境已经形成,以个人为中心,全民参与、全民经商的电子商务时代已经到来,建立个人电子商务平台已经成为时代发展的必然趋势。

活动1 理解电子商务创业的含义

做中学

请利用网络或其他合适的调研工具搜寻电子商务创业成功的案例(创业人应为普通人),并将调查结果填入表1-1中。

表1-1 调查结果

创 业 人	店铺(网站)地址	销 售 产 品	创 业 优 势

请依据表 1-1 撰写成功案例给予你的启示，结合教材中的必备知识理解电子商务创业的实质。

【案例 1-1】

山村学子涂寒威的圆梦之路

在浙江某工商学校的众多毕业生中，涂寒威是一个传奇，年仅 26 岁的他已经是杭州某贸易有限公司、杭州某网络科技有限公司的创始人和总经理。他是一位从浙西小县城的边远小山村——龙游县大街乡走出来的创业成功者。

2013 年 7 月，涂寒威毕业于产品造型设计专业，于 9 月进入义乌工商职业技术学院学习。基于在中职阶段积累的电子商务专业知识和学院良好的创业氛围，他在校学习期间与同学成立"千峰视觉"设计工作室，承接校内外有关电子商务、平面、网页、品牌设计等方面的业务。在其他同学还在为生活费发愁的时候，他已经解决了自我生存和自我发展的问题，展现了自身专业知识的扎实程度。

2016 年 9 月，他就职于杭州某商贸有限公司，担任设计总监，管理着一个 12 人的团队，为公司的品牌路线做出了规划，并激发每位部门员工最大化地发挥他们的才能，在实现个人价值的同时为公司创造了价值。在工作期间，他学习了相关的运营知识，为后续的创业打下了基础。

2018 年 4 月，他开始尝试创业，从一家淘宝 C 店做起，用了 50 天的时间做到了 60 万元的月销售额。2018 年 7 月，他开始转行做社群电商，以销售传统手工食品为主，小团队从 3 人增加到了 20 人，但后续由于产品端不稳定和运营经验不足等问题导致粉丝流失，造成了公司的一定亏损。失败的磨砺更让他坚定了创业的决心，也让他从中总结出很多宝贵的经验。

2018 年 9 月，他开始回归淘系电商，与合伙人成立了杭州某贸易有限公司，并正式运营旗下的网络旗舰店。2018 年 10 月，第一款产品上线，上线后的 3 个月内就完成了 2500 万元的销售额。2019 年全年完成了 1.85 亿元的销售额，超额完成了既定的 1.3 亿元的年销售目标。2020 年全年销售 3.55 亿元，超额完成了既定的 3.5 亿元的年销售目标。2021 年全年销售 10 亿元，超额完成了既定的 7 亿元的年销售目标。销售额的快速增长也带来对企业员工的井喷式需求，公司从 2018 年创业起始员工人数不足 20 人的公司，已经发展到目前员工总数为 300 人的公司。

2020 年 5 月，旗舰店上榜天猫权威发布的《2020 年中国品牌榜——急速破亿新国货》，为品牌之路打下了基础。为扩大品牌影响力与获得更大的市场，公司于 2020 年年底，被资方估值为 12 亿元，目前已经完成了第一轮的 1 亿元的融资规模。

山村学子的圆梦之路给予了我们启示：要把握好人生的每个机会，把握住最佳的学习时间，把握好自己的青春，把握住人生转折点，逐渐走向成熟。追随榜样，能够时时看到奋斗的目标，从而引领我们奋发向上，成就更好的明天。

案例思考

学生创业成功的案例给了你怎样的启示？你觉得进行电子商务创业该做哪些准备？看到别人的成功，你心动吗？

必备知识

与传统商务相比，电子商务具有以下几个特点。

1. 交易虚拟化

通过互联网进行贸易活动时，买卖双方从贸易磋商、签订合同到支付等，无须当面进行，均在互联网上完成，交易完全虚拟化。卖方可以到网络管理机构申请域名，制作自己的主页，组织产品信息上网。买方能够根据自己的需求选择产品，并将信息反馈给卖方。通过信息的交互，买卖双方签订电子合同，完成交易。整个交易过程都在网络这个虚拟的环境中进行。

2. 交易低成本化

电子商务使得买卖双方的交易成本大大降低，具体表现如下。

（1）相对于信件、电话、传真而言，距离越远在网络上进行信息传递的成本就越低。此外，通过网络能有效解决数据重复录入问题，从而降低信息成本。

（2）买卖双方通过网络进行商务活动，无须中介者参与，减少了交易的环节，降低了流通成本。

（3）卖方可通过互联网进行产品介绍、宣传，避免了在传统模式下的广告制作及印刷制品等的费用，降低了宣传成本。

（4）电子商务实行"无纸贸易"，可减少90%的文件处理费用，从而降低了管理成本。

（5）互联网可使买卖双方即时沟通供需信息，使无库存生产和无库存销售成为可能，从而使库存成本尽可能为零。

（6）企业利用内部网可实现"无纸办公"，提高了内部信息的传递效率，节省了时间，同时降低了管理成本。通过互联网把公司总部、代理商及各个子公司联系在一起，及时对各地市场情况做出反应、及时生产、及时销售、降低存货、快捷配送，从而降低了产品成本。

（7）传统的交易平台是实体店，新的电子商务交易平台则是一台联网的电脑，这就降低了经营成本。

3. 交易效率高

电子商务解决了传统商务的费用高、易出错、处理速度慢等问题，极大地缩短了交易时间，使交易活动非常快捷与方便。

4. 交易透明化

电子商务使买卖双方从交易的洽谈、签约到货款的支付、交货通知等整个交易过程都在网络上进行。例如，在典型的许可证电子数据交换系统中，由于加强了发证单位和验证单位之间的通信、核对，假的许可证就不易漏网。

5. 提高企业竞争力

电子商务使许多中小企业也可以通过网络实现全天候、国际化的商务活动。通过网络进行宣传、营销，可以创造更多的销售机会，从而提高企业的竞争力。

6. 促进经济全球化

电子商务使得世界各地的人们都可以了解到国际上的商业信息，加速了信息沟通和交流，促进了国际商务活动的开展——跨国商务活动变得越来越简易和频繁，顺应了经济全球化的发展趋势。

> **议一议**
>
> 与传统的商务活动相比，电子商务具有鲜明的特色优势。针对这样的状况，你如何看待目前非常流行的 O2O 模式？你会选择怎样的创业方式？

拓展学习

- 打开百度搜索页，输入关键词"电子商务与传统商务的区别"进行搜索，填写表 1-2。

表 1-2　电子商务与传统商务的区别

比较项目	电子商务	传统商务
交易对象		
交易时间		
营销推动		
销售地点		
销售方式		
流通渠道		
需求把握		
方便程度		

- 小组讨论：你还了解电子商务与传统商务的其他区别吗？如果了解，请添加，同时推选代表进行课内分享。

活动2 了解电子商务创业的要素

做中学

查找相关信息，结合教材中的必备知识了解电子商务创业的要素。

（1）打开百度搜索页，输入关键词"成功电子商务创业团队"，记录搜索结果。

（2）打开百度搜索页，输入关键词"电子商务创业的要素"，记录搜索结果。

（3）打开百度搜索页，输入关键词"电子商务创业成功的途径"，记录搜索结果。

根据收集到的资料，各小组讨论分析：电子商务创业的要求是什么？如何为将来的创业打好基础？之后，把搜集到的资料整理好，推选代表进行课内分享。

必备知识

1．影响购买行为的主要因素

产品、使用经历、客户印象是影响客户购买行为的主要因素。其中，客户印象最为主观。客户印象形成于客户对产品的认知和以往使用经历的总结，但在交易沟通中可以被客服人员所影响。在与客户的互动中，客服人员面临的挑战是尽可能为客户创造最大的价值，目的是给客户留下一个持续、正面的印象。

【案例1-2】

传统早餐店的启示

一家早餐店的店员在销售豆浆时总是会询问客户"要不要加蛋"，结果是一半左右的客户同意加一个蛋。而隔壁的早餐店，他们的店员在销售豆浆时总是询问客户"加一个蛋还是加两个蛋"，大半的客户回答是"加一个蛋"，少部分爱好吃蛋的客户会回答"加两个蛋"，只有极少数的客户回答"不要加蛋"。同样是询问加蛋的问题，结果却大不相同。这就是引导销售的结果。我们总在选取工具做关联营销，其实，站在销售第一线的客服人员才是最好的关联营销推手。

案例思考

你认为运用"二选一"的方式做营销的优点是什么？这种营销方式适用于所有商家吗？

2．客户离开的原因

调查报告显示，客户之所以离开，基本上是因为他们得不到他们想要的（这往往同价格没有太大的关系）。

45%的客户离开是因为"很差的服务";

20%的客户离开是因为没有人去关心他们;

(以上65%的客户离开是因为客服人员做得不好,而不是因为价格。)

15%的客户离开是因为他们发现了更低的价格;

15%的客户离开是因为他们发现了更好的商品;

5%的客户离开是由于其他原因。

3. 电子商务创业的四大要素

1) 供应链

就供应链而言,产品要具有价格优势,货款结算要占据优势,产品要具有可开发性,产品质量要具有保障性优势。

(1) 成本低的产品,毛利可能相对更高。就目前淘宝内部推广费用而言,低毛利的产品很难支撑整个团队的运营。

(2) 货款结算的周期对于一个团队非常重要,决定着这个团队的资金流转,所以货款结算的周期应尽可能长一点。

(3) 产品最好具有可开发性。老客户不可能买一成不变的产品,要做客户关系管理,必须不断地改善产品,尽可能开发出符合老客户的风格或口味的产品。

(4) 产品是核心,质量为王,在价格优势的基础上,一定要保证产品的质量。

供应链是电子商务创业需要具备的一大要素,要创业的你,具备了吗?

2) 资金

创业团队要有足够的资金。资金对于创业团队来说有很大的用处。

(1) 虽然创业团队可能不需要环境很好的办公场地,但是依然需要一个办公场所。只要是一个办公场所,就需要一定的租金。

(2) 货款结算周期长可以稍微减少货源的资金压力。淘宝自动确认收货时间为15天,一般15天资金就可以到公司的支付宝账户,作为公司的运营资金。不过这样是比较危险的,公司一定要保持盈利,不然公司就会很被动。

公司的运营费用包括各平台的保证金服务费、推广费用、员工成本、日常的基本费用。

试问,没有足够的资金怎么运营?

3) 团队

团队需要规范的管理理念和具备很强的策划能力的成员。

(1) 一个团队一定要具备"狼性"。狼经常群体活动,能攻击比自己大3倍的动物,其配合能力、执行力都是非常强的。

（2）一个团队一定要有超强的执行力。只有超强的执行力才能保证运营的有效性和高效性，才能在快速变化的电子商务领域实现创业的成功。

（3）一个团队一定要专业。因为专注，所以专业。每个团队成员对产品都非常熟悉，包括对产品的属性、功能、性能等都了如指掌。这样的团队还有不成功之理吗？

（4）一个团队一定要有学习能力。目前的市场日新月异，变化莫测，作为创业团队，能不学习吗？优胜劣汰，适者生存，不学习只会被淘汰。

具备以上几点的团队则可成大事！

4）人格魅力

什么是人格魅力？在当今社会中，为人处世的基本点就是要具备人格魅力。

人格指人的性格、气质、能力等特征的总和，也指个人的道德品质和能作为权利、义务的主体的资格。人格魅力则指一个人在性格、气质、能力、道德品质等方面具有的很能吸引人的力量。如果一个人能被别人欢迎、容纳，那么这个人实际上就具备了一定的人格魅力。

具备一定的人格魅力的人所要具备的性格特征如下。

第一，在对待现实的态度或处理社会关系上，表现为对他人和对集体的真诚、热情、友善，乐于助人和交往，关心和积极参加集体活动；对自己严格要求，有进取精神，自谦而不自卑；对待学习、工作和事业勤奋且认真。

第二，在理智上，表现为感知敏锐，具有丰富的想象力；在思维上有较强的逻辑性，尤其要富有创新意识和创造能力。

第三，在情绪上，表现为善于控制和支配自己的情绪，保持乐观开朗、振奋豁达的心境，情绪稳定，能给人带来欢乐的笑声，能令人心情舒畅。

第四，在意志上，表现出目标明确、行为自觉、善于自制、勇敢果断、坚忍不拔、积极主动等一系列的积极品质。

具有上述良好性格特征的人，往往是在群体中受欢迎和受倾慕的人，也可称为"人缘型"的人。

人格魅力有很多种，要创业就一定要具备领导者的人格魅力。什么是领导者的人格魅力？

所谓领导者的人格魅力是指领导者的道德风范、知识修养、心理素质、仪表等方面的综合体现，是一种权力之外的对他人的影响力。这是与职责、职位无关的影响力，但它润物无声，涓涓入心，更持久也更有效。

领导者的人格魅力不是浑然天成的，而是经过后天的磨炼、修养而形成的。要具备领导者的人格魅力就一定要有正确的人生态度，做到"三重三轻"。

第一，重理想轻利益。人的理想和创造精神足以使自然界的一切黯然失色，一个沉醉于蝇头小利的人，只会使其猥琐不堪。

第二，重品德轻荣誉。品德是植根于人们内心的根深蒂固的东西，德国诗人歌德曾说过"品德比荣誉活得更长久"，足见品德修养的重要性。

第三，重付出轻回报。人的伟大就在于奉献，当你以付出、以贡献改变了世界，你的满足感、成就感将无法形容。

每个人都有自己的"历史"，或辉煌或黯淡，这些都不要影响到今天的你，既不满足于过去的辉煌，也不沉浸在过去的苦难，面对现实，把握现在，从小事做起，从自身做起，方能有所作为。

想一想

你具有这些电子商务创业的要素吗？在这些要素中，你欠缺什么？如何修正，才能使自己具有电子商务创业要素，进而成为成功的创业人才？

农业时代，竞争劳动力（吃得苦中苦，方为人上人）；工业时代，竞争劳动工具、劳动技能（车工、钳工最吃香）；信息时代，竞争知识、速度。如今，很多人还在犹豫、怀疑。所有的奇迹都来自不可能中的可能，所有的伟大都来自平凡中的不平凡。人人认为可能的那不是奇迹，人人可以做到的那不伟大。预知未来，把握现在，你，看到了什么？读懂了什么？

议一议

结合自己的实际情况和具有的资源，你会选择如何创业？把自己具有的创业要素整理好，并进行具体落实，实现自己的创业梦想。

拓展学习

- 通过上网搜索、查阅资料等方式，每位同学收集至少 3 个电子商务创业成功的案例，并按照创业要素汇总，填写表 1-3。

表 1-3 电子商务创业成功的案例

分　类	案 例 名 称	案 例 来 源	启　　示
供应链			
资金			
团队			

分　类	案　例　名　称	案　例　来　源	启　　示
人格魅力			

- 小组讨论：根据案例提炼出不同创业要素下成功创业的典范，同时进行模拟训练。除了必备知识中提到的要素，你觉得还需要其他要素吗？各小组汇总学习结果，派代表在班内进行分享。

活动 3　技能训练：体验网上购物

小组合作开展训练，针对淘宝的新规定，卖家要使用千牛工作台。

1. 下载千牛工作台

登录官网下载千牛工作台，官网首页页面如图 1-1 所示。

图 1-1　千牛工作台下载官网首页页面

> **小贴士**
>
> 千牛工作台包括移动版（包括 iPhone 版和安卓版等）和 PC 版，可根据自己店铺的实际需要下载相应的版本。两个版本的设置和使用方法大同小异。

2. 使用方法

（1）登录页面（见图 1-2）。登录的账号、密码是申请的旺旺账号和密码。

项目 1　走进电子商务创业

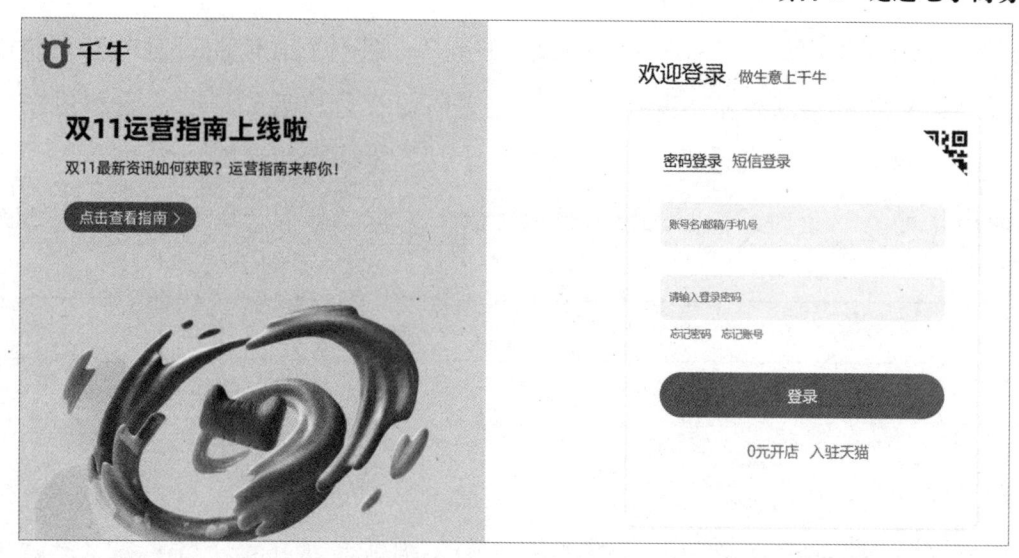

图 1-2　登录页面

（2）功能解说。

千牛工作台的主要功能有＿＿＿＿＿＿＿＿＿＿＿＿＿＿＿＿＿＿＿＿＿＿＿＿＿＿＿。

千牛工作台的插件有＿＿＿＿＿＿＿＿＿＿＿＿＿＿＿＿＿＿＿＿＿＿＿＿＿＿＿＿＿。

子账号权限设置：＿＿＿＿＿＿＿＿＿＿＿＿＿＿＿＿＿＿＿＿＿＿＿＿＿＿＿＿＿＿。

议一议

除这些功能外，你觉得千牛工作台还需要有哪些功能？请把你认为有用的功能描述出来。

3．使用的注意事项

注意事项：＿＿＿＿＿＿＿＿＿＿＿＿＿＿＿＿＿＿＿＿＿＿＿＿＿＿＿＿＿＿＿＿＿

＿＿＿＿＿＿＿＿＿＿＿＿＿＿＿＿＿＿＿＿＿＿＿＿＿＿＿＿＿＿＿＿＿＿＿＿＿＿＿

＿＿＿＿＿＿＿＿＿＿＿＿＿＿＿＿＿＿＿＿＿＿＿＿＿＿＿＿＿＿＿＿＿＿＿＿＿＿。

老师点评

任务 2　分析电子商务创业的综合要求

问题引入

信息大爆炸时代，日新月异，我们不可能在每个领域里都是先知，所以从某种程度上来讲，大部分人都是不同程度的"落伍者"。作为"落伍者"不可怕，可怕的是闭目塞听、不思进取、耽于安逸、坐井观天。迈不开走向未来的步子，跟不上时代前进的节奏，是电子商务创业者的大忌。相对于传统行业，电子商务创业更需要有危机意识。长江后浪推前浪，在互联网的世界，创业必须有危机意识，因为稍不注意就可能被超越了。

叶飞对电子商务创业的综合要求还不是很了解，你觉得他应该如何做呢？

_____
_____
_____

你知道吗？

创业，成了这个时代一个很普遍的话题。有的人创业是想让今后的生活更美好，有的人创业是为以后找到更好的出路，当然也有一些人天真地以为创业就可以自己做老板，挣大钱。竞争，在每个时代都存在，企业与企业之间竞争，行业与行业之间竞争。在某个时代，有的行业会崛起，而有的行业会陨落，这说明"适应"是极为重要的，所以很多人都开始寻找适合自己的创业项目，以及适应这个时代的创业资源。"当别人都在做，并且很普遍的时候，这个行业便不适合小本投资人创业了！"看到这句话，人们会感慨一句："是啊！很多人都知道的行业就像一块肥肉，谁不想吃？但是，能不能吃到最好的，能不能吃得很香，这是关键问题！"

活动1　了解电子商务创业的素质要求

做中学

小组合作：使用"电子商务创业""电子商务实战""创业人员素质要求"等关键词进行搜索。注意搜索百度百科、专家名人、知名企业的说法，把不同的搜索结果填入表1-4中。

表1-4　搜索结果比较表

定义来源	定　义	你的理解
百度百科		
专家名人		
知名企业		

小组讨论：在不同的定义下对电子商务创业的素质要求是否有差异？结合教材的必备知识，你认为还有其他素质要求吗？

必备知识

快速发展的电子商务在方便人们生活的同时，也提供了许多创业的机会。随着新晋创业者的不断涌现和传统企业的"电商换市"转型，同类网店（网上店铺的通俗叫法）的竞争必将越来越激烈,这也对创业者的能力和素质提出了较高的要求。电子商务创业实战的素质要求具体如下。

1. 决心

许多人在开始创业之前都会进行多方打听。当年淘宝就利用了人们的这种心理,经常在报纸和网络上宣传一些创业者的致富事迹,成功吸引了不少人的关注。可以说,在这批创业者中,能做大、做强的少之又少。举个例子,你登上一座高楼与登上一座高峰所要付出的努力、所能看到的风景是完全不同的。如果创业者下定决心将电子商务作为自己的创业方向,那么无论在经营中是一帆风顺还是屡遭挫折,都会坚持做下去,这样才有机会取得更大的成就,才能成为让别人羡慕的成功创业者。

> **想一想**
>
> 创业前要慎思
>
> 创业前要认真思考、反复评估,考虑成熟再行动。除了要有足够的资源准备,心理准备也很重要。以下几个问题值得好好思考。
>
> 第一,我为什么要创业?是否有足够的决心,是否愿意承担风险?
>
> 第二,我是否具备创业者应有的能力与素质,是否能承受挫折?是具有良好的综合素质,还是具有专项技术特长?
>
> 第三,我创业成功的核心资源优势是什么?我具备的条件是什么?与即将面对的竞争对手相比,我是否有明显的优势?
>
> 第四,我是否有足够的耐心与耐力度过创业期?我有多长时间去准备?
>
> 第五,创业最大的风险是什么,最坏的结果是什么?我是否能承受?

2. 忍耐

在今天看来,相当成功的凡客诚品、麦包包等都有一个从"小"做到"大"的过程。当年的批批吉大行其道,人们看到的、听到的都是其衬衫广告。凡客诚品是后来者,没有像批批吉那样雄厚的资金实力,只能在忍耐的同时不断去寻找成本低、效果好的广告合作方式,最后成功地通过按销售付费的佣金分成、与大型门户网站进行战略合作等形式,将自己的广告撒遍互联网,跻身于衬衫销售的前列。这里的"忍耐"并不是什么都不做,而是在不与竞争对手正面竞争的同时不断蓄积力量,完善经营模式,并等待机会实现逆转。

3. 勤奋

从古至今,成功的人一定都是勤奋的人,不同的是有的人体勤,有的人脑勤。在创业初期,创业者要体勤,通宵熬夜是家常便饭,没有节假日也很正常。当网店不断做大,聘请的客服人员增加时,创业者就要脑勤,一方面要建立好的制度,另一方面要进行战略规划:不仅要规划网店的发展方向,通过加盟、拓展产品等形式实现网店业务量的快速倍增,还要思考如何实现品牌化运营,将老客户长期留住等。勤字当头,网店才能不断迈上新台阶。

> **小贴士**
>
> **创业要有足够的资源**
>
> 很多人在初次创业的时候，可利用的资源都是十分欠缺的。资源不足使创业成功的概率降低，但拥有完全充分的资源也是不大可能的。在资源具备上，一般来说，要符合两个条件：一是要有进入一个行业的起码的资源，二是要具备差异性资源。如果任何条件均不具备，那么创业成功的可能性很小。
>
> 创业资源主要包括如下几个方面。
>
> 业务资源：赚钱的模式是什么？
>
> 客户资源：谁来购买？
>
> 技术资源：凭什么赢取客户的信赖？
>
> 经营管理资源：经营能力如何？
>
> 财务资源：是否有足够的启动资金？
>
> 行业经验资源：对该行业的资讯与常识的积累如何？
>
> 行业准入条件：是否具备某些受到政策保护与限制的行业的进入资格？
>
> 人力资源条件：是否有合适的专业人才？
>
> 对于以上资源，创业者虽然不需要全部具备，但至少应具备其中一些重要条件（其他条件可以通过市场化方式来获取）。例如，创业者如果有足够的资金，那么其他资源的欠缺可以弥补；如果有足够的客户资源，那么其他资源的欠缺容易改变。

4. 刚柔

创业者大多没有很丰富的管理经验，网店运营中的决策多是主管们"拍脑袋"定出来的。这种决策机制在初期网店规模较小时优势还是比较大的，但随着网店的不断壮大，不规范性的劣势也就凸显出来了。创业者切忌两种极端性格：一种是太过强势，无论是员工还是客户，都得听他的；一种是太过弱势，员工与客户他都掌控不了。创业者要刚柔并济，如在产品的选择上，要确保质量——质量决定着网店的前途；在与客户发生争执时，要谦虚谨慎——客户决定着网店的"钱途"。"一颗红心，两手准备"才是最佳的选择。

5. 包容

中国有句俗话：无德富不长。人都是有缺点的，创业者一定要有一颗包容的心，只要员工的某项能力能够胜任工作，其他的缺点都可以慢慢改善。包容，还体现在对待客户的态度上。这点在某些高级别的网店中特别明显，如客户的一些合理质疑不仅得不到满意的答复，还可能引来客服人员的一通刁难。这样做有违做生意者和气生财的传统，创业者应该引以为戒。

6. 创新

不让网店出问题的方法是什么？不断创新！守旧虽然不用面临风险，但也会错失快速发展的良机，尤其在电子商务快速发展的时期，一个小创新就可能为网店带来大量的客户。

拓展学习

小组合作学习：掌握网络商务信息的方法。
- 搜索"电子商务创业"，分析各网站的搜索结果有何分别。
- 查找相关电子商务创业成功或失败的案例，对照创业人员素质要求分析原因，并推荐代表在课内进行分享。

成功案例描述：_____
_____
_____。

原因：_____。

失败案例描述：_____
_____
_____。

原因：_____。

本小组推荐的代表：_____。

活动 2　明确电子商务创业的知识要求

做中学

- 结合自己店铺商品的实际状况，利用搜索引擎（如百度、搜狗等）查找相应商品的属性，了解商品的相关知识，小组同学之间进行相互交流，完善对商品知识的准备。

  销售商品：_____；

  商品所属类目：_____；

  主要材料：_____；

  主要材料特点：_____；

  商品相关知识：_____。

- 结合教材中的必备知识，设计一份自己网店的商品备忘录，要求包括商品属性、材料特点、商品结构、关联商品属性，以及主要竞争对手的商品特点。

必备知识

1. 商品知识

1）商品的专业知识

客服人员应当对商品的种类、材质、尺寸、用途、注意事项等有一定的了解,最好还要了解行业的有关知识;同时对商品的使用方法、洗涤方法、修理方法等也要有一个大概的了解。

2）商品的关联知识

不同的商品适合不同的人群。例如,不同的肤质的人在选择化妆品上会有很大的差别;不同的年龄、不同的生活习惯的人对内衣都会有不同的需要;有些玩具不适合太小的婴儿,有些玩具不适合太大的儿童。这些情况都需要客服人员有基本的了解。

此外,客服人员对同类的其他商品也要有基本的了解,这样在回复客户关于同类商品的差异的时候就可以更好地回复和解答。

3）专业术语

专业术语的使用有利于与客户的沟通交流,让客户真正感受到客服人员的建议对自己有极大的帮助,让客户信服,从而促成交易。

2. 网站交易规则

1）一般交易规则

客服人员应该充分了解网店的交易规则,从而更好地把握自己的交易尺度。有的客户第一次在网上交易,不知道该如何进行,对此,客服人员除了要指点客户去查看网店的交易规则,还需要在一些细节上一步步地指导客户进行操作。

此外,客服人员需掌握交易详情,了解如何付款、修改价格、关闭交易、申请退款等一般交易规则。

2）支付宝等的支付流程和规则

客服人员了解了支付宝及其他网关交易的流程和规则,可以指导客户通过支付网关完成交易,也可以查看和更改目前的交易状况等。

3. 付款及物流方式

1）如何付款

网上交易一般通过支付宝和银行付款等方式进行交易。

银行付款一般建议同行转账,可以选择网上银行付款、柜台汇款,以及通过自动柜员机完成汇款。客服人员在告知客户汇款方式的时候,应详细说明是银行卡还是存折,以及银行卡/存折的号码、户主的姓名。

客服人员应该建议客户尽量采用支付宝等完成交易。如果客户因为各种原因拒绝使用支付宝交易,客服人员需要判断客户是有其他的顾虑还是确实不方便。如果客户有其他的顾虑,客服人员应该尽可能打消客户的顾虑,促成其使用支付宝完成交易;如果客户确实不方便,客服人员则应该先向客户了解他所熟悉的银行,然后提供相应的银行账户,并提醒客户付款后及时通知。

2)物流知识

(1)了解不同的物流及其运作方式。

- 中国邮政:中国邮政分为平邮、EMS 和 CNPL。
- 快递公司:快递公司有圆通速递、顺丰速运、中通快递等。
- 物流托运:物流托运分为海运托运、陆路托运、空运托运等。

(2)了解不同物流的其他重要信息。

- 了解不同物流方式的价格:如何计价,以及报价的还价空间有多大等问题。
- 了解不同物流方式的速度。
- 了解不同物流方式的联系方式:在手边准备一份各个物流公司的电话,同时了解如何查询各个物流方式的网点情况。
- 了解不同物流方式应如何办理、查询。
- 了解不同物流方式的包裹撤回、地址更改、状态查询、保价、问题件退回、代收货款、索赔的处理等。
- 对常用网址和信息的掌握:快递公司联系方式、邮政编码、邮费查询、汇款方式、批发方式等。

想一想

电子商务客服人员是否还应具备其他的知识?请把那些知识进行归纳并整理。针对自己的店铺,你认为还应该具备什么知识?

拓展学习

请从商品知识、网站交易规则和付款及物流方式三个方面,罗列化妆品、保温杯、服装三类商品的专业知识,也可以利用网络进行搜索、补充,并填写表1-5。

表1-5 不同类目商品的专业知识

类 目	商品名称	专 业 知 识
化妆品		
保温杯		
服装		

以"从浙江寄往广州的 1.5 千克的商品"为例，利用搜索引擎或根据店铺与快递公司的合约，列出常用物流的费用，并填写表1-6。

表1-6 不同物流公司的费用

物流公司	首重费用	续重费用	计算方式
顺丰			
申通			
韵达			
邮政			
……			

活动3 熟悉电子商务创业的能力要求

做中学

- 针对自己店铺的商品编写一份营销软文，小组同学之间进行交流，选出最佳的软文进行课内展示。
- 针对自己店铺的商品编写一个故事，让富有故事的商品去打动潜在客户，从而达成销售的目标。
- 结合教材中的必备知识和自己店铺的商品撰写一份文案，要求显示网店Logo、颜色搭配得当、文字描述简洁明了、重点突出、行文排版合理、使用商品图片等内容。

必备知识

客服人员应具备一些诸如文字表达、资料收集、代码了解、自己动手、网页制作、参与交流、思考总结、适应变化、终身学习、深入了解网民、建立品牌等基本能力。接下来具体介绍如下几种。

1. 文字表达能力

把问题说清楚，是电子商务客服人员的基本能力，具体表现为要将商品描述、商品说明、商品背后的故事、商品的功能属性、客户关怀等表达清楚。

2. 资料收集能力

收集资料主要有两个方面的价值：一是保存重要的历史资料；二是尽量做到使某个重要领域资料的齐全。如果客服人员能在自己的工作领域收集大量有价值的资料，那么对于自己来讲将是一笔巨大的财富。

3. 自己动手能力

很多时候，对于有些问题，自己不动手是很难有深刻的体会的，因为只有自己动手去操作才能有所发现，进而找到解决的办法。创业者在网店营销学习过程中自己动手的情况越多，对网店营销的理解就会越深刻。

4．参与交流能力

从本质上来说，网店营销的最主要任务是利用互联网的手段促成营销信息的有效传播，而交流本身是一种有效的信息传播方式，互联网提供了很多交流的机会，如论坛、博客、专栏、邮件等都可以直接参与。

5．思考总结能力

现在网店营销还没有形成完善的理论和方法体系，也不可能保持现有理论和方法的长期不变。网店营销的理论与实践还没有有效结合起来，且已经形成的基本理论也并未在实践中发挥应有的指导作用。因此在网店营销的实际工作中，很多时候客服人员需要依靠自己对实践中发现的问题进行思考和总结。

6．适应变化能力

适应变化能力，也可以称为不断学习的能力。这项能力对网店营销的学习和应用尤为重要。一本书从开始写到读者拿到手中已经两年过去了，从学习到毕业后的实际应用可能又需要两年甚至更长的时间，因此，一些具体的应用手段会发生很大的变化（虽然网店营销的一般思想并不会随着环境的变化而发生根本的变化），这时，适应变化能力就要发挥作用了。

7．终身学习能力

没有一个行业比电子商务发展得更快，技术、模式、客户、观念天天在变，因此必须保持终身学习的心态。

> **想一想**
>
> 前述各种能力，对电子商务创业来说，哪些能力是必需的？对照自己，你是否适合进行电子商务创业？如果不具备必需的能力，你该怎么做？

拓展学习

- 请利用互联网查找客户差评的处理方法。
- 请利用互联网查找评价解释和修改评价的方法。

活动4　技能训练：撰写《电子商务创业计划书》

电子商务创业通常以团队的形式，通过创建网店、微店等方式进行商品的销售。在此过程中，撰写《电子商务创业计划书》就显得尤为重要。具体要求如下。

1．创业优势

要创业先要分析自身的资源优势，请依据表1-7列出自己的优势。

表1-7 创业优势

类别	具有的优势
政策盲点	
市场空白	
技能专长	
自然资源	
社会资源	
经营模式	
周边项目	
协同合作	
理性跟风	

议一议

你了解自身的优势了吗？你具有的优势能否满足创业的要求？

2．团队建设

要结合自身的优势确定你的团队成员。依据电子商务的三大技能岗位，你认为你要创业需要哪些人才？

想一想

作为创业者，你如何解决团队合作的具体问题？是否有成熟的方案（如团队成员的数量、专长、合作方式、利润分配等）？

3．网络营销

网络营销包括对网络推广策划方案的选择、店铺商品的推广，要结合案例进行选择和提炼。

议一议

在网上购物的各个环节中，卖方有哪些业务活动？作为创业者，你觉得你做哪些推广活动才能吸引更多的客户？

4．创业规划

结合自身的优势，试着撰写一份《电子商务创业计划书》，并在班内进行分享。

（1）你选择的商品和创业的店铺：_____

_____

_____。

（2）你的优势和团队成员的确定：_____
_____
_____。

> **老师点评**
>
>

任务3　探寻电子商务创业的模式

问题引入

个人淘宝店的进货销售是第一次电子商务创业热潮，目前传统企业及传统店面向电子商务转型是第二次电子商务创业热潮。叶飞觉得目前个人电子商务创业最靠谱的方式就是找一个传统企业合作，让其将淘宝旗舰店外包给自己或开一个网络专卖店。这种方式投入少，见效快。除此以外，你还知道其他方式吗？具体是如何做的呢？

_____
_____
_____

你知道吗？

我国网民数量和互联网普及率均位居世界第一，形成了全球最为庞大、生机勃勃的数字社会。在这样巨大市场的诱惑下，传统企业实现转型势在必行。新的购物模式给电子商务创业带来了巨大的改变，会新增许多创业机会，让创业者在新的起点进行合理的竞争，同时为中职电子商务专业建设和创业人才的培养开辟了巨大空间。

活动1　了解电子商务创业的途径

做中学

结合教材的必备知识，回答以下问题。

- 作为企业创始人，谈谈你的企业：你要做什么？为什么？

（1）企业属于什么行业，做什么产品（服务）？_____

(2)有什么目标（现在的、未来的）？_____

(3)你的目标客户和需求如何？_____

(4)你的特色和优势是什么？_____

(5)你的竞争对手是谁？_____

(6)你想成为什么？_____

- 你能做什么？为什么？

(1)你有什么能力？_____

　　能做什么？_____

　　不能做什么？_____

(2)你对自己的产品（服务）了解多少？_____

(3)你有能力做好这个企业吗？_____

(4)你有能力承受未知的风险吗？_____

- 作为企业负责人/员工，谈谈你的企业：你要做什么？为什么？

(1)企业规模多大？设在哪里？_____

(2)市场定位是什么？准确吗？_____

(3)你有什么创新？表现在哪里？_____

(4)你有实现目标的计划吗？依据是什么？_____

(5)你的团队包括哪些人？你们为什么合作？_____

(6)你认为的团队负责人是怎样的？_____

　　你的榜样是谁？_____

(7)你想过失败吗？准备如何面对？_____

必备知识

创业教育作为学术性教育、职业性教育之外的第三本"教育护照"，受到世界各国政府的高度关注。我国将创业教育作为教育改革的重要内容，成立了清华大学中国创业研究中心，开始启动我国的创业研究和推广工作。此后，中国人民大学、清华大学等9所学校被列为创业教育试点学校，各高校纷纷开始探索创业教育。近年来，网上创业发展迅速，据不完全统计，仅通过淘宝、易趣、拍拍等电子商务平台创业的就达到100多万家。创新创业教育是一项校内外多部门协同、跨专业融合、社会多元主体参与的系统工程。推动创新创业教育的发展，需要搭建开放协同平台，鼓励多方参与，吸引社会资源和国外优质教育资源参与创新创业人才培养。

1. 电子商务创业成功的三大要素

1）产品得是一匹千里马

健硕的马才能走得更远、跑得更快。无论是传统市场还是网络市场，好的产品都是一匹千里马，且是一匹能带你走得更远的千里马。

产品包括产品本身的固有特性、产品定位、产品描述。

（1）固有特性，就是产品本身是什么样的产品，如在线学习卡，它属于学习类产品。产品的固有特性只有做到精确化、精准化、细分化，才能有市场，才值得去运作。正如在前面提到的学习卡，它是网络营销方面的学习卡，似乎受众面很小，其实不然。随着生活水平的不断提高，人们的各项需求也在不断精确化，那么对于消费者而言，那些能描述他们的痛处、能反映他们需求的产品就是专业的产品，而在线学习卡就是专门为学习网络营销而设计出来的。

（2）产品定位，就是要在产品的价格、包装、消费人群、市场上进行细分。

（3）产品描述，这在线下市场或许就是一个柜台展示，顶多再配上一些话术由导购员去介绍。在网购平台上，产品描述就格外重要了。在网购平台卖产品其实就是卖图片，谁的产品图片拍得好、拍得有诱惑力、拍得真实，谁的产品就更容易卖出去。这是电子商务的局限性，但也是电子商务的特性。作为电子商务创业者，你得认同并接受电子商务的特性，因为只有这样你才能有好的基础。

2）运营是驾驶者

再好的马，若没有一个技术熟练的驾驶者，也是无用的。用一匹千里马去拉砖头，这绝对是大材小用。同样的道理，好的产品如果没人运作，那么它也就不是好的产品了。只有经过一番运营，好的产品才卖得出去，也才卖得更好。

运营的内容比较复杂，大体有两个方面的内容：店铺问题与流量问题。一个运营人应该特别关注的就是店铺问题。店铺问题比较烦琐，如店铺装修、产品描述、产品介绍等硬件细节，这些虽然不需要运营人亲力亲为，但作为一个运营人必须能够评判出怎样的店铺装修、产品描述和产品介绍才是合适的。

3）品牌是方向

不只大企业需要品牌，小的店铺一样如此。因为品牌是方向，更是产品的灵魂。只有坚持不懈地按照品牌路线去运作，才能少走弯路，并走向成功。品牌也是产品溢价的表现，是高利润、高价格的基础。要用品牌的思维、元素去塑造自己的专业性，去培养客户，去引导客户消费。很多人埋怨一些国际大牌的产品成本与凡客诚品的产品成本差不多，但是价格相差近百倍，可是谁也阻挡不了排队抢购的人群。

电子商务创业的三大要素缺一不可，是每一位致力于在淘宝等电子商务平台创业成功的标准要素。

2. 电子商务创业成功的三个途径

1）造船渡海

自己创建一个系统，但要考虑人、财、物、进、销、存、产七大环节。任何一个环节出错，都可能让你回到起点。

2）买船渡海

购买或加盟一个成功的系统（如麦当劳），但要考虑有没有那么多资金。

3）借船渡海

登上一个成功的系统，只要你不下船，就可以到达梦中的彼岸。如今已步入一个品牌竞争的时代，与其与巨人竞争，不如站在巨人的肩膀上。智者以教训制止流血，愚者以流血换取教训。如果方向选错了，那么越努力失败得就越彻底。

3. 电子商务创业的机会

信息时代，强调竞争意识和速度。选择比努力更重要，最关键的不是经验和技术，而是你有没有骑一匹好马或开一部好的车子，你要选对行业、找对人、用对方法。要懂得：帮成功者干——最好的学习，与成功者合作——最开心的事业，找成功者帮你干——最轻松、最快速成功的秘诀；与人竞争不如与人合作，要在合作中学习成功者的思考方式。

所有的奇迹都来自不可能中的可能，所有的伟大都来自平凡中的不平凡。人人认为可能的那不是奇迹，人人可以做到的那不伟大。

某位名人总结了机会的四大标准。

（1）最大的趋势：趋势指现在没有将来会有，现在少将来会多，现在多将来会普及。

（2）最大的市场：普及化（人人都要，而不是少数人要）。

（3）最少的竞争：要早做，最好是第一批做；独特，不容易被别人复制。

（4）最小的风险：投资少，风险小。

想一想

每个人都想拥有财富，富人总是少数。为什么不是你？信息时代，你拥有与时代匹配的财富观念了吗？成功者知道一百个失败的原因，但也知道一个成功的方法；失败者知道一百个失败的原因，却不知道一个成功的方法。

选择了高山，就选择了坎坷；选择了宁静，就选择了孤单；选择了机遇，就选择了风险；选择了成功，就选择了磨难；选择了共同成功，也就选择了一生一世的朋友和财富！

---

4. 选择创业项目的原则

选择创业项目必须遵循以下几个普遍原则。

1）选择项目是搞对象

创业可以同养育孩子相比。任何项目都有一个怀胎、孕育、出生、成长的过程，这是一个自然的过程。创业者对一个项目会有一个认识、理解、把握的过程。这就决定了创业的过程是人与项目长期相互融合的过程，同时决定了选择项目必须立足当下，目光长远。即使你的选择符合人们公认的原则（如发现潜在的需求，找到市场缝隙，有附加值、有特色等），那也是万里长征走出了第一步，之后的每一步都是人与项目的融合。这个融合是人与项目的长久相伴。

2）选择项目是选择自己的人生

选择项目是选择自己的人生，标志着把握自己命运的自主意识的萌生。选择项目，是创造一个切入社会的端口，找到一个与社会结合的点。这就需要做到知己知彼。知己，就是要清醒地审视自己：强项、兴趣、知识积累与结构、性格与心理特征等；知彼，就是要对社会未来的发展趋势有一定的认识，寻找稳定的、恒久的、潜在的需要，特别是能够对潜在的趋势和需求有所感觉，当此趋势和需求显露的时候，你就是有准备的人。

3）选择项目要舍得下功夫

有一个人，当过一周的世界首富。他大学毕业后从美国回到日本，选出了 50 个创业目标，用一年时间逐个进行考察，写出了几尺厚的资料。最后他选择了做软件。既然选择目标事关人生，就不可随随便便，必须以慎重的态度对待，要经历一个充分的论证过程。在这个过程中，要舍得花时间，用几个月甚至一年时间都是值得的。只有这样，才能使目标坚实可靠，至少让自己确信无疑，从而全力以赴地去干，不犹豫、不徘徊、不动摇，不因挫折而心猿意马、改弦更张，最终一门心思一干到底。

4）选择的项目要融入商业价值

选择的项目一定要有"根"，也就是说，选择的项目要有生命的根子、生存的权利、活下去的条件、站得住脚的基石、争夺市场份额的内生力量。特色可以通俗地总结成四点：别人没有的，先于他人发现的，与众不同的，强人之处的。比如说"别人没有的"，可以是某种资源与某种特定需要的联系，也可以是某种公认资源的新商业价值，还可以是特殊气候的、温度和湿度的、土壤成分的、地理位置的、长期废弃的、失传已久的。

5. 创业项目路径选择的步骤

1）排除一大片

要知道什么事情是不可以做的。举例来讲，有一个地方有 100 户人家，每家有 1 元钱，那么，即使你本事很大，把所有人家的所有钱都赚来了也不过 100 元；还有一个地方有 100 户人家，每家有 10000 元，那么，你就算本事不大，只要能把 1/10 人家的 1/10 的钱赚来也有 10000 元。设有一定的条件，从众多人中挑选出合适的人选参与商业活动，把不符合条件的人拒之门外。

2）画出一个圈

要知道哪些事情是能长期做的。把社会恒久需要的、已初露端倪的大趋势划进一个圈子——圈子里的事是具有发展的空间与时间的。空间意味着有发展的广阔天地，时间意味着可以长期地做下去。以趋势为例，任何一种趋势都是一个长长的链条，环环相扣，只要能够抓住其中的一环，做完一环再去做下一环，融会贯通，那么项目的前景便大体确定了。

3）列出一个序

要把可能做的事情排列起来。看看过去的20年中做强的企业处在哪些行业，这能在很大程度上证实行业与发展的联系。假如房地产、证券市场、建材、装修、交通、教育、通信等行业发展比较好，就把大的范围圈定出来，从中选出若干项。

4）切入一个点

成就事业的公认法则是集中和持续。让生命之火在一个点上持续地燃烧，不发光才是奇怪的事。在已经缩小的范围内，可做的事仍然很多，那就该把目光转向自己了。这时，比较优势的做法是有用的——认真地审视自己的强项、优势、兴趣（可能有好几个优势，那就找出与他人比较最有利的那个）。这时，机会成本的概念也是有用的——同样多的时间，同样的付出，哪个能力所对应的事业会有更大的收益，优势在比较中会凸显出来，从中选出最强的。

项目选择固然重要，你还需要记住：再好的项目也要靠创造性的艰苦努力；结果由过程决定，过程由细节决定。

> **想一想**
>
> 你在选择创业项目的时候会考虑哪些问题？你如何通过进行优势的比较来确定自己的创业项目？你对自己的创业项目满意吗？你对自己充满信心吗？你对自己的创业项目进行了怎样的资源整合？

拓展学习

网上开店，可能很多人都已经看到了这个机会，但对于如何上网做生意、怎么做生意、要注意什么，你了解吗？网上开店有3个方面需要注意：价格、口碑和安全。

- 第1步：前期准备。

俗话说："不打无准备的仗。"网上开店需要一定的准备，主要包括硬件和软件两部分。硬件包括可以上网的电脑、数码相机等，不一定非要全部配置，但是尽量配齐，方便经营。其中电脑和宽带上网是必配的，数码相机用来拍下产品的照片并上传到网店，扫描仪则是把一些文件扫描上传（如身份证、营业执照等信息）。软件包括安全且稳定的电子邮箱、有效的网下通信地址、网上的即时通信工具等。

问题1：你想创业，你做好充分的准备了吗？

- 第2步：建设自己的网店。

经营好自己的网店，关键是寻找物美价廉的货源。网店的销售价格是非常敏感的要素，而不同的商品有不同的进货渠道，因此，掌握了价廉物美的货源就掌握了经营的关键。

问题2：你有具备拥有价格优势的进货渠道吗？

- 第3步：经营网店。

由于不了解情况，许多刚加入电子商务行业者都会有许多困惑，何况经营网上业务并非建一个网店就可以了，还需要认真经营。只有经过长期的实践才能摸索出一套经营网店的规律。

问题3：能让你的网店从众多的网店中脱颖而出的8个要素你具备了几个？

8个要素：起个好名字、好东西要放门口、价格定位合理、商品种类丰富、产品说明详细、加大宣传力度、和买家保持联系、搞好客户关系。

活动2　感受电子商务创业模式的优势

做中学

- 打开百度搜索页，输入关键词"电子商务创业模式"进行搜索，记录搜索结果，进行小组分享。
- 根据查询的资料，整理好你认为比较好的电子商务创业模式；进行小组内交流讨论，结合必备知识写出电子商务创业模式的特征、适合在校中职生进行电子商务创业实战的模式及满足电子商务实战教学的模式。

必备知识

创新创业教育，应从理念走向行动。创意点亮生活，创新改变命运，创业造就幸福。学生要在学好专业知识的基础上，积极去学校创办的学生创业园实践，以提高自己的创新精神、参与意识和创业能力。这种电子商务创业实战更能激发学生的学习兴趣。

1. 电子商务与传统商务的区别

1）成本区别

传统商务：需要请客吃饭，以及电话费、交通费、油费、会场门票等。要想做好，必须投入大笔的资金。无法往里砸钱的人不可能成功。

电子商务：只要电脑上了网就没有其他公关费用了，必要的花费仅仅就是网费。

2）脸面区别

传统商务：和熟人谈直销总怕丢脸，做到最后你的亲戚朋友见你都害怕。

电子商务：接触的都是全国各地的陌生人，不必见面；都是想在网上创业的、想在网上兼职赚钱的，以及想了解直销的志同道合的客户主动来加你好友的。

3）工作量区别

传统商务：一天沟通3个人，回到家一身疲惫。

电子商务：一天可以加十几个来咨询的客户，并且可以挑选其中的优秀客户进行沟通，很轻松。

4）姿态区别

传统商务：姿态低，都是自己主动去找客户。

电子商务：姿态高，加你的都是主动来了解的客户，只挑选友好并且积极的客户进行沟通即可。

5）距离区别

传统商务：随着团队的壮大，与客户的距离也变大了，因为客户不可能只在一个地区。如果以熟悉的人为纽带，地域就不会很大。

电子商务：面向的是全国市场、陌生市场，没有任何地域限制，客户来自五湖四海。

6）人脉资源区别

传统商务：客户来自自己的亲戚朋友、同学同事。如果认识的人不多，就无法做好。

电子商务：现在我国网民众多，而且每天都在加速递增，电子商务创业不会受人脉资源的限制。想在网上创业、想找兼职的人都是你的客源，绝不需要将业务介绍给自己的亲戚朋友，无穷无尽的网络资源就是你的人脉资源。

7）学习、培训区别

传统商务：受时间和地点的限制，学习和培训的效率大大降低，容易造成人员流失。

电子商务：学习和培训都在网上，不受时间和空间限制，让你坐在电脑前就能快速提升各方面的能力。

2. 网店创业的关键点

1）店铺取名

刚做淘宝的人都有一个误区，很多人直接拿自己买东西的账户直接开店。通常这种账户的名称都是 feifei1990、开心888 等。这有什么问题呢？看上去是没有什么问题，但是如果你想把生意做得更好、更专业，那么最好取跟你卖的东西相关的名称。

这是一个真实的案例,在 2009 年的时候,有一个山东卖阿胶的淘宝卖家注册了一个淘宝账号:山东阿胶集团,结果一年做了 500 多万元的销售额,就是这么神奇。因为当时我国网络用户的识别意识不强,人们以为这个是阿胶集团开的店铺,所以信任度特别高,转化率自然就高。

可见,为小店取个有意义的名字是非常有必要的,如脸部护理专家、我是文艺小青年、国产香水直供店等,只要跟你销售的产品相迎合即可。

2)确定产品类目

如果你不是一个运营能力超强的人,而且你也没有一个很专业的团队,那么建议你不要介入那些大类目,如女装、面膜等。很多人一说做淘宝,就想开一家女装店,或者化妆品店,这个观念其实是错误的。你为什么要做这些产品呢?是因为你对这些产品有情怀,还是为了赚钱而做?我估计大部分卖家都是为了赚钱而做的,但卖这些大类目的产品反而赚不到钱。

如果想在淘宝赚到钱,应该做一些小类目,因为小类目竞争不激烈。那么,如何找一些小类目做呢?很简单,首先下载淘宝直通车 TOP 20 万关键词表,然后你就会发现无数的小市场,找到相关货源去卖,你会比较轻松,不会那么容易受挫。

3)产品库存

很多人一开淘宝店,店内就一堆 SKU(Stock Keeping Unit,最小存货单位),可能有好几百个,想以量取胜,以为只要产品多了就能多卖出几个,这个理念是惯性思维,其实一个店铺最好不要超过 5 个 SKU,产品多也没有用,能卖的就那一两个。如果选择的是垂直类目,那么 SKU 自然会少些,这样库存容易管理,销售容易解决,推广资金可以更加集中。

4)装修风格

要根据品牌定位给出店铺装修的设计方案,从背景色到字体、图片都要精心设计,以达到和谐统一;产品的"宝贝详情"要迎合主销售人群。在一个图片上加无数的文案很容易,反而要简洁明了就很难了,因为这样只能选择一个信息或一句话文案。

【案例 1-3】

蜜芽成功的启示

(1)蜜芽创意的产生。

2010 年,创始人刘楠在给孩子购买母婴产品时发现淘宝网上绝大部分商家还没有开通跨境购物服务。国外的母婴品牌商还在延续着最原始的经销模式,就是在北京、上海等几个大城市设立销售点,代卖产品。刘楠从小到大就是一个完美主义者,"当女儿生下来的时候,我的那种幸福感、充盈感前所未有。那种无条件去保护她、爱护她的冲动,是非常强烈的"。2011 年 12 月,刘楠在淘宝上开了一家小店,以"甜蜜的萌芽"为寓意,取名为蜜芽宝贝。

(2)蜜芽的发展与成功。

2013年11月,真格基金联手险峰华兴为蜜芽宝贝带来超过1000万元的A轮融资。2014年3月6日,蜜芽宝贝转型为进口母婴品牌限时特卖商城,在国内首创了母婴品牌"特卖+闪购"的营销模式。商城上线当月,交易额就达到1500万元人民币。仅仅过了4个月,蜜芽宝贝就完成了1.6亿元人民币的融资。2014年12月22日,蜜芽宝贝又拿到了3.6亿元人民币的融资,由H Capital领投,红杉资本、真格基金跟投。

此时,刘楠完成了从淘宝店主到垂直电商CEO的华丽转身。在众多风投资本的带动下,蜜芽宝贝以一种不可思议的速度迅速壮大起来,员工从最初的7人发展到300多人,接连在德国、荷兰、日本、美国开设了境外仓库,合作的品牌接近400个,合作商品的种类也达到了3000多个。2014年7月,蜜芽宝贝以中国最大的进口母婴产品特卖电商的身份被《新闻联播》报道。

(3)蜜芽的销售模式。

蜜芽的销售模式是新零售社交电商,采用F2C(Factory to Customer,从厂家到消费者)模式,让客户得到实惠。

(4)蜜芽的Plus会员营销模式。

蜜芽Plus是蜜芽集团旗下的社交电商平台,成为蜜芽Plus会员相当于开了一家自己的网上超市,采用自营+品牌直供的模式,与全球大牌源头合作,为消费者和注册会员提供众多类目产品的消费选择。蜜芽Plus会员无须囤货、发货,由蜜芽统一采购、发货、服务,确保消费者能够买到放心、安全且性价比高的商品。蜜芽Plus会员还能通过分享好的商品赚取分享佣金,同时还有专业的团队予以社交零售技能的培训和手把手专业教学,实现自用省钱、分享赚钱、轻松创业。

3. 电子商务创业实战模式

1)开个网店卖东西

网络购物已经成为当今主流购物方式。你可以利用自己的专业优势和学校实战教学的要求在网上做生意,淘宝、拍拍等大型的交易平台是大家开店的首选,可以通过校企合作代理、师生共建共管、个人独立开店来实现自己的创业梦想。

2)做自媒体

在移动互联网的背景下,自媒体近年发展非常迅猛,特别是直播和小视频的全民创作。

3)建自己的个人网站

建一个属于自己的个人网站,对很多人来说不仅可以过把做站长的瘾,还可以在网站有一定流量后靠投放广告等赚钱,这是很多人获得业余收入的机会。做个人网站确实很赚钱,自从hao123被百度高价购买后,很多人开始做个人站长的梦。

4）申请做版主，赚点零花钱

申请做版主，也就是去一些大论坛申请做版主。做版主的待遇虽然比较稳定，但不高，而且不同的网站支付给版主的待遇也是不一样的。做版主要有兴趣，而且每天必须有固定的时间去管理论坛。对于有大量时间的朋友，不妨去申请做版主，不仅可以满足自己的虚荣心，还可以有一点物质上的收获。

5）以做调查为业

在国外，很多年前就有专以做调查为业的人，但我国上网做调查问卷是最近才兴起的一种简单、自由的工作方式。做调客赚钱需要不断地填写问卷，不断地累积。填写调查问卷赚钱在我国才兴起，所以我建议大家在决定做调客前一定要慎重地了解网站，不仅要看网站的硬件，还要主动向老会员认真咨询。

6）出售游戏中的虚拟物品

靠出售游戏中的虚拟物品赚钱是部分游戏玩家赚钱的一种方式。据消息灵通人士透露，目前有上百万个这样的网络淘金者，他们主要来自偏远的农村或不发达城市的没有工作的青年。对于他们来说，这是一种不错的网络淘金方法。

通过这 6 种创业方式可以看到，网络赚钱其实就是借助网络平台赚取真金白银，这也是当今普遍的在线获取报酬的方式。随着网络的快速发展，会有越来越多的人踏入网络淘金的队伍，也会有越来越多的网络赚钱方法诞生。

> **想一想**
>
> 在众多的电子商务创业方式中，你适合做什么？你自身具有怎样的优势？你拥有哪种特殊技能？

拓展学习

- 利用网络或其他资料，结合案例 1-3 回答下列问题。

（1）刘楠创业成功的个人原因是什么？

（2）蜜芽成功的原因有哪些？

通过收集资料和分析案例来验证创业成功并非偶然，而是需要相应的知识积累和灵感的。

- 查找相应的 3 个案例，并将案例给予你的启示整理出来进行课内分享。

案例 1：＿＿＿＿＿＿＿＿＿＿＿＿＿＿＿＿＿＿，来源：＿＿＿＿＿＿＿＿＿＿＿＿＿＿＿＿＿，

启示：＿＿＿＿＿＿＿＿＿＿＿＿＿＿＿＿＿＿＿＿＿＿＿＿＿＿＿＿＿＿＿＿＿＿＿＿＿＿＿

＿＿＿。

案例 2：＿＿＿＿＿＿＿＿＿＿＿＿＿＿＿＿＿＿，来源：＿＿＿＿＿＿＿＿＿＿＿＿＿＿＿＿＿，

启示：_____
_____。

案例 3：_____，来源：_____，
启示：_____
_____。

> *老师点评*
>
>

活动 3　技能训练：选择合适的创业模式

认识电子商务职业，根据个人发展的实际要求，制定个人在今后 3～5 年的职业生涯规划，具体要求如下。

1. 自我分析

自我分析：在老师的指导下，从个人基本情况、职业价值观、职业兴趣、职业能力、性格特征、优缺点等方面进行自我分析。

2. 职业分析

职业分析：通过开展调查、查阅资料、向老师请教等方式，对电子商务专业的前景、就业状况有一个明确的认识，并填写表 1-8。

表 1-8　电子商务职业分析表

	行业分析	
	专业认识	
职业认识	初次就业岗位	
	知识要求	
	能力要求	
	综合素质要求	
	资格证书要求	
	职业发展前景	

3. 环境分析

环境分析：分析家庭环境、学校环境、社会环境和职业环境等对未来进入电子商务行业的影响。

4. 目标与计划

目标与计划：提出切实可行的个人目标（短期目标、中期目标和长期目标），就如何实现目标明确具体的保证措施和努力方向。

5. 制定规划

制定规划：汇总前述内容，撰写《个人职业生涯规划书》，并以简报或展板的形式在班级展示。

6. 选择创业模式

选择创业模式：依据前面的分析，结合自身的资源优势，利用学校电子商务创业园的便利之处和地方行业协会的优势，确定自己的创业模式。

老师点评

项目小结

创业不再是我国青年追求个人成功的事情，它已经有了一个新的定义——这代人的自我解放运动。解放的是怕风险和怕别人指指点点的心理枷锁，解放的是随波逐流的禁锢。当我们从传统的购物方式转向网上购物的时候，我们看到了社会生活的改变。电子商务将是我们寻找的一种就业方式，给我们提供了一个解决就业问题的途径。

电子商务具有交易虚拟化、交易低成本化、交易效率高、交易透明化、提升企业竞争力、促进经济全球化等独特的优势。同时我们也知道电子商务创业的四大要素：供应链、资金、团队和人格魅力。农业时代，竞争劳动力（吃得苦中苦，方为人上人）；工业时代，竞争劳动工具、劳动技能（车工、钳工最吃香）；信息时代，竞争知识、速度。在互联网发展的今天，我们需要具备决心、忍耐、勤奋、刚柔、包容的素质要求和相关商品、网站交易规则、物流及付款等知识，以及文字表达能力、资料收集能力、自己动手能力、参与交流能力、思考总结能力、适应变化能力、终身学习能力等，在此基础上选择一个合适的创业模式和创业项目，发挥自身的最大优势，创业梦必然实现。

项目 2
创建网上创业店铺

学习目标

通过学习本项目,你应该能够:

(1) 了解会员注册的方法;

(2) 掌握淘宝会员注册的流程;

(3) 明确实名认证流程;

(4) 开设网上店铺;

(5) 具有基本的店铺设置能力。

随着人们生活水平的不断提高,越来越多的人开始倾向于在网络平台上购物。因为在网络平台上购物不仅省时、省力,而且价格便宜。而对于大众来说,最为熟悉的一种网络购物平台就是淘宝。随着淘宝不断深入人们的生活,人们不仅利用淘宝来满足自己的购物需求,而且越来越多的人想要通过淘宝来找到自己人生的另一条出路。电子商务的飞速发展,更让网上开店成为一种时尚!

网上创业店铺是在互联网这个虚拟空间里开的虚拟商店,与传统商业模式相比,网上创业店铺有着巨大的优势。其优势主要包括网店比实体店节约成本、在网上开店更自由、不受时间限制、无须高额创业资金、经营范围非常灵活。

任务1 了解淘宝会员注册的方法

问题引入

从初中开始就对网上创业特别关注的叶飞毅然选择了电子商务专业,经过两年的在校学习,他对网上开店更是"一往情深"。近期,他想在网上销售自己家乡的土特产。那么,他适合在哪个平台上进行创业呢?该准备什么呢?

_____

_____

_____

你知道吗?

会员制营销是一种客户管理模式,是为了维系与客户的长期交易关系而发展出的一种较为成功的关系营销模式,也是一种能抓牢会员的心,提高会员忠诚度的营销手段。会员制营销的结果导向是通过会员服务提高客户的忠诚度和满意度,从而提高消费量。

从最早的亚马逊的网络会员营销成功之举,到现在各行各业的会员制营销的成功案例,如携程、如家、长安俱乐部,以及屈臣氏的二次会员制闪亮登场等,会员制营销凭借体系下会员的种子效应、借力和造势等特异功能成为各品牌、各新业务拓展的主要模式。

随着会员制营销的风靡,市场上的会员卡开始泛滥,几乎所有的卖场都发行了自己的会员卡。打开消费者的钱包,你会很容易地看到颜色不一、形式各异的各大商家的会员卡,从百货店、专业店到超市等各个零售业态,从服装、鞋帽、家电到化妆品等各类商品,会员卡无处不在。

但是,目前大部分的消费者对会员卡表示不认同,甚至对有些会员卡的办理开始反感。

活动1 注册淘宝会员

做中学

- 请登录淘宝网、拍拍网、易趣网,调查这几个网站的新用户注册方法,并将调查结果填入表2-1中。

表2-1 网站会员注册基本情况调查汇总表

网　　站	网　站　地　址	注　册　方　法	优　　势
淘宝网			
拍拍网			
易趣网			

- 小组讨论：这几个网站在其他方面还有区别吗？如果有，请添加，同时推选代表进行课内分享。

必备知识

1. 淘宝网的基本情况

淘宝网（图 2-1 为其首页的"网页无障碍"模式展示）是亚太地区较大的网络零售商圈，由阿里巴巴集团投资创立。淘宝网业务包括 C2C（消费者对消费者）、B2C（企业对消费者）两大部分。截至 2020 年年底，淘宝网注册会员超 11.8 亿人，平均每天有超过 3.12 个活跃用户，在线商品数达到 10 亿件，淘宝网和天猫平台的总交易额超过了 1.5 万亿元。

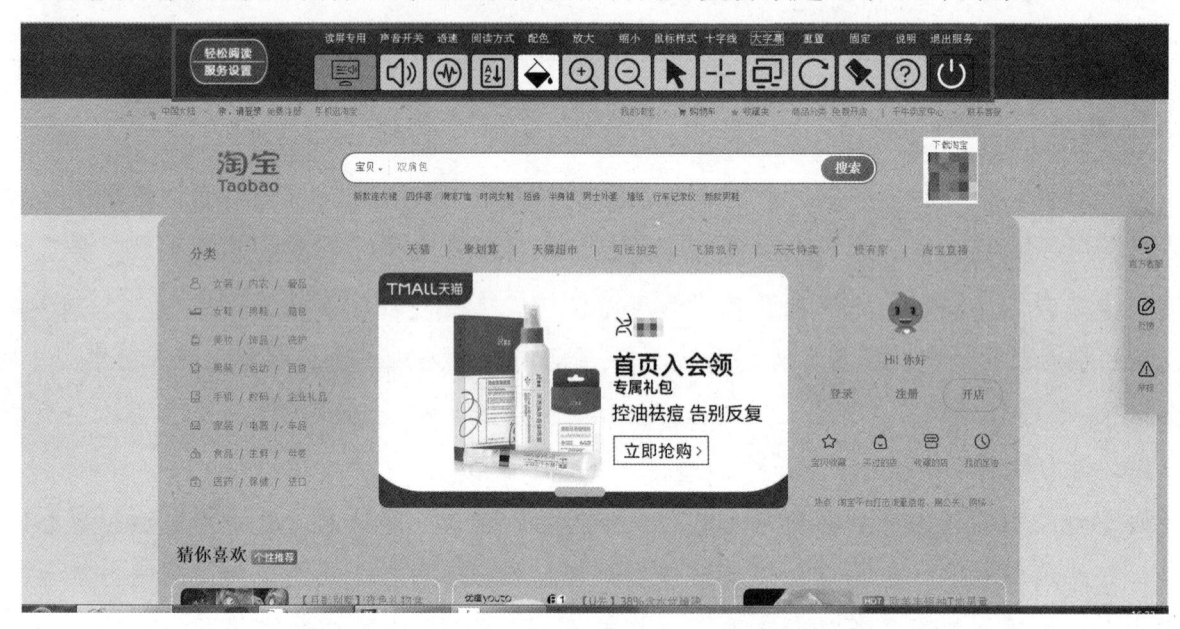

图 2-1 淘宝网首页的"网页无障碍"模式

淘宝网的主要业务包括阿里旺旺、淘宝店铺、淘宝指数、快乐淘宝、淘宝基金、淘点点等。

2020 年 11 月 11 日 0 时，"双 11"开场仅 10 秒交易额就达到 10 亿元；0 时 30 分，交易额达到 3723 亿元，而这只是一个新的起点；截至 11 日 23 时，全球狂欢季实时物流订单量突破 22.5 亿单；截至 11 日 24 时，淘宝网及天猫的总交易额达 4982 亿元，实时物流订单量达 23.21 亿单。2021 年"双 11"，淘宝网和天猫成交额刷新纪录，达到 5403 亿元。

> **想一想**
>
> 淘宝网用户量火爆的原因是什么？为什么淘宝网在"双 11"活动中屡次刷新纪录？你从中学到了什么？对你的创业有什么启发？

2. 淘宝会员

淘宝会员是淘宝网最有价值的活跃用户，不需要缴纳会员费用。淘宝网为会员提供以购物为核心的多方位、一站式服务及尊荣特权，具体特权如图 2-2 所示。

图 2-2 淘宝会员的特权

淘宝会员的注册方式有两种：手机号码注册、邮箱注册。

> **议一议**
>
> 淘宝会员还有其他哪些优势？注册拍拍网和京东等其他网站会员各有什么优势？你会选择成为哪个网站的忠实会员？

3．淘宝会员成长

成长值是淘宝会员通过购物所获得的经验值，由累积金额计算获得，如图 2-3 所示。它标志着会员在淘宝累积的网购经验值。成长值越高，会员等级越高，享受的会员服务也越多。

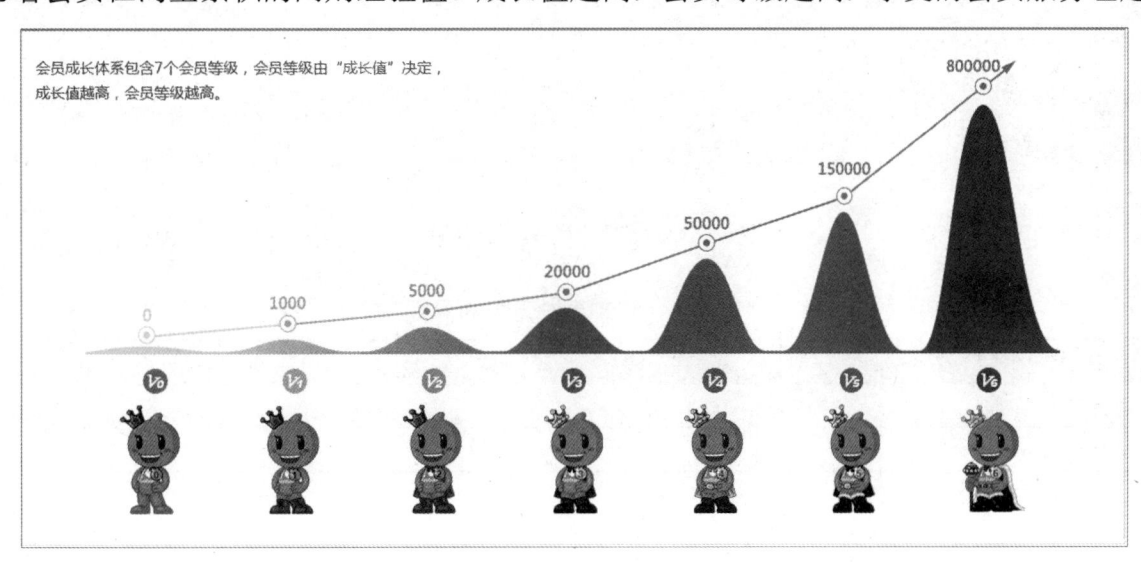

图 2-3 淘宝会员成长

【案例 2-1】

多芬：传播女性美

一部视频短片——"我眼中的你更美"，其病毒式营销获得了巨大的成功。这部广告片不仅令人振奋，还创造了线上营销纪录，推出后仅 1 个月，浏览量就突破了 1.14 亿人次。

"我眼中的你更美"之所以能够获得如此出色的成绩，一部分原因要归功于联合利华公司。在其帮助下，这部短片被翻译成 25 种语言，并在 33 个 YouTube 官方频道播放，全球超过 110 个国家的用户都可以观看这部短片。

短片旨在寻求一个答案：在自己和他人眼中，女性的容貌到底有何差异？多芬的调研报告显示，全球有 54%的女性对自己的容貌不满意。Gil Zamora 是 FBI 人像预测素描专家。在短片中，他和受访女性分坐在一张帘子两边，彼此看不见对方，Gil Zamora 根据受访女性对自己容貌的口头描述勾勒出她的模样。之后，Gil Zamora 根据陌生人对同一女性的容貌的口头描述再描绘一张画像。完成后，他把两张素描画摆放在一起进行比较，结论是一个女人在他人眼里要比在她自己眼里美丽得多。

该短片打动了消费者，在推出后的第一个月就获得了 380 万次转发分享。在随后的两个月内，多芬的 YouTube 频道新增了 1.5 万个订阅用户。此外，短片也影响到传统媒体，令纸媒、广播新闻竞相报道，甚至引发了一系列线上讨论。更令人意外的是网上出现了不少模仿视频。

2021 年 6 月，多芬和广告代理商奥美获得了戛纳国际创意节全场钛狮奖，毋庸置疑，这是病毒式营销的一次巨大成功。

案例思考

《多芬：传播女性美》的案例给你带来了什么启示？你觉得一个良好的营销方式该具备什么？你从中还学到了什么？

拓展学习

- 打开百度搜索页，输入关键词"淘宝网与天猫的异同"进行搜索，并填写表 2-2。

表 2-2　淘宝网与天猫的异同

比 较 项 目	淘 宝 网	天　猫
对买家而言的不同点		
对卖家而言的不同点		
相同点		

- 小组讨论：你认为淘宝网和天猫还有没有其他区别？如果有，请添加，同时推选代表进行课内分享。

活动 2　掌握淘宝会员注册的流程

做中学

通过搜索引擎查找相应的信息，结合所学知识进行整合和实践，充分掌握淘宝会员注册的流程。

必备知识

1. 进行淘宝会员注册

进入淘宝网首页，点击页面左上角的"免费注册"，填写会员名与密码。会员名为 5～25 个字符（1 个汉字为 2 个字符），密码最好使用中英文组合，以提高安全性。

新注册账户需要激活，有两种账户激活方式：第一种为手机号码验证，必须使用未被注册过淘宝网的手机号码，输入手机号码后填写校验码进行激活；另一种为电子邮箱验证，要求电子邮箱必须是未被注册使用的电子邮箱，且需要使用手机验证码进行校验（使用电子邮箱验证的手机号码可以是已经注册过淘宝网的手机号码）。

2. 淘宝会员注册步骤

进入淘宝网首页，如图 2-4 所示。

点击页面上的"注册"进入会员注册页面，点击并查看《淘宝平台服务协议》，如图 2-5 所示，阅读后点击"确定"。

这里以手机号码注册为例来讲。

图 2-4　淘宝网首页

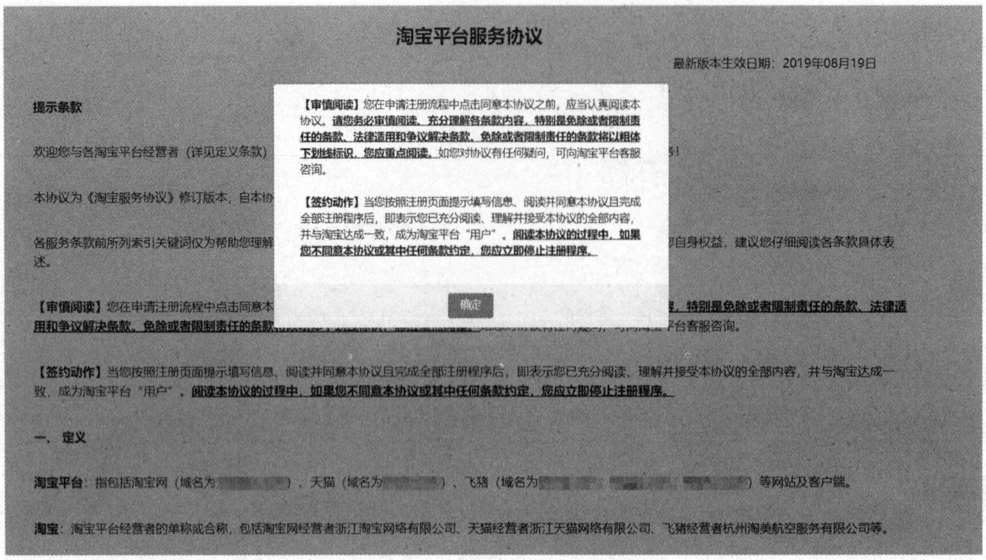

图 2-5　淘宝平台服务协议

步骤 1，输入手机号码进行验证，如图 2-6 所示。

图 2-6　淘宝账户手机号码验证

步骤 2，输入手机验证码，填写账户信息，如图 2-7 所示。

图 2-7　账户信息填写

步骤 3，设置支付方式，如图 2-8 所示。

图 2-8　设置支付方式

步骤 4，可以跳过步骤 3，直接注册成功，如图 2-9 所示。

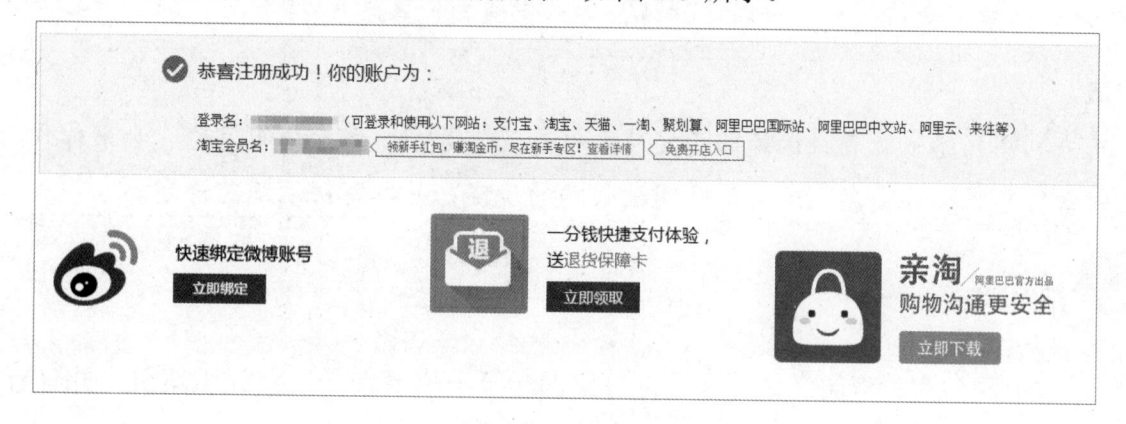

图 2-9　淘宝账户注册成功

3．新人专属特权

注册者注册成功后就成了淘宝的新用户，可享有新人专属特权，如图 2-10 所示。

图 2-10　新人专属特权

【案例 2-2】

被收购的乐蜂网

被收购时间：2014年2月。

发展概述：乐蜂网成立于2008年，由某知名电视人创办，是一家明星达人运营、静佳自有品牌及美妆垂直电商为一体的平台。其母公司东方风行分别获得红杉资本的A轮投资、中金和宽带基金的B轮投资。

中国化妆品电商网监测显示，自2012年起，每年2月底至3月底，乐蜂网举办为期一个月的全网"桃花节"，并逐渐成为化妆品垂直电商中一年一度最大规模的商业活动。

2014年2月，乐蜂网以1.125亿美元出售75%的股份，"卖身"唯品会。

案例思考

为什么乐蜂网会被收购？原因是什么？你从中受到什么启发？

试一试

充分利用网络资源查找乐蜂网的发展之路和营销方式。之后分组讨论，如果你作为乐蜂网的营销总监，你会怎么改变乐蜂网被收购的现实，并撰写初步营销计划。

拓展学习

- 通过上网搜索、查阅资料等方式，每位同学至少收集3个网络诈骗案例，并分析诈骗发生的原因，总结防范网络诈骗的方法，汇总后填写在表2-3中。

表2-3　网络诈骗案例

分　　类	案例主要内容	诈骗发生的原因	防范诈骗的方法
案例1			
案例2			
案例3			

- 小组讨论：每个小组对典型的诈骗案例进行讨论，并分析原因和防范的方法，每组派代表上台进行分析。

活动3　技能训练：淘宝会员注册

针对淘宝的新规定，每个小组分情况开展训练，1组成员采用手机号码注册，2组成员采用邮箱注册，3组成员通过申请千牛工作台账号注册成为会员。

1. 淘宝会员手机号码注册

具体操作步骤见前文。

2. 淘宝会员邮箱注册

2组成员参照手机号码注册的步骤试着去注册，并进行讨论。

> **议一议**
>
> 手机号码注册和邮箱注册的主要区别在哪里？

3. 通过申请千牛工作台账号注册

千牛工作台由阿里巴巴集团出品，淘宝、天猫的商家均可使用。千牛工作台是在卖家版阿里旺旺的基础上升级而来的，包括卖家工作台、消息中心、量子恒道、订单管理、商品管理等主要功能。

在淘宝网的网站导航中选择"千牛卖家中心"（见图 2-11），进入千牛工作台下载页面下载电脑版，进行淘宝会员注册登录。

图 2-11　淘宝网站导航

> **想一想**
>
> 千牛工作台的主要功能是什么？

> **老师点评**

任务2　熟悉实名认证的流程

问题引入

网络实名制，顾名思义，就是一种以用户实名为基础的互联网管理方式，可以称为保护、引导互联网用户的重要手段和制度，如保护青少年免受网络不良因素的影响。它对以"网络"这种新兴的沟通方式为主的现代社会具有非常重要的意义。一方面，它可以让在网络上传播那些不负责任的言论的"言论自由者"警惕起来，不发表或至少减少在网络上胡乱发表错误言论的行为，以免煽动那些思想尚不成熟的青少年去做一些有违道德和法规的事；另一方面，它可以减少社会管理成本和网络监督成本，如对于那些在网络上侮辱、诽谤他人的人，网络实名制在搜集信息等方面可起到促进作用。

网络实名制也存在一定的弊端，你知道哪些？

_____

_____

你知道吗？

网络实名制作为社会发展过程中的产物，其存在是很有必要的。如果没有网络实名制，也就意味着每个人都不需要为自己说的话负责，每个人都可以胡乱侮辱他人。网络实名制如同我们的法律一样，可以对网络民众起到约束作用。

自由如果没有度，那便倒退回野蛮社会了。

作为网上创业者，想要客户真正地信任你，购买你的商品，你就需要明确身份，让客户充分感受到真实和真诚！

活动1　准备实名认证材料

做中学

- 小组合作：利用搜索引擎，使用"微信认证""微博认证""QQ 实名"等关键词进行搜索，把查找到的内容进行整合并填写表2-4。

表2-4　搜索结果比较表

搜索内容	定　义	方　法
微信认证		
微博认证		
QQ 实名		

- 小组讨论：通过搜集的资料，你认为进行支付宝实名认证需要哪些材料，以及需要哪些步骤？

必备知识

如今，随着我国市场经济和电子商务的迅速发展，网络交易已经渗透到金融、证券、物流市场等领域。网络交易安全作为人们进行网上购物和网上支付的关键要素，直接影响到电子商务和相关产业的发展。因此，及时分析网络交易中存在的漏洞和隐患并进行安全防范就变得尤为重要。

网络交易安全是人们进行网上购物和网上支付的重要保证。随着人们对网络交易安全的重视、网络交易支付手段的完善和国家相关法律制度的不断健全，网络交易会更加规范，电子商务和相关产业会欣欣向荣，蓬勃发展。

1. 实名认证的含义

"实名认证"一词来源于威客网，指对用户资料的真实性进行的验证审核，以便建立完善、可靠的互联网信用基础。

> **想一想**
> 网络实名认证对于买家和卖家而言各代表了什么？

2. 实名认证的途径

实名认证一般有两种途径：银行卡认证和身份证认证。其中银行卡认证在起到"实名"作用的同时，也是用户提取现金的基础。一部分网站只将身份证认证归为实名认证。购物网站的卖家一定要进行实名认证（如淘宝网、拍拍网等），还有一些社交网站如新浪微博等也需要实名认证。

3. 实名认证的意义

实名认证有利于确定身份，让商家和客户彼此更加了解，有利于网络营销的开展，避免了一些不法分子在网络上欺骗消费者。

在猪八戒网、万能网等威客网站中，没有经过实名认证的威客参与任务有诸多限制，如雇主任务要求"为实名认证威客"，未进行实名认证者则无资格参与。此外，未进行实名认证者也无资格参与系统摇奖任务。

在网络营销发达的今天，实名认证也带来信息外露的隐患。例如，很多行业交流网站要求实名认证，但很多营销广告者就利用实名认证的会员信息进行商业活动。所以，选择进行实名认证一定要谨慎。

4. 支付宝实名认证

支付宝实名认证是由支付宝（中国）网络技术有限公司提供的一项身份识别服务。通过认证后的你就拥有了"互联网身份证"。在进行支付宝实名认证的同时，系统会核实会员身份信息和银行账户信息。

小贴士

支付宝实名认证的优势

- 可以在淘宝网上开店。
- 可以使用我要付款、AA收款等功能。
- 提高信用级别，交易更受信任。

【案例2-3】

无证卖家骗钱后失踪

王先生是江苏人，在当地做生意。2月20日，有人主动添加其微信，备注"有塑料米12吨欲售"。正好厂里需要，王先生就通过了对方的微信验证。双方商定以每吨6800元进行交易。王先生联系了一辆货车，前往晋江永和的一处仓库。"卖家"发来仓库视频说是现货，要求先支付一部分货款。

王先生曾在网上买原材料被骗，因此这次他谨慎了，要求货装到车上再给钱。"货车司机是我叫的，装好了货再给钱，这样放心点。"王先生没想到，千防万防，还是没防过骗子的圈套。

"货装好了。""卖家"又来催款。王先生要求等货车出了仓库再给钱。"卖家"就以不卖了，要卸货威胁。王先生提出把货款先打给货车司机，让"卖家"跟司机当面交接。"卖家"却称司机不答应。王先生想着"卖家"就在装货现场，货价比市场价低了不少，于是就通过微信把81600元货款转给了"卖家"。

"接了一个电话人就不见了，那个人根本不是老板。"货款转出去不久，王先生再联系货车司机，却得到了这样的回答。他再联系"卖家"，"卖家"消息不回、电话不接。

王先生抱着试一试的想法，和妻子开车16小时，于2月24日上午10时许到晋江永和派出所报了警。当天中午，民警在漳浦高速收费站抓获了犯罪嫌疑人蓝某（27岁，漳浦人）。

之后王先生联系上了真正的货主，才知道出货价是每吨8800元，"卖家"不过是"二转手"，其"倒贴"2000元转卖，想来是早就计划好了要行骗的。

经查，蓝某是诈骗惯犯，作案手法是混迹在微信群里，声称有低于市场价的口罩、眼镜框、防护服等好货，等有人上套后就要求先交订金，订金到手就跑。如果遇到像王先生这样谨慎的买家，蓝某就联系真正的货主，装好货、拍视频、催要货款，等拿到了钱就失联。据悉，蓝某作案7起，涉案价值40多万元。

案例思考

王先生犯了什么错误？该案例给予我们的启示是什么？

读一读

随着移动互联网时代的到来，人口红利助推支付宝成为全球最大的移动支付公司。根据相关数据，截至 2022 年 2 月，支付宝 App 的注册用户数已超过 13 亿人次，截至 2021 年 12 月底，支付宝活跃人数为 9.08 亿人次，各项数据均居国内市场的前列。支付宝已成为全球的商业类 App 头部。

在支付宝的推动下，购物、生活缴费、打车、看电影、买飞机/火车票，都能在智能手机上轻松办理。

支付宝为此在安全风控方面下了大功夫，将风险水平控制在十万分之一内。据介绍，在支付宝每 9 个员工就有 1 个从事安全风控，近五分之一服务器用于安防，这种对安全的投入程度在许多国际金融、支付机构眼中是不可想象的。

议一议

通过"读一读"的数据你发现了什么问题？日益增长的支付宝注册人群给电子商务的发展带来了什么影响？

拓展学习

- 小组合作学习，掌握关于微信的基本信息。
- 通过搜索引擎搜索"微信"，掌握关于微信的基本信息，并派代表上台解说。

微信的概述：_____
_____
_____。

微信的主要功能：_____
_____
_____。

微信实名认证的主要流程：_____

_____

_____。

活动 2　了解实名认证流程

做中学

根据上一任务所学内容，利用搜索引擎，使用"支付宝"关键词进行搜索，结合本任务进行资料查找，把查找到的内容进行整合、记录。

必备知识

1. 支付宝注册

支付宝注册有两种方式，一种是在支付宝网站进行注册，另一种是在淘宝网上进行注册。

如果已经注册成为淘宝会员，那么支付宝账户名为注册淘宝会员时填写的手机号码或电子邮箱，支付宝的登录密码为注册淘宝会员时设置的登录密码。

这里以支付宝网站注册支付宝账号为例来讲。

步骤 1，打开支付宝首页，如图 2-12 所示，点击"免费注册"。

图 2-12　支付宝首页

步骤 2，选择"个人账户"—"中国大陆"，输入手机号码，点击"获取验证码"，如图 2-13 和图 2-14 所示。

图 2-13　验证账户名

图 2-14　手机号码验证

步骤 3，填入手机上收到的短信校验码，点击"下一步"（系统默认用手机号码注册，填入的手机号如已注册过会提示"此手机号码已经被注册，请更换号码注册或登录"），如图 2-15 所示。

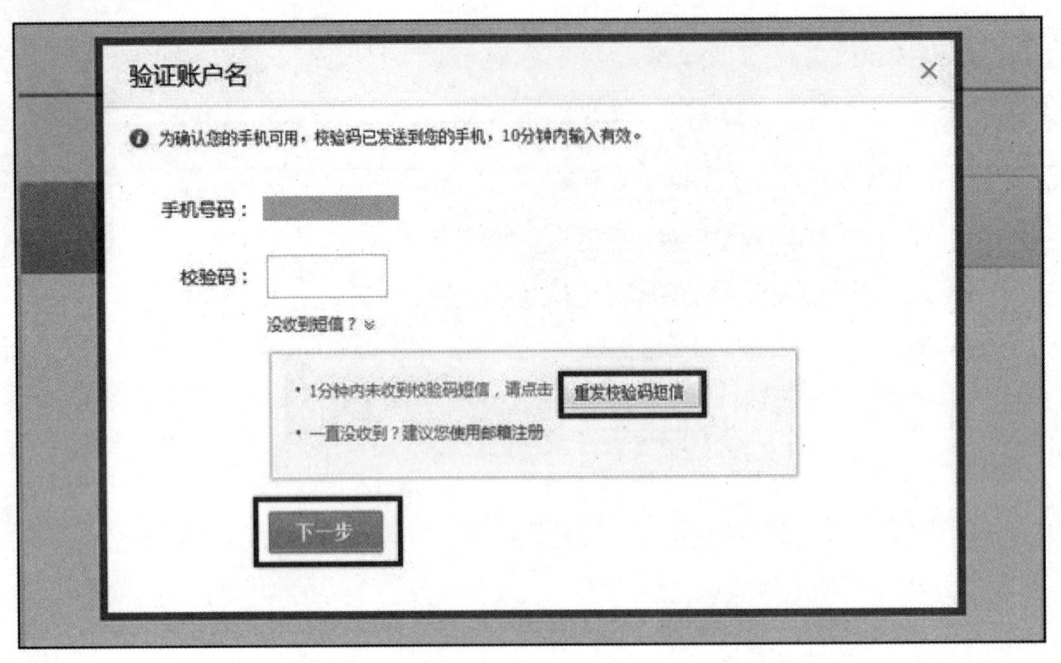

图 2-15 填写校验码

步骤 4，填写账户基本信息（账户注册成功则默认支付宝账户绑定手机号码），如图 2-16 所示。注意：此处的"真实姓名"为必填项，注册完成后不可更改。

图 2-16 设置身份信息

步骤 5，点击"确认"后，如先不设置支付银行卡，可以点击"先跳过，注册成功"，如图 2-17 所示。之后系统将弹出提示框，提示支付宝账户注册成功，如图 2-18 所示。

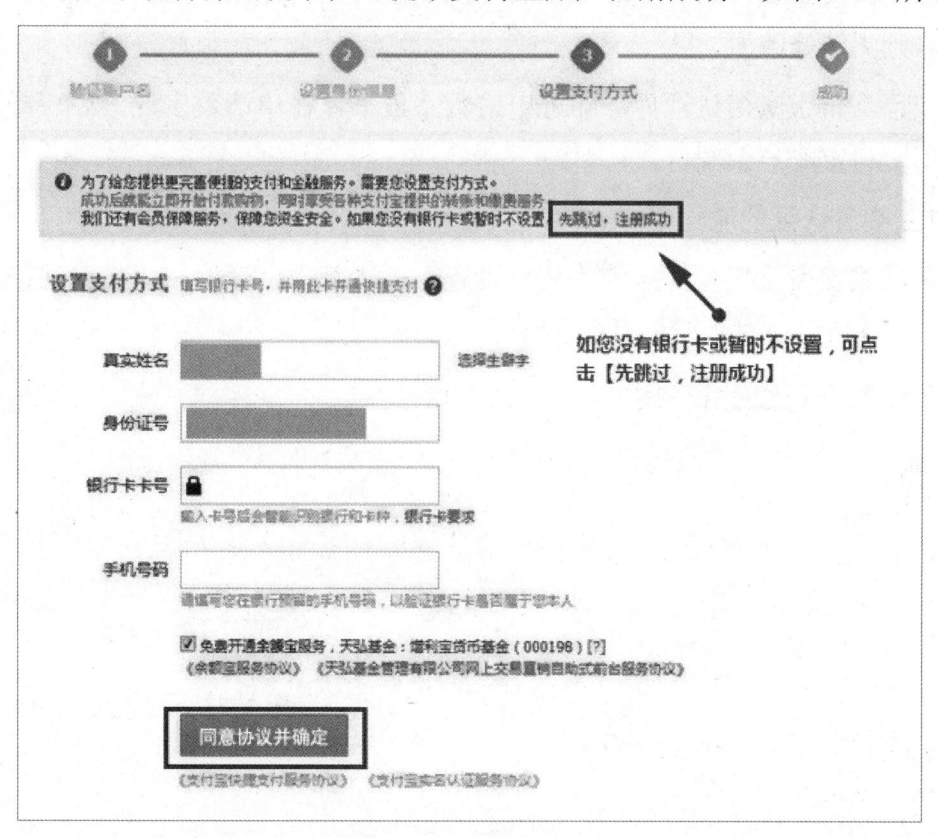

图 2-17　设置支付方式

图 2-18　支付宝账户注册成功

> **小贴士**
>
> 注册成功后，用户即可使用该登录名在支付宝、天猫、淘宝、聚划算、一淘、阿里巴巴国际站、阿里巴巴中文站、阿里云网上登录（注册成功页面有提醒），且登录密码与支付宝登录密码一致。

> **练一练**
>
> 利用电子邮箱在支付宝网站上注册支付宝账户。

2. 支付宝实名认证的意义

通过支付宝实名认证就相当于拥有了一张互联网身份证——可以在淘宝网等众多电子商务平台开店、出售商品，同时提高了支付宝账户拥有者的信用度。

进行支付宝实名认证可解决三大问题。

（1）未申请支付宝实名认证者，若收款金额超过 1000 元，则资金被冻结。

（2）若注册支付宝账户的名字是乱填的，则需修改支付宝账户的名字（注：如已通过实名认证，姓名则无法修改）。

（3）在申请支付宝实名认证后，即可申请数字证书，在申请数字证书后，即可在外部商家购物时使用支付宝账户余额付款。

3. 支付宝实名认证的流程

步骤 1，登录支付宝账户，点击"账户设置"—"基本信息"—"实名认证"—"立即认证"，如图 2-19 所示，进入验证页面。

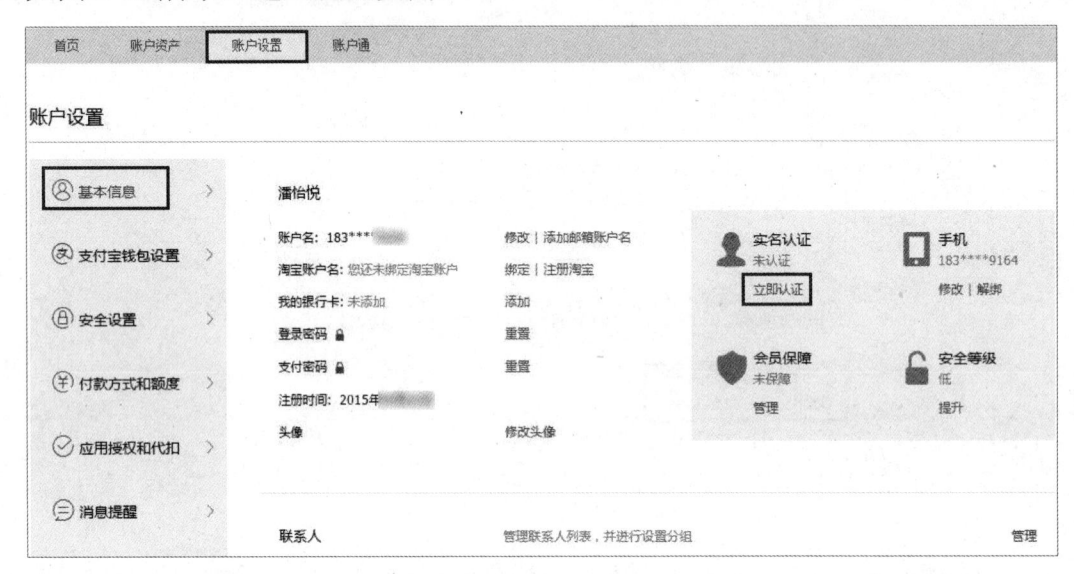

图 2-19　支付宝账户设置

步骤 2，填写身份信息、支付宝支付密码，点击"下一步"进行身份信息验证，如图 2-20 所示。

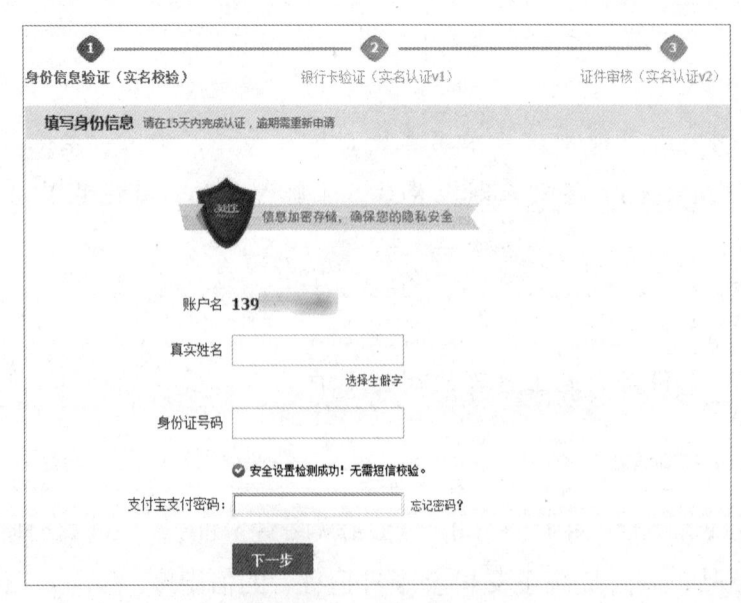

图 2-20　身份信息验证

步骤3，在确认真实姓名和身份证号码无误后，点击"确定"，系统自动进行实名制校验，如图2-21所示。

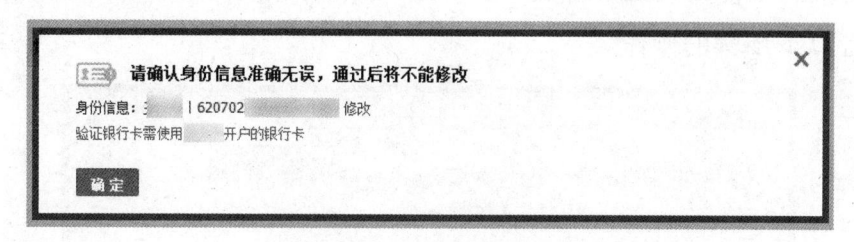

图 2-21　确认身份信息

若身份信息未通过验证，需点击"申请人工审核"，提交证件图片，进行人工审核（审核时间为2天），如图2-22所示。

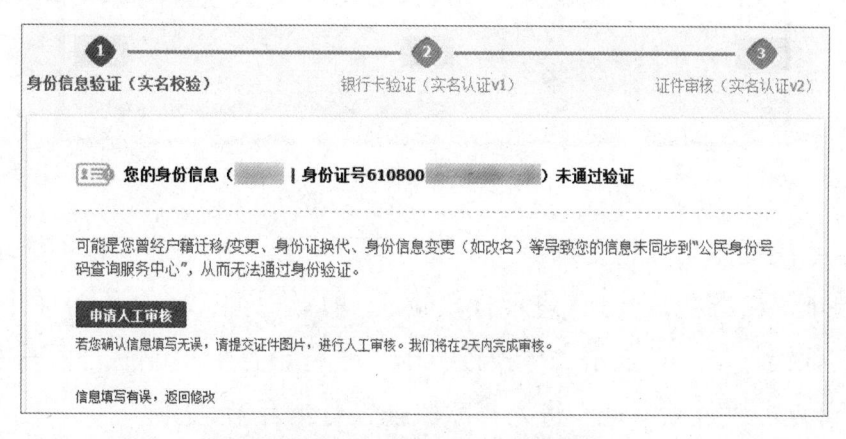

图 2-22　支付宝人工审核

步骤4，通过身份信息验证后，将进入验证银行卡验证页面，如图2-23所示。

图 2-23　银行卡验证

步骤5，填写银行卡相关信息（所有支持开通快捷支付的银行卡），校验成功后点击"下一步",系统将发送校验短信,接受并填写校验码后完成校验,如图 2-24 所示。

注意:身份信息验证成功后,若账户已绑定银行卡,点击"确认",银行卡信息即可认证成功,无须进行以下步骤的操作。

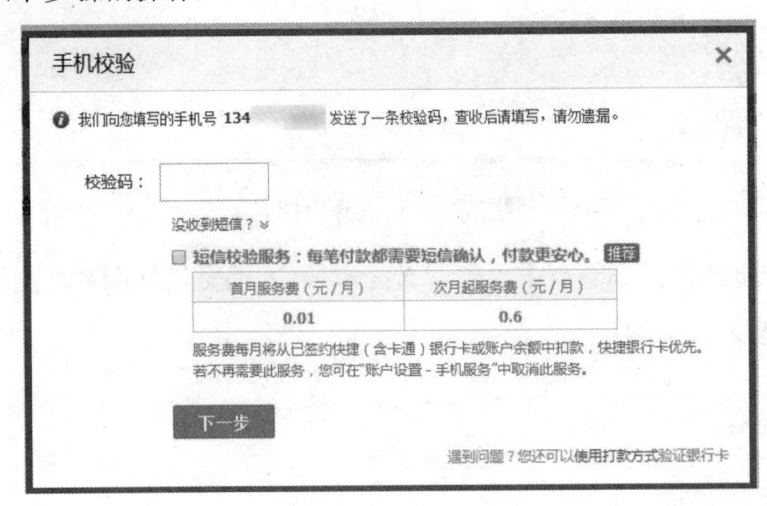

图 2-24　手机校验

步骤 6,若系统提示与在银行预留的手机号码不一致,则信息验证不成功;若该银行卡支持打款方式验证,点击"下一步"进行打款验证(打款时间:1~2 天),如图 2-25、图 2-26 所示;若还有其他银行卡,可点击"更换银行卡"进行银行卡验证;若页面提示"您的银行卡校验失败",可点击"继续认证"进入打款验证银行卡环节。

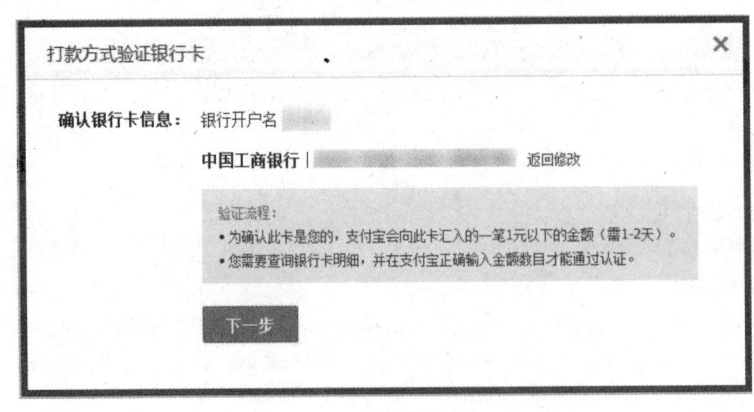

图 2-25　银行卡验证

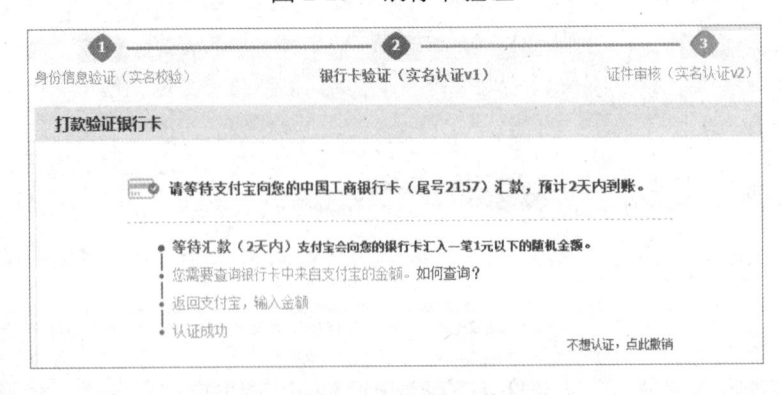

图 2-26　等待汇款

步骤 7，收到打款且查询打款金额后，登录支付宝账户，进入认证页面，输入收到的打款金额，完成金额的确认，如图 2-27 所示。

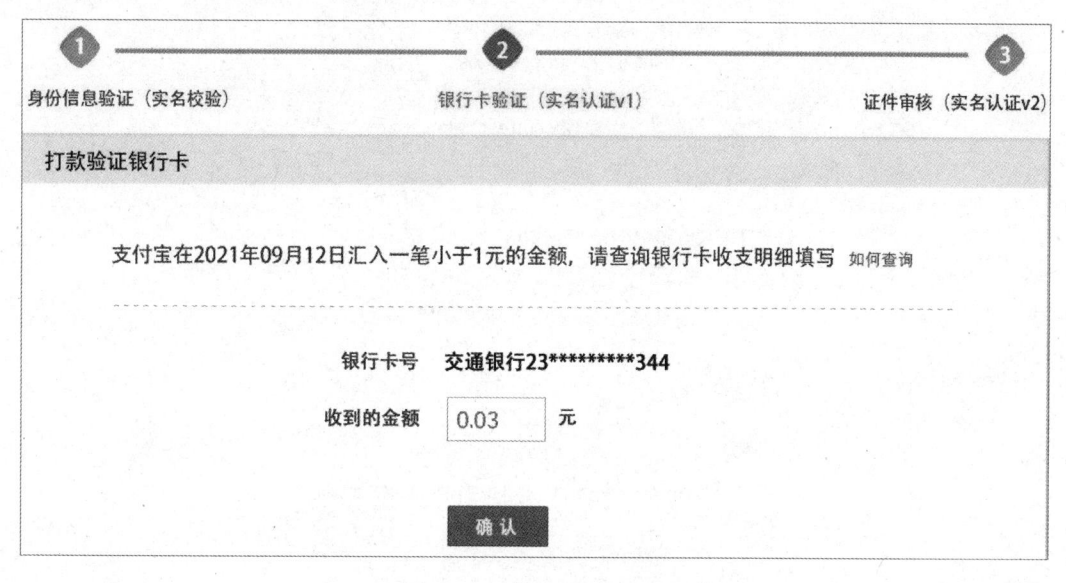

图 2-27　输入打款金额

步骤 8，通过支付宝实名认证 v1，若还需要大额收付款，可点击"立即升级认证"进行实名认证 v2 操作，如图 2-28 所示。

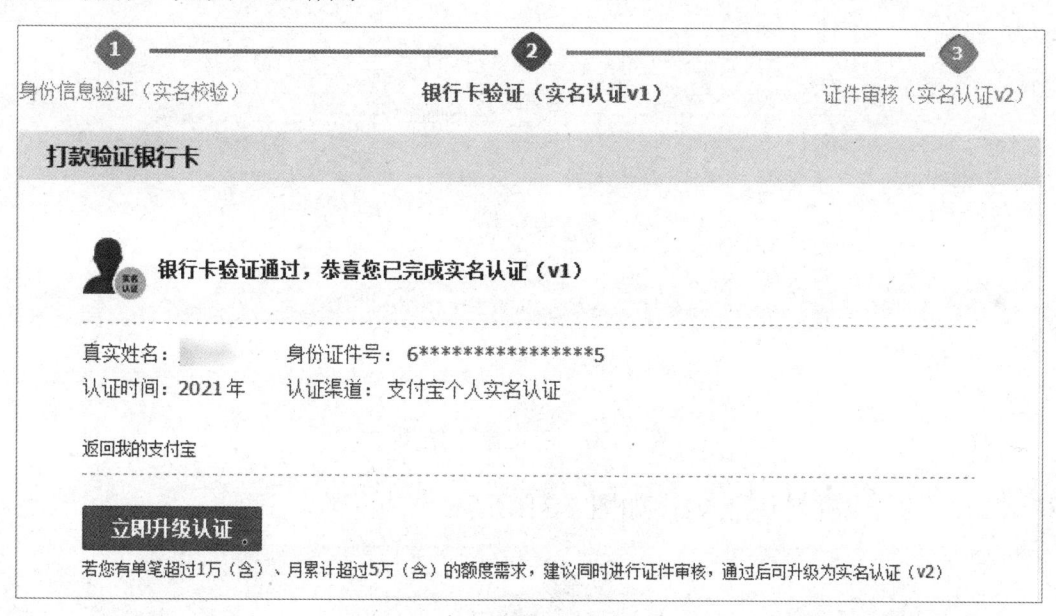

图 2-28　完成实名认证

上传身份证图片，填写身份信息，等待审核（审核时间为 2 天），如图 2-29、图 2-30 所示。

> **议一议**
>
> 若有两个支付宝账号，为了更方便、更安全，如何进行主账户和子账户的关联认证？

图 2-29　上传证件

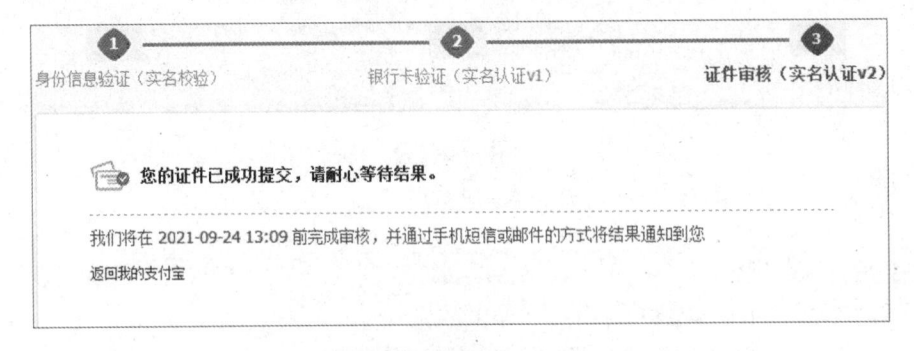

图 2-30　等待审核结果

审核成功，即完成实名认证 v2，如图 2-31 所示。

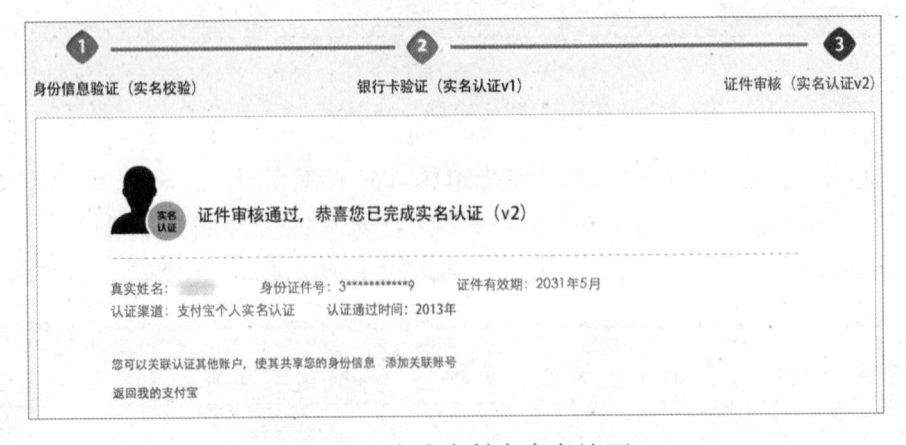

图 2-31　完成支付宝实名认证

读一读

开网店身份认证不通过怎么办呢?

开网店需要的身份认证的照片为手持身份证的上身图片,很多新手都不知道照片应该怎么拍才会通过认证。拍摄此类照片可以让朋友帮忙,无须化妆,可以使用相机或手机来拍摄,最重要的是把身份证清晰地拍摄下来。

身份证照片拍摄的具体要求:第一,在拍摄身份证时,最好使用数码相机,淘宝网规定卖家的身份证照片一定要足够清晰;第二,拍摄背景最好选白色,要把持身份证的手拍摄清晰;第三,身份证上的字一定要清晰。

身份证照片要注意以下几点。第一,图片无效:没有按照淘宝的页面示例图上传照片,上传身份证正反面或生活照片等不符合淘宝要求的,不予通过。第二,图片模糊:在上传身份证的正面照片时,头像清晰但是身份证信息不清晰的,不予通过认证。第三,身份证信息不完整:手持身份证的信息不完整,在拍摄时要注意不能挡住身份证的信息。第四,图片不可以修改,亦不能添加:若图片的内容修改过或图片拍摄很奇怪被误认修改过,则不予通过。第五,头像模糊不清:在手持身份证中,头像很模糊,或者是图片整体模糊的,不予通过。

拓展学习

请利用互联网查找余额宝的相关信息,并进行小组讨论,整合好后派代表上台进行讲解。

余额宝的概念:_____
_____。

余额宝的主要收益:_____
_____
_____。

余额宝存在的风险:_____
_____
_____
_____。

余额宝的发展趋势:_____
_____
_____
_____。

活动3　技能训练：淘宝网实名认证

小组合作进行支付宝实名认证。其中一部分小组成员直接使用淘宝网账号进行认证，另一部分小组成员登录支付宝网站进行注册后再进行认证。

1．支付宝账户注册

具体步骤见前文。

2．进行支付宝实名认证

具体步骤见前文。

3．不同付款方式的选择和体验

网上购物的付款方式主要有如图2-32所示的9种。

图2-32　网上购物的付款方式

> **议一议**
>
> 　　网上购物的9种支付方式各有各的优势，请通过小组讨论和自主探索比较这9种付款方式的优势。

4．支付盾

支付盾是支付宝推出的专业安全产品，请你通过搜索引擎进行调查、分析、整合该产品的主要内容，并向班级其他同学进行介绍、推荐。

支付盾是_____

_____。

支付盾的特点：_____

_____。

支付盾的购买方式与费用：_____

_____。

老师点评

任务 3　开设淘宝网店

问题引入

在确定要开一家网上店铺后,"卖什么"就成为最主要的问题了。在确定卖什么的时候,要综合自身财力、产品属性及物流运输的便捷性,对售卖产品加以定位。目前,个人店铺的网上交易量比较大的包括服装服饰、化妆品、珠宝饰品、手机、家居饰品等。在该方面,网上店铺与传统店铺并无太大区别,寻找好的市场和有竞争力的产品是成功的重要因素。

作为网上创业新手,你会选择卖什么呢?

_____
_____
_____

你知道吗?

网上开店是指卖家(店主)自己建立网站或通过第三方平台,把产品(形象、性能、质量、价值、功能等)展示在网络,并留下联系方式,买卖双方相互联系,买家通过汇款或网上银行跟卖家进行买卖,来达成交易的整个过程。

随着互联网的发展,网上购物逐渐成为流行行为之一。网络最大的优点就是互动性强,在购物的同时可以上网开店出售产品。网上开店拥有众多优势:启动资金少、投入少、交易快捷方便。网上开店的天然优势迅速吸引了创业者,越来越多的人开始在网上开店,加入"网上创业者"这一群体中。但是,网上创业不是简单地上传几张产品照片,就干等着买家"上钩",卖家还需要做大量的工作,包括前期准备、寻找货源、进行宣传等,甚至看似很简单的上传照片都有很多讲究。

活动 1　确定网店的装修模板与风格

做中学

小组合作开展调查与讨论:进入淘宝网首页,分别搜索服装类、家电类、食品类、运动类的皇冠网店,分析这四类网店的风格并进行比较和记录,将结果记录在表 2-5 中。

表 2-5　四类网店风格记录表

网店类型	网店名称	网　址	网店风格
服装类			
家电类			
食品类			
运动类			

总结：_____

_____

_____。

必备知识

网店装修能展示店铺的形象。网店的漂亮与否关系到网店运营的效果。精美的网店装修给客户一种美的享受，并且可以留住客户，提高交易成功率。网店装修模板就是已经做好的商业网页框架，包括图片、文字、背景音乐等。

网店风格是指网店页面给客户的直观感受，如客户所感受到的店主品位、艺术气息、心境等。

1. 装修模板的选择

装修模板首先要符合店铺的主题和风格，要起到提升自己产品销量的作用；其次要符合产品定位，产品属于什么层次就用什么层次的模板。

（1）色系选择。各行各业都不相同，色系的选择一定要与产品相适应，如男装可以选择大气、简洁的风格。

（2）模块布局。模板要有整体性，各模块要有主次之分。

（3）文字模块。文字描述的模块最好在左侧，这样分类页和详情页都能让客户看见，并且文字模块不能过多。

（4）轮播模块。该模块是整个页面最引人注目的地方，因此，图片质量和广告信息一定要精致、到位，并且要链接好产品。

2. 获取店铺装修模板

（1）淘宝一键安装模板。淘宝提供了一个店铺装修服务平台，平台中的模板一般为收费的全套模板。一键安装模板只需购买一次就可使用，方便快捷。

（2）淘宝店铺设计室。淘宝有很多专门为淘宝卖家制作装修模板并帮助装修店铺的设计室。这些设计室由专业网页设计师组建而成，设计室有大量的成品模板供卖家选择和购买。

购买后，设计师会协助卖家完成店铺的装修工作。

（3）个性模板定制。淘宝上有专门提供个性模板定制服务的设计室，设计室会根据卖家的意愿完成装修模板的设计。

（4）淘宝免费模板站。网站上有详细的淘宝店铺视频装修教程，很适合新手卖家进行装修学习。

3．装修模板的使用

这里以淘宝一键安装模板为例来讲。

（1）点击"店铺"—"店铺装修"进入装修页面，如图 2-33 所示。

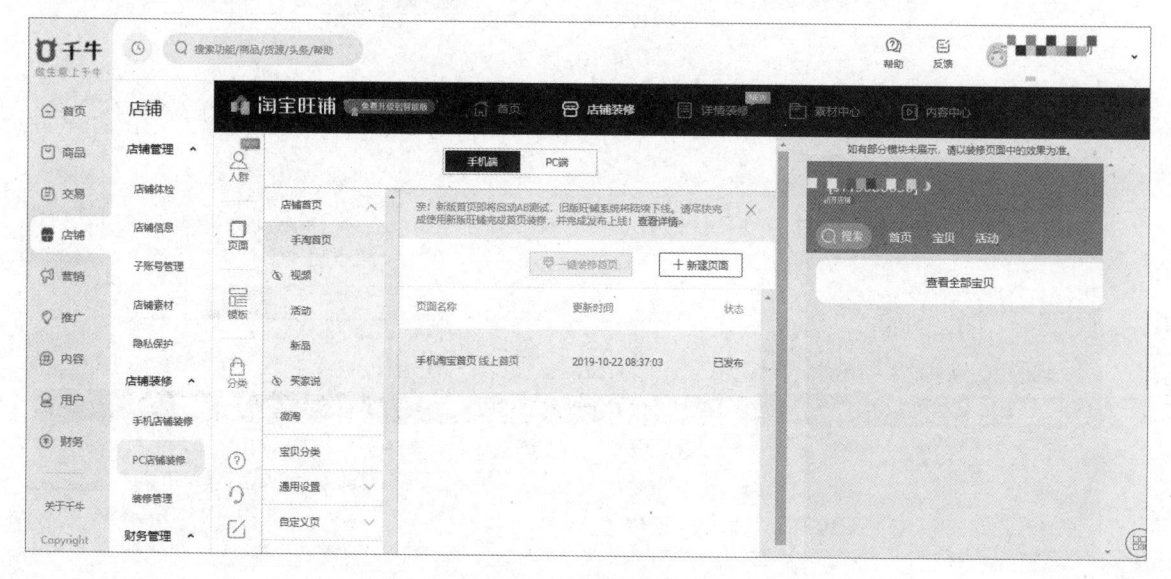

图 2-33　进入装修页面

（2）点击"模板"—"模板管理"，进入如图 2-34 所示的页面。

图 2-34　模板管理

（3）点击"装修模板市场"，进入"服务市场-装修市场"，如图 2-35 所示。

图 2-35　装修市场

（4）如需装修 PC 端店铺，则点击"PC 店铺模板"，可根据店铺主题和风格选择合适的模板，如图 2-36 所示。

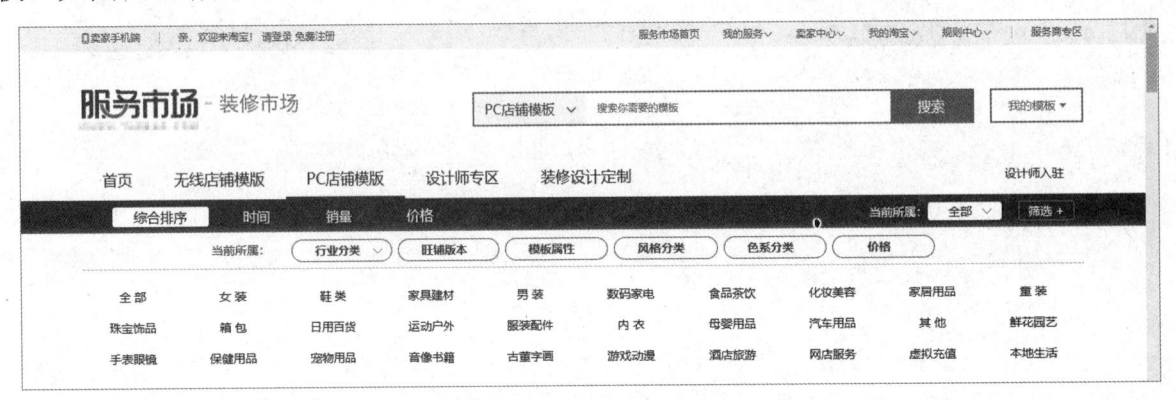

图 2-36　选择模板类型

（5）根据显示的模板进行选择，可查看模板详情，以女装模板为例来讲，如图 2-37、图 2-38 所示。

图 2-37　女装模板展示

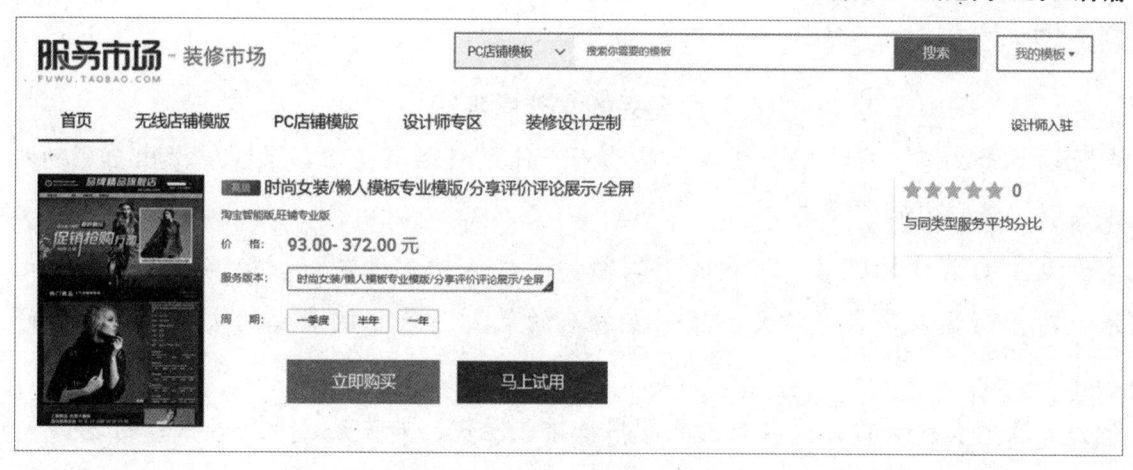

图 2-38　模板详情

（6）模板详情中会提示模板安装步骤，如图 2-39 所示。

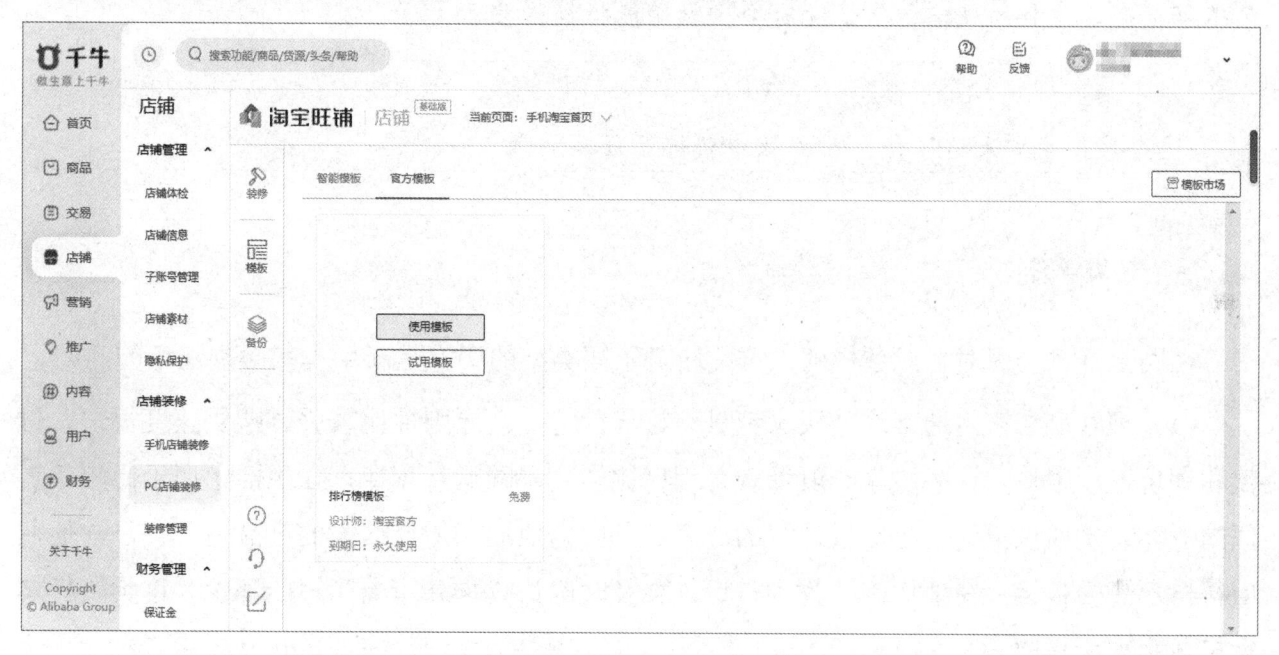

图 2-39　模板安装步骤

练一练

美妙动听的音乐会让客户频繁光临店铺，但音乐选择不当会流失客户，音乐文件过大也会影响页面运行速度，所以合理使用背景音乐也是店铺装修相当重要的一部分。

试试在店铺里加上与店铺主题贴切的背景音乐！

4．网店的设计风格

网店的设计风格要与主营产品相符，针对不同的消费群体有不同的主题模板，如卡通风格的模板适合儿童主题的店铺。网店的整体风格要一致，从店标到主页，再到宝贝页面，应该都采用同一色系，并且要合理利用色彩。合适的店铺的色调不但可以增加客户的购买欲望，而且可以提高产品的品位。不同的店铺应该选用不同的色调，如粉色作为暖色系更加适合糖果及女性服装店铺。

【案例2-4】

乔丢丢的文艺撒手锏

走腔调、走文艺，在淘宝女装市场早已不是什么新鲜事，但如果能够做出自己的特色，那也能吸引一批特定的消费者。

美女店主自己设计服装、做模特、写微博，这一切都很美好，但淘宝上早已不乏这样的故事。对于消费者而言，乔丢丢原创女装店的最大亮点非该店铺的文艺时光报装修风格莫属。

乔丢丢原创女装店的首页以文艺风的报纸排版呈现，如头条、号外等栏目的设置。同时，所展示的每款宝贝的卖点，如恋恋和风、黑色幽默、矛盾体、野孩子……这些文字赋予了服装不同的个性和生命，并辅以成篇的文章去解析，加之旧报纸的质感，满眼的复古文艺范儿，又不落俗套。这样的风格，估计没有多少姑娘能抵挡得住。

> **想一想**
> 这个案例主要表达了什么？你从中获得了什么启示？

拓展学习

在网上开店会面对各式各样的人群，应对不同类型的买家是新手卖家必须注意的问题。

（1）理智型买家。通常这类买家都具有这样的特点：原则性比较强、购买速度很快、付款和评价速度很快。这类买家一般受教育程度比较高，网购有规律，在生活中属于比较负责任的群体。之所以说他们是比较理智的买家，是因为他们知道什么样的产品适合自己，他们懂得自己想要什么，在他们确认收到货后，会及时确认收货并写上简短的评价。这类买家被大多数卖家所喜欢。

面对这样比较理智的买家，最忌讳的就是客服人员把自己的想法强加给买家，而需要做到的就是帮助买家分析，告诉这类买家关于自己知道的所有专业知识，用最中肯的态度回答买家提出的问题，从根本上打动买家。客服人员需要注意的是，不要吹嘘产品，因为这类买家最反感的就是不负责任。

（2）冲动型买家。这类买家购买产品比较随性，看到喜欢的产品就拍，他们不考虑自身是否需要、是否用得着，他们只要看到广告比较吸引人、图片拍摄得比较吸引人，就匆匆下单拍下来。

面对这样的买家，客服人员要提醒买家看清产品描述，不能有欺骗买家的成分，因为这类买家通常都是由广告引来的流量，所以一定要在产品描述中写清楚产品图片是否与实物有差距。

（3）狂妄自大的买家。在销售高峰期很多买家同时咨询的情况下，稍微回复慢了一点就有很多人不乐意了，他们会在旺旺上投诉卖家没有重视买家、不尊重买家，认为"我是顾客，顾客是上帝"。

对于这类买家，最好的解决办法就是顺从。客服人员应满足其虚荣心，向他们解释店铺的客服人员比较少，咨询者比较多，如有照顾不周，望买家谅解，顺手发一个可爱的表情，缓解一下尴尬的气氛。在买家的虚荣心得到满足以后，客服人员可趁机推销产品。

（4）谨慎型买家。通常这类买家在网购的时候都有一种自我设限的心理，以"这个产品质量怎么样""该产品不会有问题吧"等不断地自我设限，总害怕自己买到假货。

客服人员如果遇到这样的买家，其实不用担心，最好的解决办法就是先建立友谊——不用着急推销自己的产品，应先把自己推销出去，和买家做朋友。这样的买家一旦与客服人员达成交易，那么他很可能就会成为店铺的忠实客户，二次购物是肯定的。当买家和客服人员成了朋友，他基本上不会再怀疑产品，因为本来他就不怀疑产品，只是怀疑销售产品的人。此时，即使客服人员不去推销产品，买家也会拍下。

> **想一想**
>
> 除了前述几种买家类型，你还能想到哪些？针对不同类型的买家，应该怎么培训客服人员？客服人员应该具备哪些基本素质？

活动2　设置网店的基本信息

做中学

打开百度搜索页，输入关键词"网店店标"进行搜索，将搜索结果进行记录，并在小组内进行讨论。

必备知识

店标是众多标识里的一种，专门服务于店铺（包括网上店铺和实体店铺）。店标的悠久历史和重要程度远远超过我们通常的认知。标识的起源依赖于一定的文化和物质条件，借助于材料（即文字载体）的解决，起源于古代的招牌、幌子等。

在通信科技飞速发展的今天，标识的作用越来越重要，这种非语言传送的发展拥有了和语言传送相抗衡的竞争力量。店标则是其中一种独特的传送方式。店标作为一个店铺的形象参考，能给人以最直观的感觉，代表着店铺的风格、店主的品位、产品的特性，可起到宣传的作用。

1. 设置店标

店标是店铺形象的代表之一，是在店铺左上角显示的标志性图片。

店标是店铺吸引客户的关键，好的店标会让客户印象深刻。客户通过店标可以一眼看出店铺是卖什么产品的。

店标的建议尺寸为 80px×80px。登录"我的淘宝"，进入"卖家中心"—"店铺管理"—"店铺基本设置"，点击"上传图标"，如图 2-40 所示。

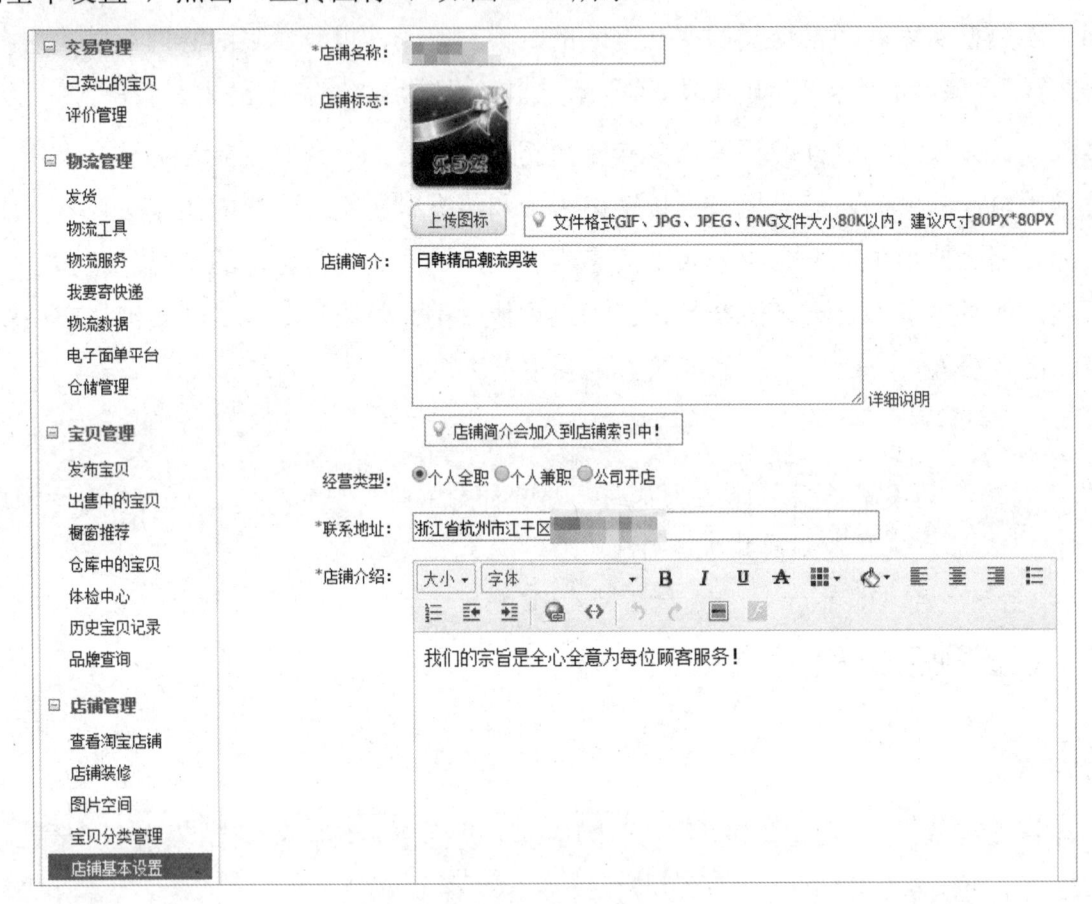

图 2-40　上传图标

2. 设置店招

进入"店铺装修"页面，点击店招（店铺招牌）右上方的"编辑"，在"招牌内容"里上传新店招图片，上传成功后点击"立即保存"，即可在店铺首页中看到新店招，如图 2-41、图 2-42 所示。

图 2-41　编辑店招

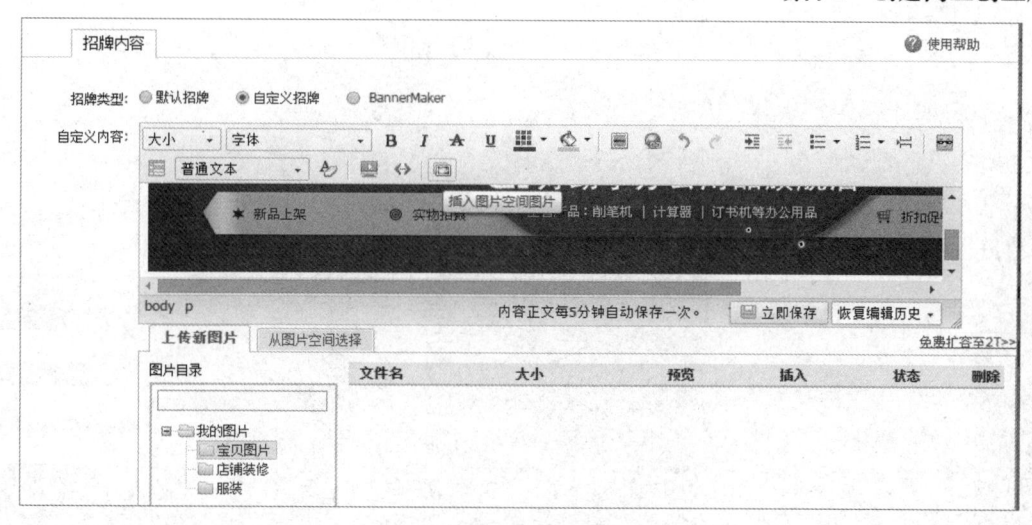

图 2-42 店招内容设置

3. 设置店铺公告栏

1) 设置步骤

第1步，进入"卖家中心"，找到"店铺管理"，选择"店铺装修"，如图 2-43 所示。

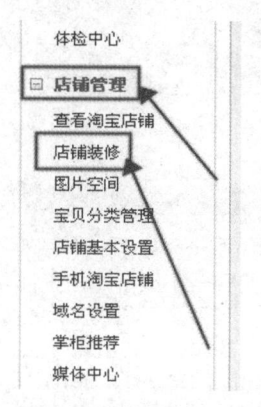

图 2-43 选择店铺装修

点击"店铺装修"，出现如图 2-44 所示的页面，看到公告栏的区域。

图 2-44 店铺装修页面

第2步：点击"模块"，找到"自定义内容区"，如图2-45和图2-46所示。

图2-45　自定义区模块

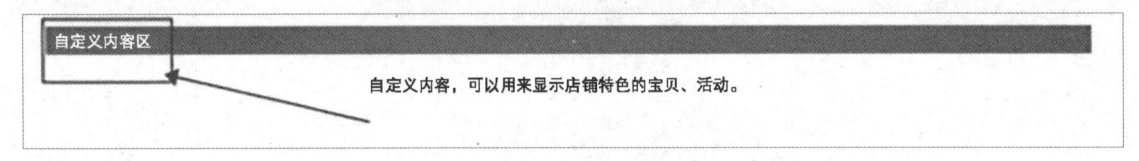

图2-46　自定义内容区

第3步，把鼠标移动到"自定义内容区"并双击，可编辑公告栏内容，如图2-47所示。

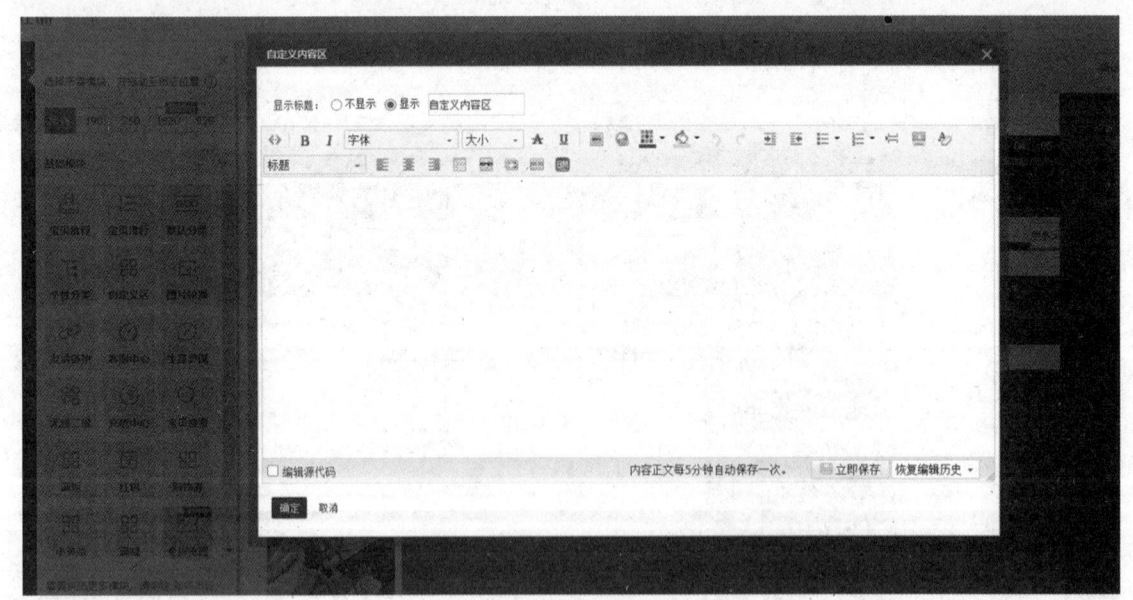

图2-47　公告栏内容的编辑

2）店铺公告的写作类型

（1）简洁型公告。

简洁型公告通常都是一句话或一小段话，如"本店新开张，欢迎光临，本店将竭诚为您服务"。

（2）消息型公告。

消息型公告就是将店铺的促销活动或产品上新通过店铺公告告诉大家。例如，在 10 月 2 日至 10 月 20 日期间凡购买本店产品即送 50 元优惠券一张，每个账号限送一张，先到先得！

（3）详细型公告。

详细型公告即将购物流程、联系方式、产品概述、小店简介等都写上去。详细型公告的内容比较多，建议在写的时候给每块内容都添加一个小标题，这样有利于访客迅速地了解公告的内容。

4. 设置类目标签

店铺类目主要是指网上电子商务平台为适应当今的消费人群在网店有针对性地选购各种各样的产品而对产品做出的归类。

电子商务平台通过对产品的归类，对系统内各个店铺起到了规范和引导作用，有利于网购人群快速定位所需要的产品和服务，对加快电子商务的发展起到了促进作用，极大地方便了人们进行网上购物。

店铺类目的设置对网店的经营起着举足轻重的作用。

设置类目标签的步骤如下。

登录"我的淘宝"，进入"卖家中心"，选择"店铺管理"中的"宝贝分类管理"，如图 2-48 所示，进入如图 2-49 所示的页面。

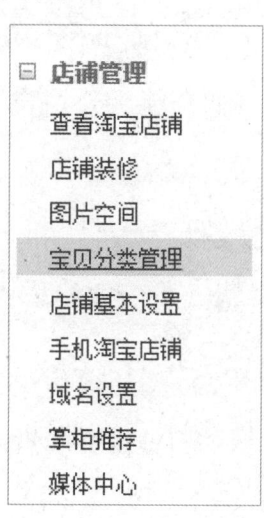

图 2-48　宝贝分类管理

图 2-49　商品管理页面

宝贝分类有两种方式：手工分类和自动分类，如图 2-50 所示。

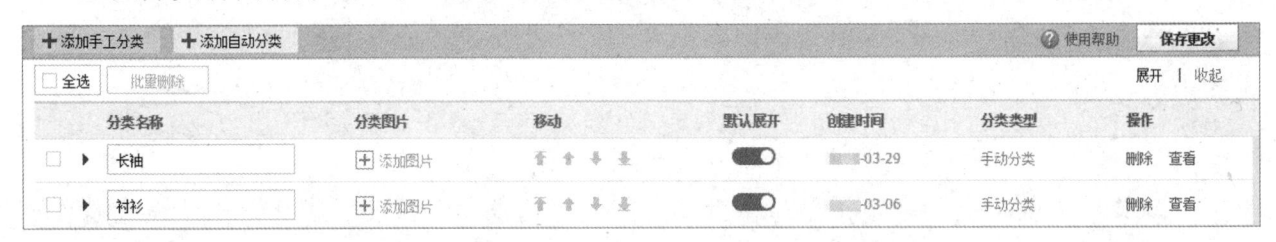

图 2-50　宝贝分类的方式

点击"添加手工分类"，填写新分类名称；点击"添加子分类"，可创建子类目，如图 2-51、图 2-52 所示。

图 2-51　添加手工分类

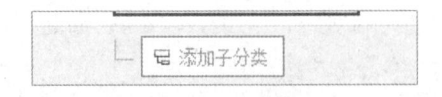

图 2-52　添加子分类

若想移动新分类，点击移动按钮（四个箭头分别表示移到最上层、移到上一层、移到下一层、移到最下层，如图 2-53 所示。

图 2-53　移动新分类

可以点击"删除"来删除已有分类。如果该分类有子分类，必须先删除子分类才能删除该分类，如图 2-54 所示。

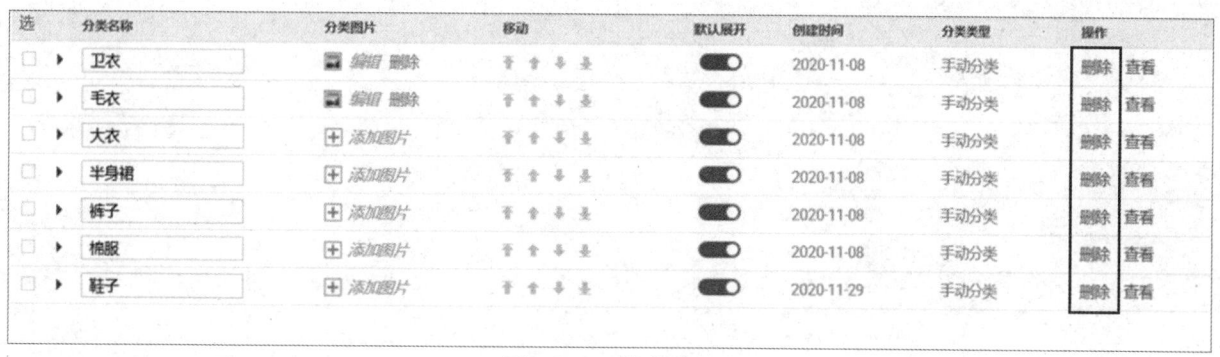

图 2-54　删除分类

点击"保存更改"即可完成类目编辑，如图 2-55 所示。

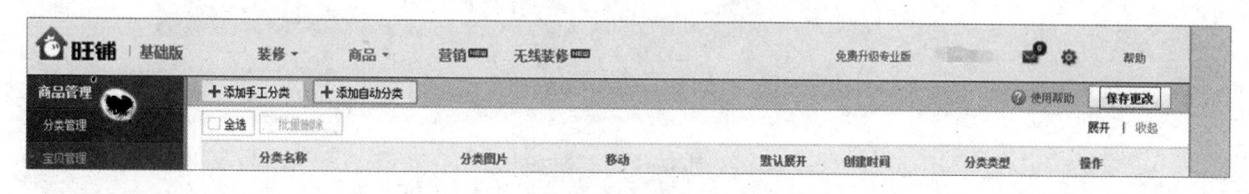

图 2-55　保存类目更改

> **练一练**
>
> 橱窗推荐宝贝可以使产品排名靠前，更容易被人看到，能够提高产品的曝光度和销量。请试着将店铺的主打产品进行推荐操作。

5. 设置友情链接

1）了解友情链接

友情链接是淘宝店铺的一个推广功能，每个店铺都可以有 35 个友情链接，合理利用友情链接能够给店铺带来高浏览量。

（1）友情链接的作用：友情链接会让买家觉得店铺非常专业，同时可以使店铺档次提高；在与朋友交换友情链接时会有很大机会与之共享买家，从而提高浏览量和成交量；若能链接到 PageRank 值的店铺，则能在宝贝收录或搜索排名上占有优势——既能省心又能带来很多目标客户。

（2）充分利用友情链接的方法：与朋友交换链接，争取与比自己级别高的店铺做链接，与同级别的店铺交换链接，多照顾比自己还"新"的新手卖家，与合作伙伴交换链接，合理安排自己的友情链接。

2）设置步骤

点击"卖家中心"—"店铺管理"—"店铺装修"进入装修页面，如图 2-56 所示。

图 2-56　店铺装修

点击"+添加模块",在"基础模块"中找到"友情链接"模块,点击"添加",如图 2-57 所示。

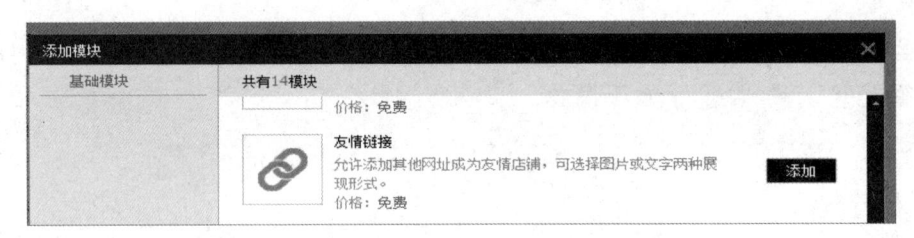

图 2-57　添加友情链接模板

点击编辑按钮,可对"友情链接"模块进行内容设置和显示设置,如图 2-58、图 2-59、图 2-60 所示。

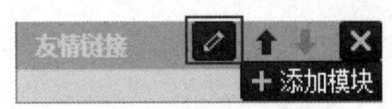

图 2-58　编辑友情链接

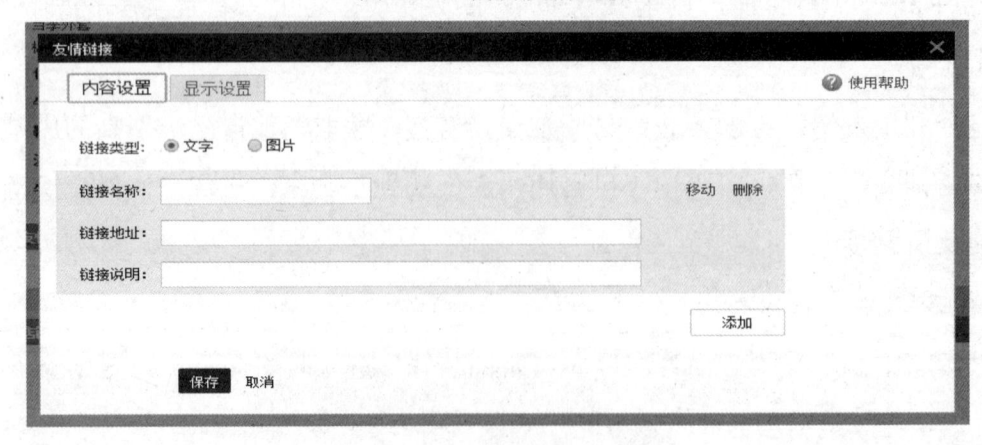

图 2-59　友情链接内容设置

图 2-60　友情链接显示设置

【案例 2-5】

海伶山珍：舌尖上的土特产

早在 2009 年，农产品电商还未兴起的时候，海伶山珍店就走上了土特产的细分道路：食品中的土特产，特产中的青川野生土特产，把"山里人的货"搬到线上。2012 年的年销售额达到 350 万元。销售额增长也许并不算特别快，但店铺目前已经拥有 23 万个老客户，店铺的热卖产品农家土蜂蜜已经累计售出上万斤。

在人们越来越重视食品安全和品质的今天，土特产确实很能够打动人心。但是，像蜂蜜、竹荪、花菇、木耳这些看天生长的特产，要把控好它们的产量、采集成本、物流成本，可不是那么容易的事。在爆款经济大行其道的时候，土特产卖家似乎也只能暗自唏嘘了。

海伶山珍能够走到今天，很大一部分原因来自口碑的传播。店主赵海伶专门开通了博客，她把每次进山取货的照片一一拍下来（见图 2-61），放到博客中，同时放在店铺的首页和产品详情页，从而给客户以真实感。博客开通没多久，点击量就超过了 30 万人次，客户对这些信息的敏感度可想而知。此后，海伶山珍的官方微博、赵海伶的个人微博也常常会出现进山取货的照片和内容。

此外，赵海伶也较早给店铺注册了商标，对店铺产品进行统一包装，并在店铺中放上食品流通许可证、产品生产许可证等，无形中让客户感受到店铺产品的品质保障。这在一定程度上抬高了竞争门槛，避免店铺陷入同质化、价格战中。

图 2-61　乡村土特产

> **想一想**
> 这个案例无疑是网店开设的成功案例，你从中得到了什么启示？其成功之处在于什么？

拓展学习

利用网络或其他方式查找"2022年电子商务典型案例"，至少查找4个经典案例，并将案例给予你的启示整理好，进行课堂分享。

案例1：_____，来源：_____，
主要内容：_____
_____
_____。

启示：_____
_____。

案例2：_____，来源：_____，
主要内容：_____
_____
_____。

启示：_____
_____。

案例3：_____，来源：_____，
主要内容：_____
_____
_____。

启示：_____
_____。

案例4：_____，来源：_____，
主要内容：_____
_____
_____。

启示：_____
_____。

老师点评

活动 3　技能训练：淘宝店铺设置

在建设网上创业店铺前需要撰写《网店策划书》，首先根据策划书范本进行网店开设规划，然后对开设的网店进行设置及装修。

1．网店策划书

《网店策划书》主要是对开设的网店或有关网店活动等的事项进行策划，充分发挥想象力与创造力，利用可以获得的资源更快、更好地实现目标。

《网店策划书》一般包括项目背景、客户定位、价格定位、市场分析、营销策略、网店管理、网店推广与宣传、网店的支付方式等。

《网店策划书》范本如图 2-62 所示。

网店策划书

一、项目背景

1. 网店名称
　_____

2. 主营商品
　_____

3. 商品特点
　_____

二、客户定位
　_____

三、价格定位
　_____

四、市场分析

1. 宏观与微观
　_____

2. 竞争对手
　_____

3. SWOT 分析
　_____
（1）优势（Strengths，S）：_____
（2）劣势（Weaknesses，W）：_____
（3）拥有的机会（Opportunities，O）：_____
（4）存在的威胁（Threats，T）：_____

图 2-62　《网店策划书》范本

五、营销策略

1. 商品策略

_____

2. 价格策略

_____

3. 促销策略

_____

六、网店管理

1. 店铺装修

（1）店标：_____

（2）促销区：_____

2. 物流管理

_____

3. 客户管理

_____

4. 宝贝管理

_____

5. 售后服务

_____

七、网店推广与宣传

_____

八、网店的支付方式

_____

图 2-62　《网店策划书》范本（续）

2．网店设置

（1）店标设置见前文。

（2）网店装修页面如图 2-63 所示。

图 2-63　网店装修页面

（3）其他设置。

根据网店需要，添加公告栏、发布精美海报、添加背景音乐和友情链接等。

老师点评

项　目　小　结

通过学习本项目，我们了解了淘宝的基本情况，掌握了会员注册和实名认证流程，学习了开设网上创业店铺的步骤，并学会对网店进行基本的设置和装修。

淘宝网是亚太地区较大的网络零售商圈，由阿里巴巴集团投资创立。淘宝网的主要产品包括阿里旺旺、淘宝店铺、淘宝指数、快乐淘宝、淘宝基金、淘点点等。淘宝会员是淘宝网最有价值的活跃用户，不需要缴纳会员费用。淘宝网为会员提供以购物为核心的多方位、一站式服务及尊荣特权。淘宝会员的激活方式有两种：第一种为手机号码验证，手机号码必须是未被注册过淘宝网的手机号码，输入手机号码后填写校验码进行激活；另一种为电子邮箱验证，电子邮箱必须是未被注册使用的，且需要使用手机验证码进行校验（使用电子邮箱验证的手机号码可以是已经注册过淘宝网的手机号码）。

支付宝实名认证是由支付宝（中国）网络技术有限公司提供的一项身份识别服务。支付宝实名认证同时核实会员身份信息和银行账户信息。通过支付宝实名认证后的用户相当于拥有了一张互联网身份证，可以在淘宝网上开店、出售产品，同时提高个人信用度。

网店能展示店铺的形象。网店的漂亮与否关系到网店运营的效果。精美的网店装修给客户一种美的享受，并且可以留住客户，提高交易成功率。网店的装修模板就是已经做好的商业网页框架，它包括图片、文字、背景音乐等。网店风格是指网店页面给客户的直观感受，如客户所感受到的店主品位、艺术气息、心境等。

项目 3
实施店铺经营

学习目标

通过学习本项目，你应该能够：

（1）了解网店装修的常用工具；

（2）安装店铺促销区代码模板；

（3）拍摄不同类别的商品并对图片进行处理；

（4）了解商品上架的流程；

（5）设置店铺客户的会员等级及优惠方式。

某企业家曾经告诫那些希望通过开网店或其他途径致富的人："一夜暴富的事基本上是电视剧里的故事。花大量的时间、精力未必生意会好，但不花时间、精力是肯定不会有好生意的。"

一个新的网店如同开在僻静的街道边的实体店，起初大多是无人问津的，只有经过不断地推广宣传、聚集人气、提高知名度，生意才能逐步好转、兴旺起来。每个成功的网店经营者都经历过这样煎熬的阶段，在此期间，最需要的是冷静、自信和坚持到底的决心，要勤于思考，善于创新，寻找突破点，学习其他店铺的成功之道，不断改进店铺的经营理念，逐渐形成自己店铺的特色。

任务1　实施店铺装修

问题引入

叶飞已经把网店创建好了,但是店铺中空空如也——店铺没有装修,产品没有上架。他在淘宝上看了不少店铺都装修得很美观,他也跃跃欲试,想要给自己的店铺进行装修。可是,他该先做哪一步呢?他该用哪种方式给自己的店铺进行装修?

_____
_____
_____
_____
_____

你知道吗?

店铺装修一直是一个热门话题,在装修的意义、目标上一直存在着众多的观点,然而无论是实体店面还是网上店铺,作为一个进行交易的场所,其装修的核心都是促成交易。因此,我们不妨从形象设计、空间使用率及购物体验感来看网店的装修。

进行店铺装修有利于品牌识别。对于实体店来说,形象设计能使外在形象长期保持发展,为店铺塑造更加完美的形象,加深客户对店铺的印象。而类似于沃尔玛的形象设计还包含了一个企业的精神力量。

同样,一个网店也需要自己的网店名称、独具特色的网店标识和区别于其他网店的色彩风格。就像淘宝上的柠檬绿茶的字号、网络品牌飘飘龙的Logo,以及它们整体的风格,一方面作为一个网络品牌容易被客户所感知,并产生认同感;另一方面,其也可作为一个企业的CI识别系统,让自己的网店区别于竞争对手。对于网络这个虚拟的环境,店铺装修的重要性尤为突出。

在网店环境的设计中,人机交互页面的设计是最重要的。其实,用户页面的友好度很早就被众多的设计者所重视,人机交互页面的用户页面的设计已被应用到众多网站的设计中。客户第一次进入一个网店,很难一下子就对产品的优劣做出评判,但总会有一个初步印象。若他一开始对页面产生了好感,与页面的布局产生了共鸣,那么在之后的购买行为中,他的内心就会趋向认同。

活动1　了解网店装修的常用工具

做中学

请利用网络搜索"网店装修常用工具"的相关资料，并将结果记录在表3-1中。

表3-1　网店装修常用工具及功能汇总表

工具名称	功　　能	优　　势

必备知识

1. 网店装修必须把握的原则

1）确定大框架

就如同我们装修住房一样，在装修前要预先确定一个大的框架，如哪里做隔断、哪里设玄关。网店装修也是这样的，店主在装修前要有一个清晰的思路：店铺的特色是什么、主营什么、目标客户是谁。

2）根据网店的规模选择装修方式

是要选择收费的还是要选择免费的呢？现在有许多提供网店装修服务的网站，如果你的网店是大型专业类网店，建议你选择这类专门的装修服务网站进行装修，以提高网店的品位和知名度。如果你的网店只是个人打理的网店，为节省资金，建议自己动手装修。

3）风格与形式一定要统一

装修好的网店除了要协调，还要风格统一。例如，在选择分类栏、店铺公告、背景音乐、计数器等时要有一个整体考虑。有的模块浪漫温馨，有的模块搞笑幽默，风格不统一是网店装修的大忌。

4）主题突出，切忌花里胡哨

网店装修得漂亮，确实能吸引人光顾，而且能在一定程度上提高网店成交量。但需要清楚一点，网店的装饰别抢了产品的风头，毕竟开网店是为了卖产品而不是展示店铺，弄得太乱反而影响产品的展示效果。

2. 网店装修常用工具推荐

Frontpage、Dreamweaver是制作网页的专业软件，Photoshop CS、Fireworks是制作图片

的专业软件，可以选择其中任意两种软件组合来使用。

1) Photoshop CS 简介

Photoshop CS 是 Photoshop Creative Suite 的缩写，被广泛用于平面设计和图像处理，与前面几代产品比较，Photoshop CS 更具有创造性，在实际设计过程中更能激发使用者的创新能力，以便更快地进行设计、提高图像质量。特别是对于摄影师来讲，Photoshop CS 大大突破了以往 Photoshop 系列产品注重平面设计的局限性，增强了对数码暗房的支持。

2) Fireworks 简介

Fireworks 是第一个完全为网页制作者设计的软件。作为一个图像处理软件，Fireworks 能够自由地导入各种图像，甚至是 ASCII（American Standard Code for Information Interchange，美国信息交换标准代码）的文本文件，而且 Fireworks 可以辨认矢量文件中的绝大部分标记及 Photoshop 文件的层。Fireworks 不仅具备编辑矢量图形与位图图像的灵活性，还提供了一个预先构建资源的公用库，并可与 Adobe Photoshop、Adobe Illustrator、Adobe Dreamweaver 和 Adobe Animate 软件集成。

3) Dreamweaver 简介

Dreamweaver 是 Macromedia 公司集网页制作和管理网站于一身的"所见即所得"的网页代码编辑器，简称 DW，中文名"梦想编织者"。

Dreamweaver 对于 DHTML（Dynamic HTML 的简称，标准通用标记语言下的一个应用）的支持特别好，可以轻而易举地做出很多炫目的网页页面特效。插件式的程序设计使得其功能可以无限扩展。Dreamweaver 与 Flash、Fireworks 并称 Macromedia 公司的网页制作三剑客，由于是同一公司的产品，因而在功能上紧密结合。而最新推出的 Dreamweaver UltraDev 支持 ASP（Active Server Pages，动态服务器页面）和 JSP（Java Server Pages，Java 服务器页面），因此，Dreamweaver 是高级网店设计者都应该会熟练使用的。

4) Frontpage 简介

Frontpage 是由微软公司出品的一款操作简单却又功能强大的网店页面编辑工具。它采用典型的 Word 页面设计，只要你会使用 Word，就差不多等于已经会使用 Frontpage 了。就算你不会使用 Word 也没关系，"所见即所得"的操作方式会让你很快上手，而且你无须学习 HTML 语法。

但 Frontpage 也有其不足之处：首先，浏览器兼容性不好，做出来的网店页面用 Netscape 往往不能正常显示；其次，生成的垃圾代码多，也会自动修改代码，导致在某些极为不便的情况出现；第三，对 DHTML 的支持不好。但无论怎么说，Frontpage 的确是很好的入门级网页编辑工具。

拓展学习

- 打开百度搜索页，输入关键词"淘宝店铺装修标准"进行搜索，填写表 3-2。

表 3-2 淘宝店铺装修标准

装 修 项 目	装修标准（包括目的、尺寸、格式等）
店招	
Logo	
店铺分类	
产品图片	
友情链接	
人气宝贝	

- 小组讨论：还有其他的网店装修项目吗？如果有，请添加，同时推选代表在班内进行分享。

活动 2　安装店铺促销区代码模板

做中学

利用网络搜索引擎查找相应的信息，结合必备知识了解安装店铺促销区代码模板的操作步骤。

（1）打开百度搜索页，输入关键词"安装店铺促销区代码模板教程"。

（2）打开百度搜索页，输入关键词"淘宝网店铺装修模板使用教程"。

（3）根据搜集到的资料，各小组讨论安装店铺促销区代码模板的具体操作步骤，并把搜集的资料整理好，推选代表进行课内分享。

必备知识

1. 拿到模板压缩包

将模板压缩包解压缩后一般会看到有以下几个文件，如图 3-1 所示。

（1）"代码"文件夹主要包括左侧自定义代码、右侧自定义代码（即促销区模板代码）、宝贝描述代码等。代码可直接复制粘贴使用。

（2）PSD 文件和字体说明文件。PSD 文件包括店招文件和分类文件，方便有 Photoshop 基础的人按自己的需要修改文字和效果；通过字体说明可以了解 PSD 使用的各种字体，如果你没有这些字体，又想有那样的效果，就得去网上下载安装相应的字体。

（3）JPEG 图像和 GIF 图像，包括空白店招和空白分类图片。你可以使用图像处理软件在空白图片上添加文字,也可以将空白图片上传至淘宝学堂图片助手进行在线制作。

图 3-1 解压缩后的模板文件包

2. 打开"代码"文件夹

双击"代码"文件夹,显示内容如图 3-2 所示,打开"右一.txt"文件(注:右一即右侧自定义区代码的第一个)。

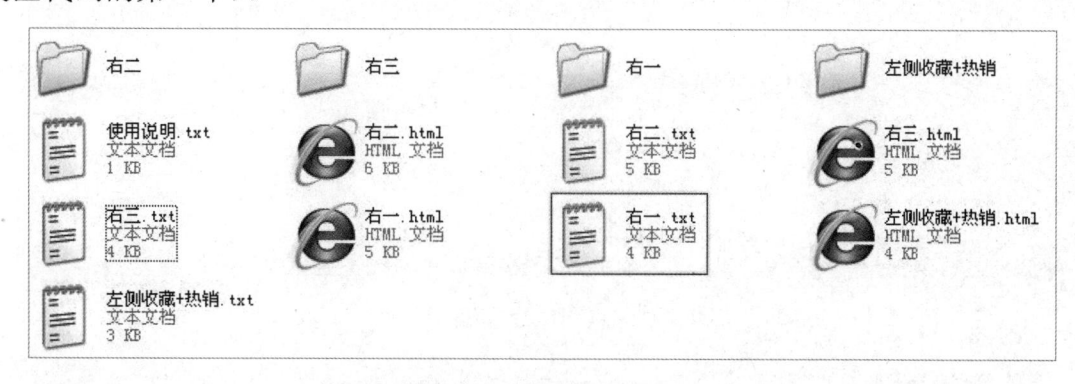

图 3-2 "代码"文件夹

3. 复制代码

点击"编辑"—"全选",如图 3-3 所示,复制全部代码。

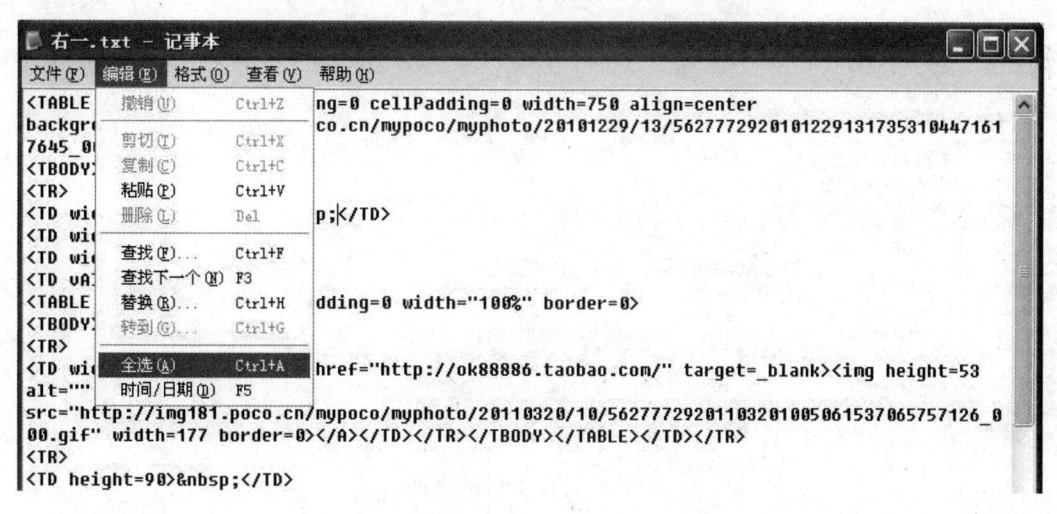

图 3-3 右一.txt

4. 进入淘宝店铺装修页面进行编辑

将鼠标移至右侧自定义区域(店招下方右侧),出现编辑框,点击"编辑",如图 3-4 所示,进入编辑页面。

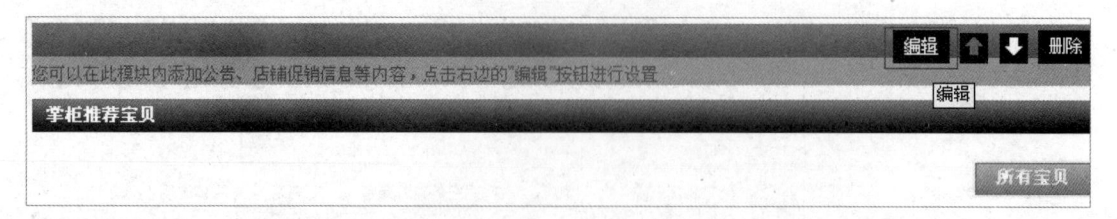

图 3-4　自定义区域

5. 编辑 HTML 代码

点击编辑框右侧的"编辑 HTML 代码"则进入 HTML 代码编辑页面，如图 3-5 所示。

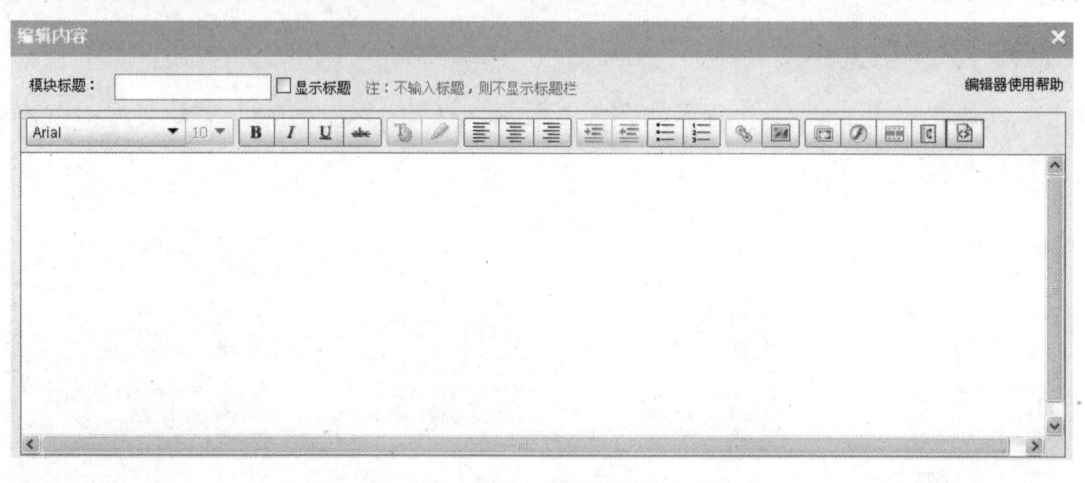

图 3-5　HTML 代码编辑页面

6. 保存编辑页面

在 HTML 代码编辑框内粘贴刚才复制的右一.txt 代码，然后点击"保存"，如图 3-6 所示。

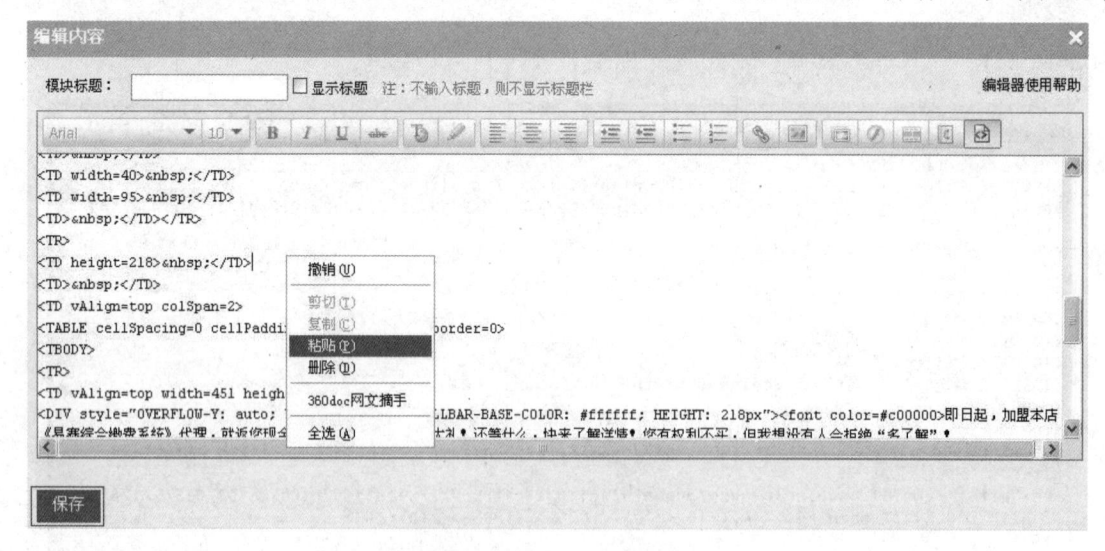

图 3-6　保存编辑页面

7. 进行发布

点击店铺装修页面右上方的"发布站点"，即可查看发布后的效果，如图 3-7 所示。

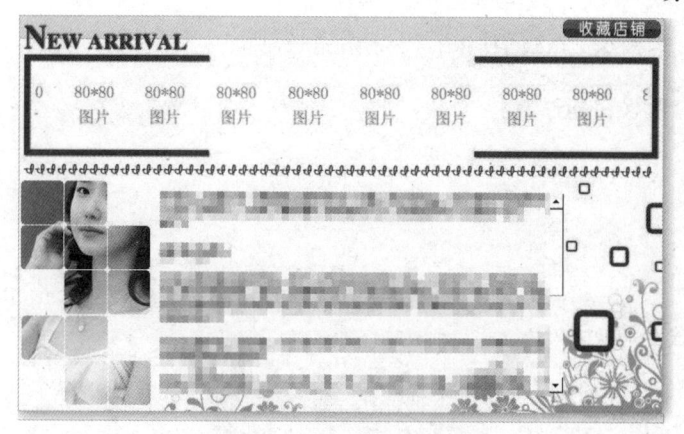

图 3-7 发布后的效果

注意：由于淘宝旺铺扶植版只有一个右侧自定义模块，因此当需要展现多个右侧促销区模块时，请直接将代码复制到右侧自定义 HTML 代码区内。

如果整体色调与模板不搭调怎么办？可以点击上方的"模板"更换颜色，如图 3-8 所示。这里我们先选择与模板代码颜色相近的红色，然后点击"模板颜色"即可。

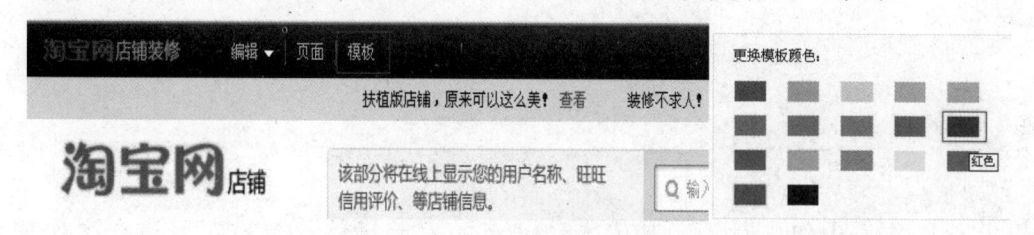

图 3-8 店铺模板颜色更换

【案例 3-1】

淘宝店铺左侧促销区模板

（1）模板代码。

```html
<table width="185" height="450" border="0" align="center" cellpadding="0" cellspacing="0" background="http://img03.taobaocdn.com/imgextra/i3/30446694/TB20kMcXVXXXXbhXpXXXXXXXXXX-30446694.gif" >
    <tr>
        <td height="160"> </td>
        <td> </td>
        <td> </td>
    </tr>
    <tr>
        <td width="10" height="97"> </td>
        <td width="164"><MARQUEE style="WIDTH: 163px; HEIGHT: 98px" scrollAmount=1 direction=up>
```

输入你的文字内容</MARQUEE></td>
    <td width="11"> </td>
  </tr>
</table>

（2）模板效果图。

模板效果图如图3-9所示。

图3-9　模板效果图

> **试一试**
>
> 　　分组进行：首先小组内讨论，确定本组网店的页面风格；然后下载适合本组网店产品的模板代码；最后进行模板安装。

拓展学习

- 通过上网搜索，找到并下载淘宝店铺实用小模板，填写表3-3。

表3-3　淘宝店铺实用小模板下载记录表

模 板 名 称	模 板 功 能	下 载 链 接

- 小组讨论：淘宝店铺中的常用模板有哪些？它们的具体功能是什么？各小组汇总学习结果，派代表在班级内进行分享。

活动3　技能训练：三轮播促销图片的设置

　　小组合作开展训练，对网店进行三轮播促销图片设置，具体要求如下。

1. 在图片空间上传 3 张轮播图片

图片大小要求：

- 新旺铺专业版通栏宽度为 950px，左侧栏为 190px，右侧栏为 750px；
- 新旺铺基础版左侧栏为 190px，右侧栏为 750px。

2. 使用方法

（1）进入店铺装修页面，指向其中一个模块，点击右下角的"+添加模块"，如图 3-10 所示。

图 3-10　店铺装修页面

（2）添加图片轮播模块（添加模块页面如图 3-11 所示）。

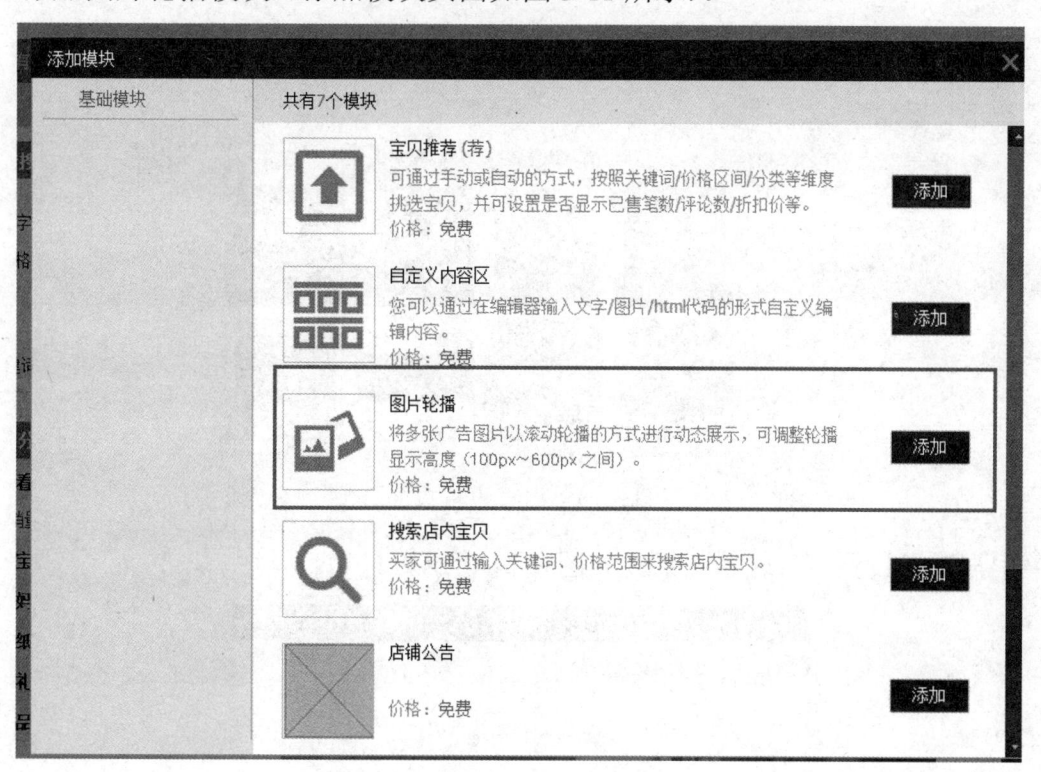

图 3-11　添加模块页面

（3）编辑模块内容。

用鼠标指向图片轮播模块，点击"编辑"可进入图片轮播内容设置页面，如图 3-12 所示。

图 3-12 编辑图片轮播模块

填入图片地址和链接地址，点击"添加"可添加图片，如图 3-13 所示。此处我们添加 3 张图片。

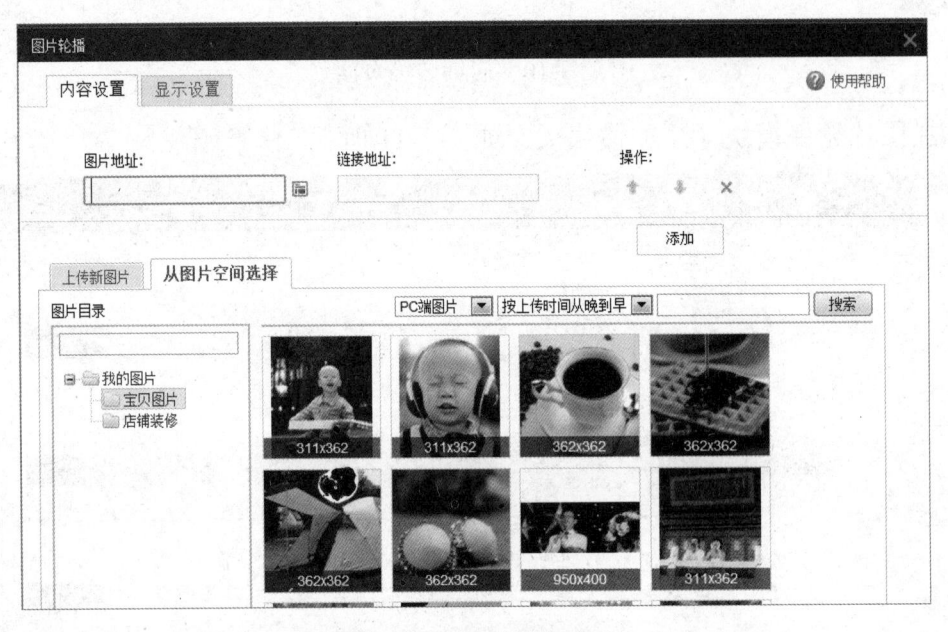

图 3-13 内容设置页面

（4）根据需要设置图片轮播效果，如图 3-14 所示。

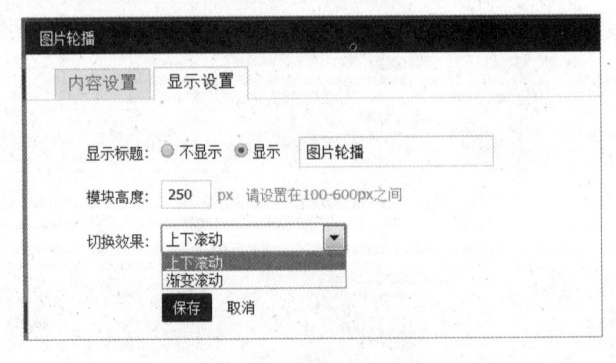

图 3-14 设置图片轮播效果

议一议

为什么设置的图片不会变大？在图片轮播的范围内都铺不满？图片地址和链接地址指的是哪个地址？

3. 使用的注意事项

注意事项：_____
_____
_____。

老师点评

任务 2　完成商品上架

问题引入

叶飞的店铺已经进行了初步的装修美化，现在他想把自己的商品上传到店铺中，可是他用手机拍摄的照片很难看，根本拿不出手，他该怎么办呢？如果找专业的摄影店帮他拍，他又觉得成本太高，而且不能完全表达他的想法。经过一番思考，他决定自己解决拍摄、处理、上架等一系列问题。可是，他并不精通摄影和图片处理。你觉得他该怎么做呢？

_____
_____
_____

你知道吗？

《淘宝网商品发布规范》节选

第四条【淘宝规则总则】

（一）卖家应当对商品做出完整、一致、真实的描述；（二）卖家应保证其出售的商品在合理期限内可以正常使用，包括商品不存在危及人身财产安全的不合理危险、具备商品应当具备的使用性能、符合商品或其包装上注明采用的标准等；（三）不得发布违反法律法规、协议或规则的商品信息。

第七条【商品数量限制】

不同信用积分的卖家，在各一级类目下发布商品的数量有一定限制，具体详见《淘宝网商品发布数量限制规范》。如果商品发布数量超过限制数量，淘宝网将下架超限商品。

第八条【类目互换限制】

部分类目限制互转，即某商品发布在该类目后，不能通过编辑的方式将商品从该类目转出，同样，原发布在其他类目的商品也不能通过编辑的方式转入该类目。具体类目详见《淘宝网商品类目互转限制规范》。

活动1　学会拍摄不同类别的商品

做中学

- 小组合作：打开百度搜索页，搜索"网店商品拍摄技巧""商品拍摄布光"等关键词，把搜索结果填写入表3-4中。

表3-4　拍摄技巧搜索结果

搜索项目	技巧要点	网页链接

- 小组讨论：不同类型商品的拍摄技巧有什么不同？如何对不同材质的商品布光？

必备知识

网络是典型的眼球经济，在淘宝开店的人都知道一句话"一张美图胜千言"，当客户看不到商品实物时，商家只能用图片进行说明，展示商品的属性、功用、效果等商业价值，达到让客户心甘情愿购买的目的。所以，商品拍摄是网店日常工作中不可或缺的内容，也是在销售过程中起着决定性作用的环节。

> **想一想**
>
> 如何获得一张美图？是自己拍摄还是让其他人来完成？以下问题，请你好好思考。
>
> （1）我对自己店铺的定位如何？是业余做做，当作历练，还是以盈利为目的？
>
> （2）我是否具备一定的自学能力和审美能力？能否学会商品的拍摄和处理技巧？如果不具备这两种能力怎么办？

1. 照相器材的使用方法

开店离不开商品展示，在网上开店的话，商品展示只能通过拍摄商品图片来实现，所以，准备一台符合商业摄影条件的数码相机是开店必备的，而掌握基本的拍摄要领是每个网络零售从业者的必修课。接下来，我们就从最基础的数码相机知识学起，逐步掌握符合商品拍摄要求的知识和技能。

1）数码相机的选购

目前，数码相机是最方便拍摄商品图片的拍摄工具。适合拍摄商品图片的数码相机与家用的数码相机在功能方面有所不同。人们对用于拍摄商品图片的数码相机通常会在功能方面有更高的要求，但这并不意味着需要购买顶级的数码相机，对于一些硬件条件上的制约可以通过打光布景、拍摄经验和技巧来改善，也可以通过后期的修图来化腐朽为神奇，从而使普通的数码相机拍出的商品图片的效果能与专业数码相机的拍摄效果媲美。

在选购拍摄商品图片的数码相机时，像素并不是最重要的参考条件，性能才是。由于电脑显示器的显示精度远达不到印刷要求的精度，高像素的图片在电脑显示器上并不能呈现出纤毫毕现的效果，因此拍摄网店商品图片对像素的要求并不高。除非拍摄的原始图片需要大幅裁剪、放大、抠图来更换背景。像素越高的图片在裁剪后保留的有效像素越多，这样的高像素图片放大后越不易出现马赛克现象。如果拍摄的原始图片不需要做大幅的裁剪，只需做适当的后期处理，那么300万像素～500万像素的相机完全够用。如果这些商品图片还需要印制成宣传册、大幅写真或海报，那么只有千万像素以上的数码相机才能达到需要的精度。

所以，在选购数码相机时，我们不要过于看重像素，数码相机只要达到以下几个条件，对于网络零售的商品拍摄来说就足够用了。

（1）选择合适的感光元件。

提到数码相机，就不得不说数码相机的心脏——感光元件。传统相机使用胶卷作为其记录信息的载体，数码相机的"胶卷"就是其成像感光元件，而且这个感光元件与数码相机是一体的。所以，感光元件既是数码相机的核心，也是最关键的技术之一，更是选购时的重要参考条件。

鉴于以上理由，我们购买时尽量选感光元件尺寸较大的数码相机，以确保更优的成像质量。

（2）要有手动模式。

数码相机的参数可以手动调节，也就是所谓的数码相机手动功能，其目的是完成一些特殊的效果，如要拍下高速运动的物体，则快门时间要短，但光圈要大；如晚上要想拍车灯的轨迹，则快门时间要长，而光圈要小。单反数码相机都支持手动功能，这样很多参数都可以手动调整，更加精准。数码相机手动模式按键如图3-15所示。

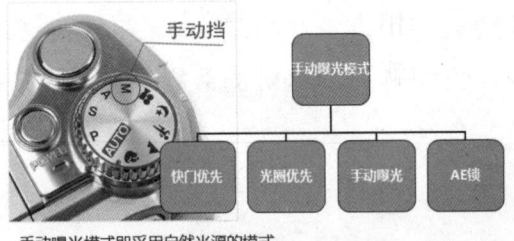

手动曝光模式即采用自然光源的模式，
包括：快门优先、光圈优先、手动曝光、AE锁等模式。

注：AE 是 Automatic Exposure 自动曝光控制装置的缩写，AE 锁就是锁定某一 AE 设置，用于自动曝光时人为控制曝光量，保证主体曝光正常。

图 3-15 数码相机手动模式按键

（3）微距能力强（一般在 5cm 以下）。

利用数码相机的微距功能，我们就能更好地拍摄近距离的事物，使其展现得更清楚。特别是可以很好地拍摄商品的细节。很多买家都是老手了，他们一般不只看商品的整体图，他们更注重细节图，因为这样可以比较真实地看出商品的质量（如衣服的质感）和做工（如衣服的缝线）。尤其拍一些小的商品（如首饰），利用微距功能拍摄的图片会更清晰。数码相机的微距功能按键如图 3-16 所示。

图 3-16 数码相机的微距功能按键

（4）自定义白平衡功能。

白平衡功能在拍摄时影响图片与实际物品的色彩还原，解决色差，是很重要的功能。白平衡，字面上的意思是白色的平衡。白平衡是描述显示器中红、绿、蓝三基色混合生成后白色精确度的一项指标。数码相机的白平衡功能按键如图 3-17 所示。

图 3-17 数码相机的白平衡功能按键

2）数码相机的功能按钮和基本操作

（1）认识单反。

单反就是指单镜头反光，即 SLR（Single Lens Reflex），这是当今最流行的取景系统，大多数 35mm 照相机都采用这种取景器。在这种系统中，反光镜和棱镜的独到设计使得拍摄者可以从取景器中直接观察到通过镜头的影像。

单反数码相机的正面图如图 3-18 所示，这是镜头卡口在没有安装镜头时的状态。我们在正式拍摄时会根据需要，在卡口上安装标准镜头、微距镜头、广角镜头或长焦镜头。快门按钮是用来控制感光片有效曝光时间的部件，是相机的重要组成部分。一般拍摄时都是先半按快门按钮对焦，然后完全按下快门按钮来完成拍摄的。手柄是横拍时握持的手柄，一般的单反数码相机在设计时都考虑了这样的横握手柄，如果需要竖拍，则可以另行配置安装于相机底部的竖握手柄。竖握手柄可以使相机在拍摄竖构图时保持和横握一样的手势。这类单配的手柄一般都带有备用电池，可以延长相机的拍摄时间。

图 3-18　单反数码相机的正面图

单反数码相机的背面图如图 3-19 所示。这里最引人注目的是液晶显示屏（LCD），它为平面超薄的显示设备，由一定数量的彩色或黑白像素组成，放置于光源或反射面前方。由于液晶显示屏功耗很低，因此被广泛应用于相机中，以电流刺激液晶分子产生点、线、面配合背部灯管构成画面。我们可以通过这个设备观察所拍摄的图片和菜单等文字信息，或者查看所拍摄图片的放大细节。在取景器目镜附近有一个遮光眼罩，我们在通过取景器目镜观察时可以有效地防止外界光线带来的影响。屈光度调节旋钮主要帮助近视或远视的拍摄者调整屈光度数，使他们在拍摄时不佩戴眼镜也能基本上看清取景器里的景物。在拍摄时，如果想在不改变构图的前提下清晰地拍出商品某个部位的标志或细节，就可以使用自动对焦点选择按钮来选择对焦点。除此以外，在相机的背面还有菜单按钮，可以显示调节相机各种功能时所使用的菜单，配合设置按钮来移动选择菜单项目。我们可以使用回放按钮来及时查看拍摄效果，也可以用删除按钮来删除拍摄效果不理想的图片。

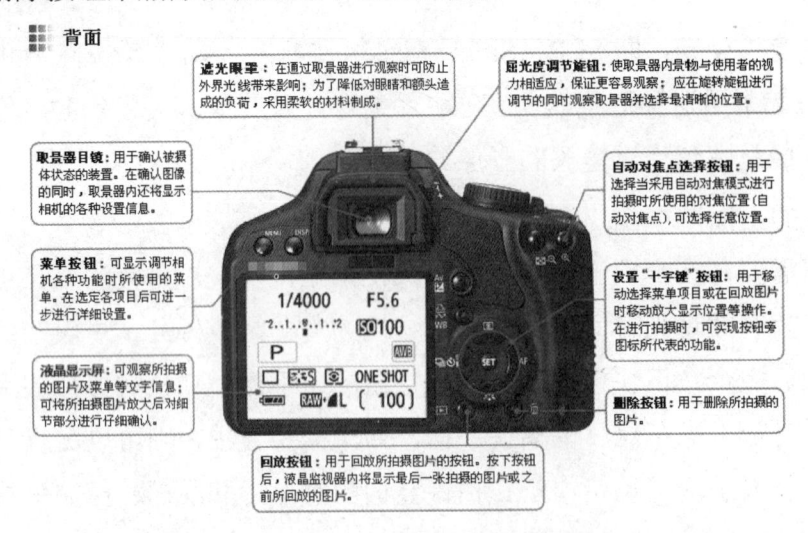

图 3-19　单反数码相机的背面图

单反数码相机的顶面图如图 3-20 所示，此时相机已经安装了不同模式的对焦环。我们可以使用对焦模式开关来选择自动对焦或手动对焦。此外，热靴插槽和选择曝光模式的转盘也都设在相机的顶面。

拍摄时首先要打开电源开关，我们可根据拍摄环境的亮度条件，通过 ISO 感光度设置按钮来调节感光度。例如，一般阴天的拍摄环境可用 ISO200 的感光度；在室内光线不足的拍摄环境下，或者拍摄快速移动的物体，则可以选择 ISO400 或更高的感光度。感光度调节原理是借改变感光芯片里信号放大器的放大倍数来改变 ISO 值，但是，当 ISO 值升高时，信号放大器也会把讯号中的噪声放大，产生粗微粒的影像，俗称"噪点"。

图 3-20　单反数码相机的顶面图

单反数码相机的底面图如图 3-21 所示。电池放入相机底面的电池仓。为了保持长时间曝光时相机的稳定性，我们可以配置各种型号的三脚架。相机底部的三脚架接孔是通用标准的，可以连接任何厂家生产的三脚架。如果我们另行配置竖式拍摄手柄，也是安装在底面这个三脚架接孔上的。

图 3-21　单反数码相机的底面图

单反数码相机常用图标如图 3-22 所示。

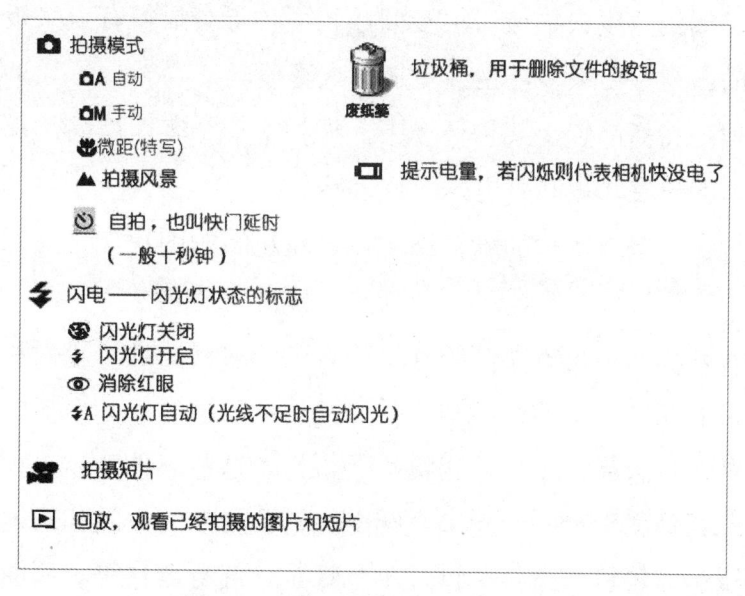

图 3-22　单反数码相机常用图标

（2）如何用单反数码相机拍出第一张图片。

第 1 步：进行正确的参数设定。

在初学的时候应该多利用单反数码相机本身的自动拍摄功能。一般我们运用"4 步起手势"，首先将功能模式调整到拍摄模式，然后将曝光模式调整到自动选项，接着将拍摄模式调整到单张拍摄模式，最后把闪光灯模式调整为自动模式。

第2步：取景。

在选择好拍摄的对象后，就要进行取景了。我们会使用液晶显示屏取景的方式来观察拍摄对象，确认拍摄细节，这样在液晶显示屏中显示的画面就是"所见即所得"的，最后拍摄出来的画面就是液晶显示屏上看到的画面。在取景的时候，目光要和液晶显示屏保持垂直角度，远近和大小通过机身后面的缩放控制按钮来调节，通过观察液晶显示屏确定最后的取景效果，满意后就可以按下快门按钮了。

第3步：按快门按钮。

先半按快门按钮对焦，当我们在取景器或液晶显示屏上看到获焦成功的提示后，再按下快门按钮，这样就完成了一次图片的拍摄。在按快门按钮的时候手一定要稳，不要晃动，特别是在使用慢速快门拍摄的时候，还需要屏住呼吸，以尽可能保持拍摄的稳定性。

经过上述几个步骤，我们就可以拍摄出第一张清晰的图片了。如果想要拍出漂亮的商品图片，不仅要对功能操作非常熟悉，还要学会熟练运用各种摄影技巧。

2. 常见商品的拍摄技巧

使用单反数码相机拍摄商品图片的技巧概括如下。

- 产生对比：如颜色的对比，即深色调的物品可以放在浅色的背景板上来展示。
- 多角度拍摄：如俯角度去拍摄，很多商品正面拍摄会显得有点呆板，如果从俯角度去拍摄会让物品显得小巧很多，也会更加惹人喜爱。
- 创设特定环境：将商品置于某种环境下，如拍摄一个客厅用品，那么可以将其摆在客厅的某一合适的位置，让其有更好的代入感。
- 整体与细节拍摄：整体图片加细节图片，以及包装的图片，这几部分都需要在拍摄的过程中得到一定的展示，给客户一个全面的视觉感受。

不同的商品会有不同的拍摄方法，除掌握常规的拍摄技巧外，我们还可以简单地就外形尺寸来将这些被拍摄商品分为小件商品和大件商品。能够被放进微型摄影棚进行拍摄的都属于小件商品，如首饰、化妆品、皮夹、相机、手机等。这些小件商品在拍摄时的构图和布光等都大同小异，因此我们就整合到一起来介绍。将需要一定的空间和场地进行拍摄的都归到大件商品一类，如服装、箱包、家具、自行车、灯具、健身器材等。后面会以服装为例来介绍大件商品的拍摄。

1）小件商品的拍摄

（1）商品的摆放。

我们在拍摄商品图片之前，必须先将要拍摄的商品进行合理的组合，设计出一个最佳的摆放角度，为拍摄时的构图和取景做好前期准备工作。商品采用怎样的摆放角度和组合最能体现其性能、特点及价值，这是我们在拿起相机拍摄之前就要思考的问题，因为拍摄前的商品摆放决定了图片的基本构图。

商品的摆放其实也是一种陈列艺术，同样的商品采用不同的摆放方式会给人带来不同的视觉效果。商品摆放效果对比如图 3-23 所示。

图 3-23　商品摆放效果对比

- 商品摆放的角度。

饰品的几种摆放方式如图 3-24 所示。

图 3-24　饰品的几种摆放方式

人的视觉习惯是视点朝下的，从这个角度看东西会让人的眼皮感到轻松。基于此，我们可以将短的耳坠用垂直悬挂的方式来摆放，因为这样的摆放方式可以使视觉中心正好落到耳坠的串珠造型上。

长的耳坠可以利用对角线的构图原理，呈 45°或八字形摆放，这样可有效地缩短商品长度，从而减小其在构图中占的面积，将人的视觉中心自然地引到商品的主要造型上。

- 商品外形的二次设计。

在拍摄时我们应充分发挥想象力，来美化商品的外部线条，使之呈现出一种独特的设计感和美感，如鞋和皮带的摆放方式，如图 3-25 所示。

图 3-25　鞋和皮带的摆放方式

皮带是条状的商品，在具有一定尺寸比例的画面里，很难做到全景式呈现，因此，将皮带卷起来摆放可以有效地兼顾头尾。我们可以做自然盘卷，以呈现时尚气质和散漫的美感；也可以做标准盘卷，体现出陈列的秩序和整洁的商务风格；还可以在卷起来的瞬间松开，借助商品的张力来呈现出跳动的韵律和生命的活力。

利用斜边构图来摆放鞋子，使鞋子有正面与侧面、鞋头与后跟在距离远近上的对比，这样摆放商品，商家想说明的主题便一目了然了。此外，对于鞋头上有花样造型的鞋子，可以通过摆放，使鞋头上的花样造型与鞋子的摆放形状相呼应，此时，人们的视觉中心便在鞋头的花样上了。

- 红花还需绿叶配。

在当今的网络零售行业，越来越多的商家在拍摄商品图片时开始加入个人感情，以此来营造出一种购物的氛围，如图 3-26 所示。

图 3-26　商品摆放搭配示例

网上的商品图片不再一成不变，不再拘泥于呆板的排列，偶尔也会呈现出"迷人"的状态，香水、巧克力、蝴蝶结、少女都是我们对"迷人"二字的理解，这样的场景不需要过多的取景和构图技巧，随便一按快门就是一幅标准的静物写真，如同我们在敦煌金色的沙丘上极目远眺：蓝天、白云和蜿蜒的驼队，沙漠、绿洲和渺小的人类……无论怎样构图都是一张漂亮的明信片。

- 商品组合产生的韵味。

在一件商品的摆放中找到主题很简单,如同放眼一望,舞台上只有一个主角的效果,但是,要想在一堆花花绿绿的物体之间,一眼就找到商家想要表达的主题,这就需要拍摄者具有一定的陈列水平了,如图 3-27 所示。

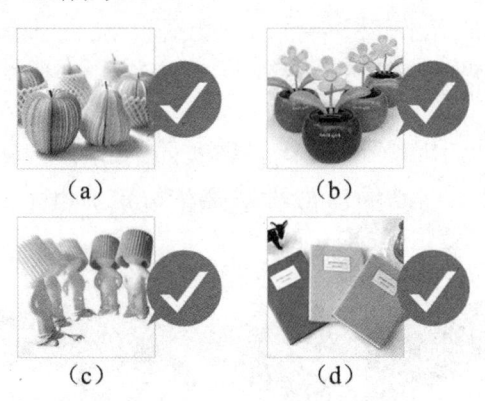

图 3-27　商品组合摆放示例

如图 3-27（a）、图 3-27（b）所示,商家借鉴了舞台经验:一般在集体舞蹈结束的时候,都会有一个最后的亮相,很显然,苹果、鸭梨、花盆的排列在我们眼前做了一个极有队列感的亮相,释放着可爱和童趣,让人忍不住心生疼爱,恨不得马上就占为己有。

图 3-27（c）看起来像小孩和小跟班的对话场景,图 3-27（d）中三个同款不同色的本子以扇形摆放,这样的摆放不仅向我们展示了颜色和款式,还带给我们一种生活化的感受。如果镜头对准中间的小孩,就会失去这种丝丝入扣的效果和韵味。

- 摆放的疏密和序列感。

在摆放多件商品时最难的是要兼顾造型的美感和构图的合理性,因为画面上的内容多就容易显得喧闹和杂乱,此时,采用疏密相间和有序列感的摆放就能使画面显得饱满、丰富,而又不失节奏感和韵律感。

小物件只有通过这样的方式来摆放才会显得井然有序,如图 3-28 所示。

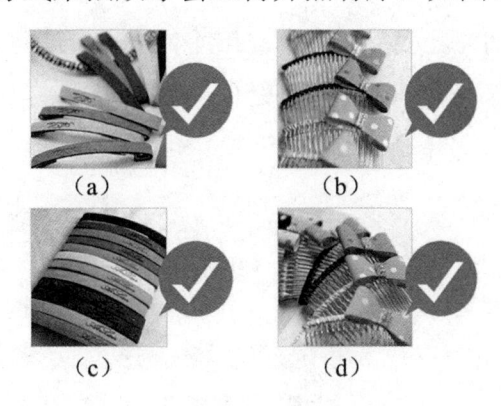

图 3-28　商品排列摆放示例

图 3-28（a）、图 3-28（c）的发夹正面的图片颜色成片,侧面的图片颜色成线,而在随意

摆放时又特别注意了发夹与发夹之间的距离和疏密度，增强了构图上的透气性，给人一种视觉上的享受。图 3-28（b）、图 3-28（d）的蝴蝶结发夹变换了阵型和领队，不同的色彩排在一起会产生不同的视觉美感：当黄色排在粉色后面时，色感减弱，相对来说对视觉的刺激不够；当黄色与紫色、蓝色排在一起时，由对比色带来的视觉差异就很容易让我们注意到它了。通过这样的阵型变换，每个颜色都有机会跳出来，每个发夹都有被青睐的机会。

- 表里一致蕴含的商品价值。

商家有自己对商品价值的判断标准，客户也有其不同的判断标准，且客户更关注商品的内在和细节，因此，适当地展示商品的内部构造是消除客户担忧的重要手段，如图 3-29 所示。

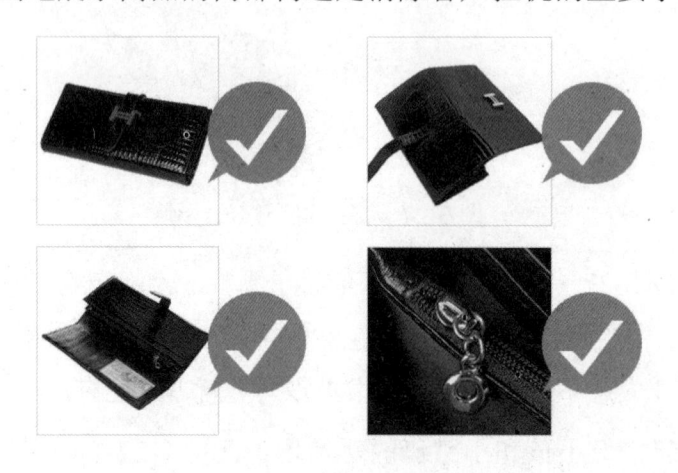

图 3-29　商品细节示例

钱夹是否有放置信用卡的空间、内部是纺织品面料还是皮料……如果知道了客户想了解的商品信息，我们就可以在拍摄时通过合适的摆放来满足客户需求。因此，商品的摆放是拍摄前的基础工作，也是构图的基础，我们不仅要利用相机拍出漂亮的商品图片，还要利用相机捕捉有故事的商品图片。

（2）不同材质表面的拍摄手法。

我们先根据商品表面材质对光线的不同反应将它们划分为吸光体和半吸光体、反光体和半反光体、透明体和半透明体三大类，然后根据不同材质的特点总结出各类商品的共性和规律，并在此基础上举一反三，追求更完美、更个性化的表现。不同材质的拍摄示例如图 3-30 所示。

图 3-30　不同材质的拍摄示例

- 反光类商品的拍摄。

一些表面光滑的商品，如金银饰品、瓷器、漆器、电镀制品等，它们的表面光滑，具有强烈的单向反射能力，当直射灯光聚射到这种商品表面时，会改变光线，产生强烈的眩光，如图 3-31 所示的首饰就是这类商品。

图 3-31　反光类商品

我们在拍摄这类商品的时候可以采用柔和的散射光线进行照明，也可以采取间接照明的方法，如使用柔光箱、反光板和硫酸纸这类光扩散工具来柔化光线，用反射光来照亮商品，因为均匀、柔和的光线能够有效地降低表面的反光度，使色调更加丰富，从而表现出光滑的质感。

下面介绍一下反光体的布光方式。

反光体的表面非常光滑，对光的反射能力比较强，犹如一面镜子，所以，拍摄反光体一般都是让其出现"黑白分明"的反差视觉效果。反光体多是一些表面光滑的金属饰品，或者是没有花纹的瓷器，要表现出反光体表面的光滑质感，就不能使一个立体面中出现多个不统一的光斑或黑斑，因此，最好的方法就是采用大面积照射的光或利用反光板照明，光源的面积越大越好。

在大多数情况下，反射在反光面上的白色线条可能并不均匀，但必须保持统一性和渐变效果，这样才会显得真实。如果反光面上出现高光，则可以用很弱的直射光源来降低高光效果。反光体布光的关键在于对反光效果的处理，特别是一些有圆弧形表面的柱状和球状商品，因此，我们在实际拍摄中通常会使用黑色或白色卡纸来打反光，以增强商品的立体感。

如图 3-32 所示的项链就属于反光体。在拍摄这类商品时，要注意相机和拍摄者的倒影不要反射到商品的反光面上，否则就会出现黑斑，可用大面积的柔光光源来降低商品表面反射的锐度，使商品的色调和层次更加丰富，并准确地表现出光滑的质感。

主灯位于被拍摄商品的右前方，灯光照射角度为 45°左右，闪光灯上安装了柔光箱，布光时要特别注意闪光灯照射的角度对手机金属边和化妆盒表面带来的反光影响。

辅助灯位于被拍摄商品的左前方，是一盏带有柔光箱的闪光灯。在这个位置布光的作用在于对暗面进行补光处理，同时减弱由主灯照射带来的阴影。

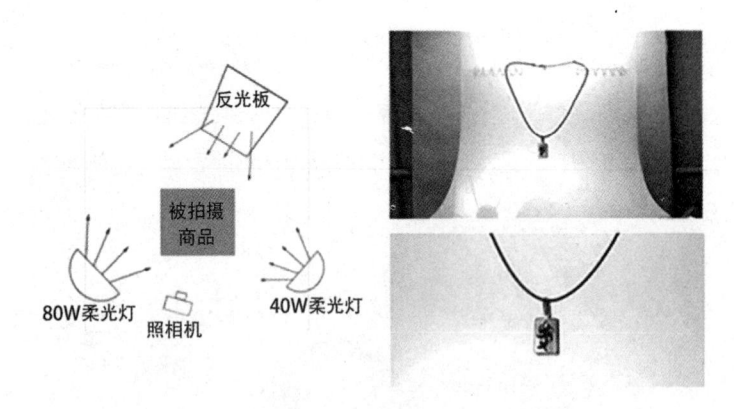

图 3-32　拍摄反光体的布光方式

背景灯位于被拍摄商品的右后方，闪光灯上需加装标准反光罩、挡光板和蜂巢，其作用在于在勾勒商品轮廓的同时照亮背景。在拍摄时需要注意挡光板位置的调整，以此来控制副灯的光照范围。

- 透明类商品的拍摄。

玻璃器皿、水晶、玉器等透明商品既有反光特性，也有透光特性。光线的入射角度越小，反射光量就越多，而能显示透明质感的恰是这种反射光，如图 3-33 所示的玻璃杯就是透明类商品。

图 3-33　透明类商品

我们在拍摄的时候要采用侧光、侧逆光和底部光这类生动的照明方式，利用光线穿过透明体时因厚度不同而产生的光亮差别使其呈现出不同的光感来表现清澈、透明的质感。但因为透光体具有反光特性，所以一般不要用直接光照明，而要用间接光照明，这样可以使商品的表面产生少量的反射光，以便更好地显示其外形和质感。

下面介绍一下透明类商品的布光方式。

透明类商品表面非常光滑，透明的材质能够自由地传导光线而不改变其特征，使其产生玲珑剔透的艺术效果，从而体现质感。

透明类商品大多是香水、化妆品等液体或玻璃制品。

如图 3-34 所示，拍摄的杯子属于典型的透明体，由于光线能轻松地穿过这类透明材质，因此，我们在拍摄这类商品时，一般采用折射光照明，让逆光、侧逆光的光源可以穿过透明体，以表现出它们精致和玲珑剔透的质感。

图 3-34　拍摄透明体的布光方式

主灯位于杯子的侧前方，用一盏带有柔光箱的闪光灯来照亮杯身正面。

辅助灯位于杯子的左侧，利用这一盏柔光闪光灯来对杯子的暗面进行补光，同时减弱由主灯和轮廓灯的照射而产生的阴影。

用一盏加装了标准反光罩、挡光板和蜂巢的闪光灯作为轮廓灯，放置于杯子的侧后方，这样做主要是利用蜂巢来控制光的走向，让挡光板来控制光照范围。这一盏轮廓灯可以使光线穿透杯身，勾勒出杯子的外部轮廓和造型，体现出通透的质感。

拍摄时并非每次主灯、辅助灯和背景灯都能派上用场，我们不妨把每种布光方式在脑子里过一遍，先预想一下想要的拍摄效果，再用每盏灯逐个进行实验，同时不断变换灯位，以确定能产生最佳效果的布光方案。

- 吸光类商品的拍摄。

有一些商品具有粗糙的表面，如皮毛、棉麻制品、雕刻品等，它们的质地或软或硬，表面粗糙，如图 3-35 所示的帆布鞋就是这类商品。

图 3-35　吸光类商品

为了表现出这类商品的质感，我们在拍摄的时候可以使用稍硬的光线照明，以侧光、侧逆光为主，照射位置适当放低，因为过柔、过散的顺光，尤其是其表面纹理的顺光，会弱化商品表面的质感。如果要拍摄表面十分粗糙的裘皮、石雕等，则可以用更硬的直射光直接照明，如聚光灯、闪光灯、太阳光直射，因为这种硬光的光线锐利，在凹凸不平的表面会产生细小的投影，能够强化其质感的表现，使商品的表面出现明暗起伏的结构变化，从而增强立体感。

表面吸光的商品包括毛皮、衣服、食品、水果、粗陶、橡胶、亚光塑料等，它们的表面通常是不光滑的，因此对光的反射比较稳定，即物体的固有色比较稳定、统一。这类商品通常本身的视觉层次比较丰富，为了再现吸光体表面的层次质感，布光的灯位通常以侧光、顺光、侧顺光为主，这样可以使其层次和色彩都表现得更加丰富。

我们在拍摄一个具有吸光表面的木质雕漆手镯时采用的布光方式如图3-36所示。在拍摄这类商品时，布光的灯位要以侧光、顺光、侧顺光为主，取少许光线，这样可以使层次和色彩都表现得更加丰富。

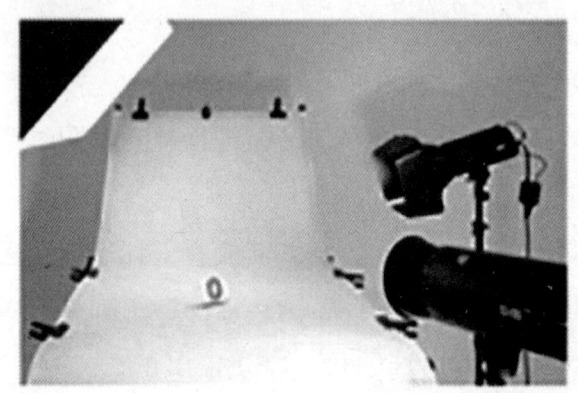

图3-36 拍摄吸光体的布光方式

主灯位于手镯的右前方，闪光灯上可以加装伞用反光罩，这样做的目的是让照射面积比使用标准反光罩更小、更集中，其作用在于完整勾勒出商品的形状，使其更具有立体感。顶灯位于手镯的左上方，这时，如果在闪光灯上加装一个柔光箱，就可以使手镯均匀受光，并且能够有效地减弱主灯照明，使手镯产生的投射阴影。

背景灯位于手镯的右后方，最好给闪光灯加装标准反光罩、挡光板和蜂巢，其作用在于通过标准反光罩上加装的挡光板和蜂巢来控制背景的照射面积及亮度。

（3）微距功能与细节展示。

拍摄商品免不了要拍摄商品的细节特写或商标，尤其在拍摄首饰类等细小商品时，更是需要采用特写放大来呈现商品的款式和工艺，此时，使用微距功能就可以拍摄出符合要求的放大图片，从而更直观地进行细节展示，如图3-37所示。

微距拍摄是指拍摄出来的图片大小比实物的原始尺寸要大的摄影方式，一般两者之间的比例都大于1∶1。微距功能在拍摄拉链、针脚、洗标等商品细节方面有着巨大的优势。现在，很多民用级的低端数码相机也都配置了微距功能，甚至超微距功能，微距拍摄已经逐渐成为数码相机的一大亮点。

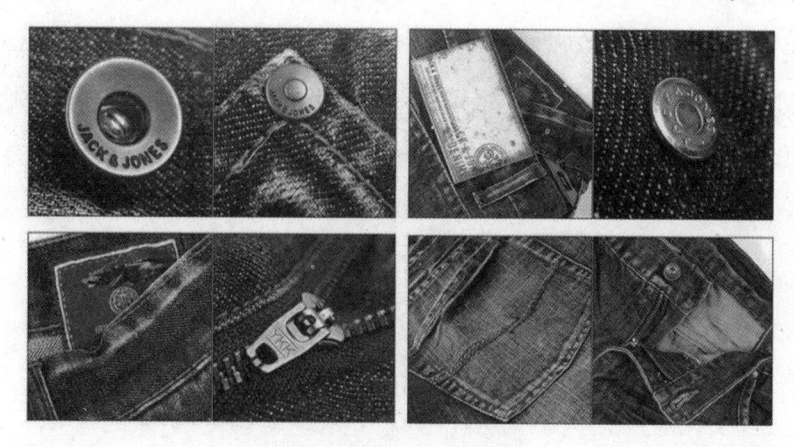

图 3-37 细节展示

除了拍摄整体效果,我们还可以使用相机的微距功能拍摄衣服的特写图片。例如,我们可以在商品描述中放一张衣服面料的特写图片,让客户对衣服面料有非常直观的认识,或者将纽扣上面的 Logo 的特写图片清晰地拍摄出来,让客户更加信服这件衣服是正品。

进行微距拍摄注意事项如下。

- 当相机与被拍摄商品距离很近时,要想突出商品的部分细节,可以运用较大的光圈;要想将商品的细节表现得足够清晰,则可以选择较小的光圈。
- 拍摄时相机如有晃动则可能造成图像模糊,所以通常要选择较快的快门速度或设法将相机固定在三脚架上。
- 当相机与被拍摄商品的距离较近时,相机本身就会对周围环境光线造成比较明显的遮挡,使得被拍摄商品可能得不到足够的曝光。同时,闪光灯的照明度可能过强而使商品曝光过度,所以,在进行微距拍摄的时候要特别注意商品的照明。

2)大件商品的拍摄(服装类)

网络零售与传统零售最大的区别就是无法做到眼见为实,客户只能通过商家发布在网上的图片来了解商品的特性。由于服装类商品比较注重款式和效果,因此对商品图片的要求就更高,要求在视觉上能充分地呈现出服装的不同款式、面料、做工、风格和档次等区别。服装类商品属于大件商品里面最难拍出效果的一类商品。接下来,我们就以服装为例,来学习大件商品的拍摄方法。

(1)常见的拍摄环境。

- 室外街景。

室外拍摄可以去公园里找一个人比较少的角落,这样做的优点是可以专注于拍摄,不被行人打扰;缺点是拍摄背景过于单一,缺乏时尚感、时代感和生活感。这样的环境和曲径通幽的小巷一样,非常适合拍摄民族服装、改良中装、汉服和唐装这类传统风格的服装。

商业气氛浓厚的闹市区非常适合拍摄时装。室外街景示例如图 3-38 所示。临街的商场、路灯和广告牌都是很好的布景，可以加以充分利用。到一些人流量较少的酒吧街或欧美风格建筑物的一角去取景也是不错的选择，如果白天客人不多，可以跟老板商量，争取进入酒吧、咖啡吧、西餐厅里进行拍摄，这样的室内外场景可以更好地表现出服装的潮流、品位和时尚感。

图 3-38　室外街景示例

- 室内布景。

在室内搭建的实景比摄影棚内的背景纸更具有立体感、现场感和真实感，对比也更加强烈。我们可以充分利用室内的每个角落、每件家具来布景，也可以放置一些自制的木板箱、小柜子、几何体和小装饰物等道具。如图 3-39 所示为室内布景示例，其将纱帘、沙发床和女孩最喜欢的毛绒玩具作为拍摄道具，但是这类布景必须充分考虑道具颜色与拍摄主体的协调性，而且不能喧宾夺主。

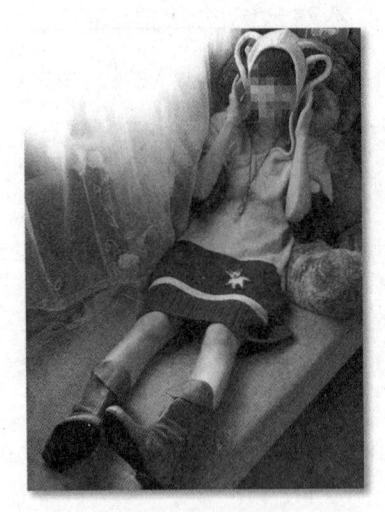

图 3-39　室内布景示例

- 棚内拍摄。

棚内拍摄最好使用一个可以将背景纸卷起来的背景支架，这样不仅可以方便我们根据不同服装的颜色来更换相配的背景纸，而且不容易将背景纸弄出皱褶，从而影响最终的拍摄效果。在拍摄男装的时候，我们可以大胆地尝试使用男士较喜欢的黑色、灰色等背景，只要与服装风格协调,拍出的画面就会显得简洁而时尚,酷感十足,很有专业效果和明星范儿。棚内拍摄示例如图 3-40 所示。

图 3-40　棚内拍摄示例

(2)摆拍。

- 摆拍的道具。

摆拍时,用于拍摄的搭配装饰物选择余地很大,如图 3-41 所示,我们身边的各种生活用品都可以当作拍摄时的配景小装饰。当然,有搭配穿着的引导效果会更好,还可以根据这些搭配材料为每次上新款设计一个表现主题,如运动风格、休闲风格、知性风格等。

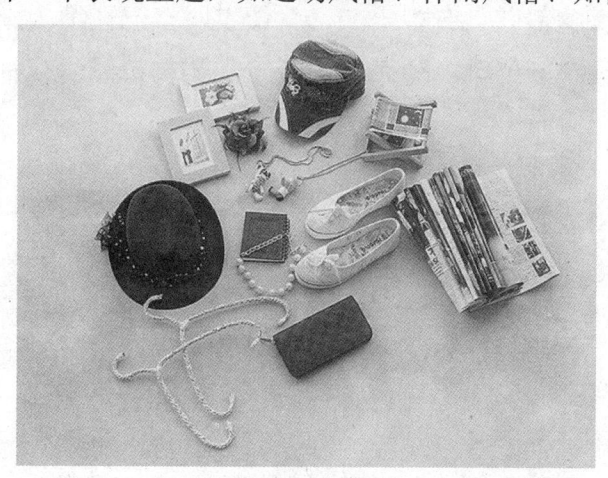

图 3-41　摆拍道具示例

- 摆拍的小挂件。

我们在采用摆拍方式的时候,可以在商品摆放和构图时适当添加一些与服装搭配的首饰、围巾、鞋帽或包包,家里的鲜花、杂志、相框、玩具也都可以随手拿来使用,以使商品图片显得更加生活化。有时,配景的使用还可以调节构图和色彩对比。例如,图 3-42 中的那条牛仔裤就在画面中增加了对角线的构图,打破了白色 T 恤垂直构图的单调感,且色彩对比更加强烈。

图 3-42　摆拍挂件示例

- 服装摆拍的造型。

平铺摆拍要注意服装的颜色和细节，如图 3-43 所示。服装的平铺造型有很多种，可以将衣服的腰身顺势叠入背后来摆放，因为身体是立体的，当将衣服穿在身上时，从正面看过去，腋下和侧身的部分是几乎看不到的，这样可以展示衣服穿上后的真实状态；也可以故意弄一点褶皱出来，使平铺的衣服看起来似乎有了腰身和立体感；对于比较厚实和挺括的面料，如牛仔裤，可以在摆放的时候用自然的褶皱让裤管之间有胀满空气的感觉，以增加衣服的体量；找一些漂亮的小装饰物来搭配衣服摆放，可以避免画面的单调感；将平铺的衣服想象成有人穿着的样子，将衣袖和裤腿都做点造型出来，就像衣服自己在地板上摆造型一样；还可以在摆放时加入一些搭配建议，不仅可以使画面更美观，还有可能实现捆绑销售，从而提高店铺的客单价。

平铺摆放　　摆出腰身　　摆出体量

摆出配景　　摆出体态　　摆出搭配

图 3-43　摆拍造型

- 服装挂拍的造型。

悬挂拍摄要注重服装的面料和质感，如图 3-44 所示。服装的挂拍也有多种造型，可以用衣架或木制晾衣架将衣服挂起来，如果再搭配一些小装饰物就会显得更加与众不同。用半身的木制模特座或铁丝架将衣服撑起来挂也会产生不错的效果，因为这样做会让服装的立体感更强一点，让人想象到衣服穿在身上的感觉，而且，服装表面因为有了阴影和凹凸的细节变化会显得更加生动。

图 3-44　挂拍造型

（3）穿拍。

若采用穿拍方式，则对模特的气质、肢体表现力等方面的要求比较高，因为模特的动作和面部表情决定了服装的造型。每个专业的模特都应精通摆造型，因为一个合适的动作不仅能吸引客户，还能突出画面中的模特和服装。

- 穿拍的小道具。

穿拍时使用小装饰物做配景可以更加灵活，以使模特的表情和姿态可以有更大的发挥空间。这些小装饰物使画面更加生动，而搭配模特的表情和体态可以使照片更加情景化。穿拍小道具示例如图 3-45 所示。

图 3-45　穿拍小道具示例

白色的木梯和成串的干花在模特身后形成了新的背景墙，产生虚实对比的效果；跪在地毯上的模特和满地的玩具很好地表现出少女的青春活泼，而且这些小装饰物可以使模特做出更多生活化的姿势和造型，从而使画面风格清新自然；用木料或纸盒做一些积木式的配景也是很能体现专业感的做法；搭配木箱、落叶、马灯和旧报纸来衬托模特慵懒的坐姿和苏格兰风格的服饰，使画面上呈现出的田园风格与服装协调一致，从而很好地诠释出服装的风格和内涵。

- 穿拍的造型。

模特穿拍应注重款式和动态，模特拍照时的姿势和造型漂亮与否的关键在于手摆放的位置。我们可以按照图 3-46 所示的那样"哪儿疼捂哪儿"，找到放手的最佳位置，这样拍出的图片也会变得更加生动、自然。

图 3-46　穿拍造型

（4）布光和补光。

根据不同的拍摄环境，服装拍摄的布光方式可分为棚内人工照明布光和室外自然光结合反光板补光。

- 棚内人工照明布光。

棚内人工照明布光图例 1 如图 3-47 所示。

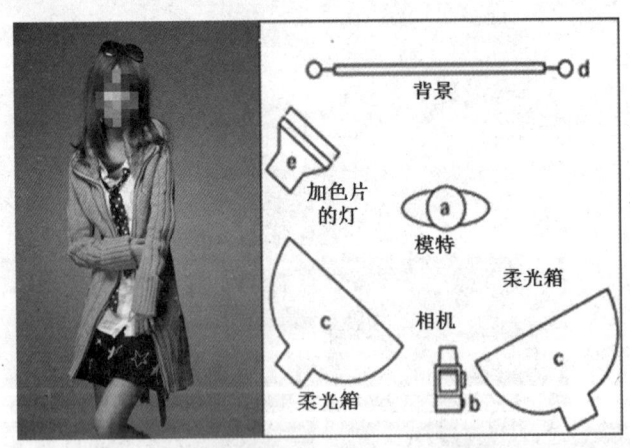

图 3-47　棚内人工照明布光图例 1

主灯位于相机的左侧，辅助灯位于相机的右侧，根据服装和模特妆面的色彩，在模特的右后侧、面对背景墙的位置放置一盏加色片的灯，使光线呈渐变的状态被投射到白色背景墙上，由此能产生漂亮的光影效果。

棚内人工照明布光图例2如图3-48所示。

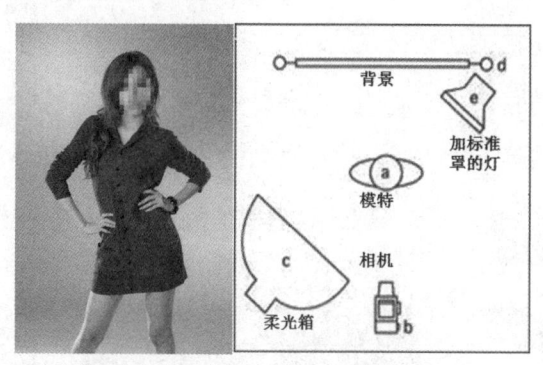

图 3-48　棚内人工照明布光图例 2

主灯位于相机的左侧，但为了加强视觉效果，又在模特的左后侧增加了一盏辅助灯，以增加深色毛衣背光方向的亮度，这样不仅消除了阴影带来的服装细节损失，还可以产生柔和的光影效果，从而很好地表现出深色毛衣细腻、柔和的质感。

- 室外自然光结合反光板补光。

在拍摄现场，模特是蹲在墙角的阴影里的，周围光线很暗，要是不用反光板补光的话，图片拍出来会显黑，看不清细节，颜色也会失真。如果用两片反光板分别从模特的两个方向补光，就会形成一个光线柔和的拍摄空间，这样在拍出明媚阳光的同时也不会出现大片的光斑或阴影。室外自然光结合反光板补光示例如图3-49所示。

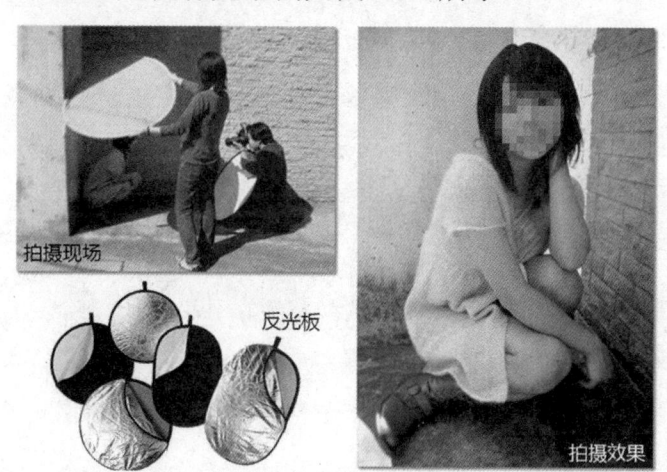

图 3-49　室外自然光结合反光板补光示例

（5）表现质感和细节的摄影技巧。

不同材质和面料的服装都有自己独特的质感和表面细节，为了表现其质感，我们可以采用侧光拍摄。这样的打光方式影调明朗，层次丰富，有利于表现出服装的立体感、空间感和质感。

- 不同质感对比的拍摄。

拍摄不同面料的衣服,在用光上也会有所区别,一般质感细腻的服装比较适合用柔和光,而质感粗硬的服装则比较适合直接打光。

- 同款服装多个颜色的拍摄。

除拍出商品表面质感的特点外,还需要将同一款式商品的多种颜色介绍给客户,如图 3-50 所示,用卷、叠、挂、穿的方式可以让多色商品的展示显得更加整齐、美观。

图 3-50 同款多色的拍摄示例

【案例 3-2】

一组成功的摆拍图例

摆拍商品图例如图 3-51 所示,它所表现出来的服装外形、立体感、角度、配景、双层的衣边、领口及袖口、纺织品的表面质感和服装颜色都很全面,是一组非常不错的商品图片。

图 3-51 摆拍商品图例

案例思考

你从该案例中看到了什么拍摄技巧？从案例中你又看到了什么商品信息？你的商品应该如何拍摄？

拓展学习

小组共同学习：了解光圈、景深、曝光补偿的相关知识。

- 打开百度搜索页，搜索"光圈""景深""曝光补偿"几个关键词，仔细阅读相关知识。
- 小组对搜索到的信息进行交流，总结光圈、景深、曝光补偿的定义及设置方法，并推选代表进行课内分享。

光圈的定义：_____
_____。

光圈值对图片的影响：_____
_____。

景深的定义：_____
_____。

不同景深对图片的影响：_____
_____。

曝光补偿的定义：_____
_____。

曝光补偿对图片的影响：_____
_____。

活动 2 掌握图片处理的技巧

做中学

- 结合自己拍摄的商品图片，利用搜索引擎查找使用光影魔术手处理图片的技巧和使用方法，小组成员之间进行相互交流。

调整亮度的操作步骤：_____
_____
_____。

调整尺寸的操作步骤：_____
_____
_____。

添加边框的操作步骤：_____
_____
_____
_____。

添加水印的操作步骤：_____
_____
_____。

- 结合必备知识，熟悉光影魔术手的操作，并能对自己拍摄的商品图片进行适当的处理。

必备知识

1．色彩和亮度的调整

下面我们就来学习如何使用光影魔术手这个图片处理软件给商品图片进行适当的"化妆"和"减肥"。只要按照下面的几个简单步骤去操作，就能让商家戏称的"烂图"起死回生，重放光彩。

1）白平衡

白平衡英文名称为 White Balance。物体颜色会因投射光线颜色的不同而产生变化，在不同的光线下拍摄出的照片会有不同的色温。

白平衡图例如图 3-52 所示，在日光灯的房间里拍摄的影像会偏绿，在室内钨丝灯灯光下拍摄出来的景物就会偏黄，而在日光阴影处拍摄的图片则莫名其妙地偏蓝，其原因就在于对白平衡的设置。

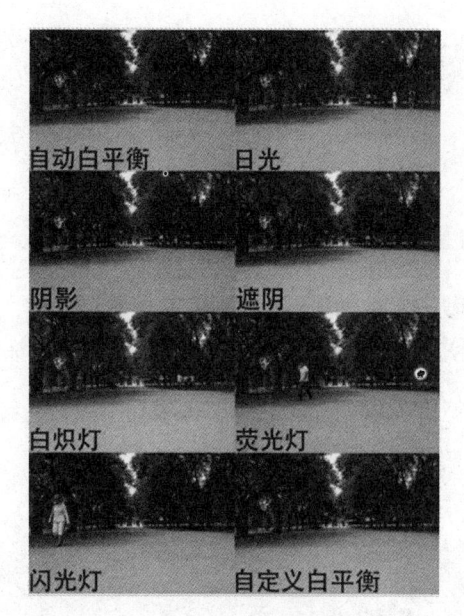

图 3-52 白平衡图例

打开光影魔术手软件，如图 3-53 所示，点击右边的"基本调整"—"一键设置"—"白平衡一指键"。

图 3-53 光影魔术手操作页面

先选择"强力纠正"，然后在原图中选择一个点，同时观察校正的效果，只要背景的颜色校正成白色了，就说明已经达到预期效果了，点击"确定"保存校正效果，如图 3-54 所示。

2）调整亮度

经过前述操作，已经还原图片的色彩，但画面比较暗，需要对图片进行提亮处理——通过调整曲线、色阶等都可以调整图片的亮度。

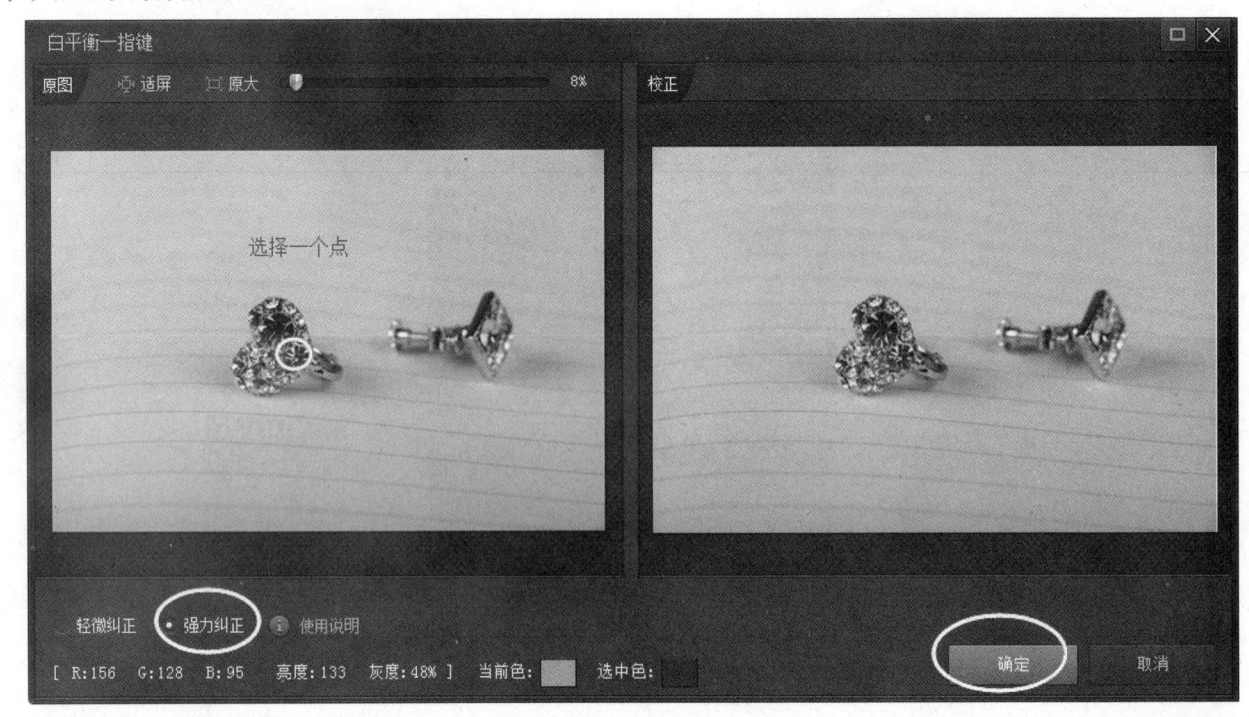

图 3-54　白平衡一指键操作页面

（1）调整曲线。

点击"曲线"，进入如图 3-55 所示的操作页面。我们将鼠标点在曲线上的小黑点上，并上下左右移动，随着小黑点的移动，图片的亮度和对比度也会发生变化。小黑点越往上，亮度越高，小黑点越往左，对比度越弱；反之，亮度越暗，对比度越强。在增强亮度的同时保持相应的对比度，就不会降低立体感。

图 3-55　曲线调整页面

（2）调整色阶。

点击"色阶",进入如图 3-56 所示的操作页面。拖动左边滑块可以调整黑色部分,向右拉可以将黑色色阶调暗;拖动右边滑块可以调整白色部分,向左拉可以将白色色阶调亮;拖动中间的滑块可以调整整体亮度,最终达到提亮和增加对比度的效果。

图 3-56　色阶调整页面

2. 图片清晰度的调整

接下来,我们要再调整一下商品图片的清晰度,使商品图片的细节可以更加清楚。点击右边的"基本调整"—"清晰度",进入如图 3-57 所示的操作页面。

图 3-57　清晰度调整页面

除此之外，我们还可以通过点击"基本调整"—"一键设置"—"一键锐化"来实现对清晰度的调整，如图 3-58 所示。

图 3-58　一键锐化操作页面

3. 图片大小的调整

1）裁剪

若图片有较多的留白，则可进行裁剪，重新构图并降低像素。

点击"裁剪"，拖动鼠标拉动选区，并通过宽和高的数据来观察高宽比，点击"确定"即可完成裁剪，如图 3-59 所示。

图 3-59　裁剪操作页面

2）尺寸

有时候我们拍的图片尺寸较大，而网店要求图片打开速度要快，因此必须将图片进行压缩。接下来，我们要开始帮图片"减肥"了，如图3-60所示。

第1步，点击"尺寸"，在弹出的对话框中输入数值，点击"确定"。

图3-60　尺寸调整页面1

第2步，将图片的宽度调整为"750"，勾选"锁定宽高比"，点击"确定"即可设置图片的尺寸，如图3-61所示。

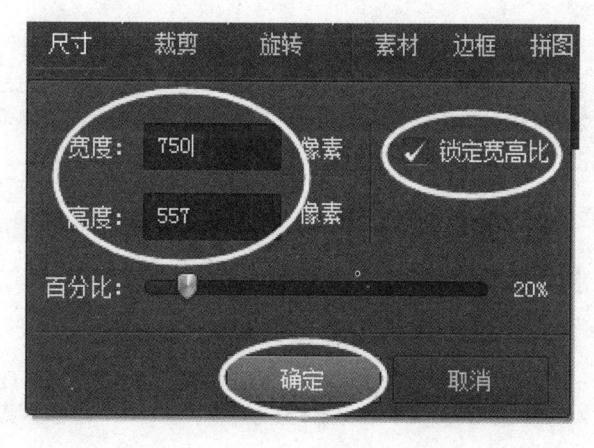

图3-61　尺寸调整页面2

4．添加边框、文字和水印

1）添加边框

点击"边框"—"花样边框"，如图3-62所示。此外，也可以根据需要和个人喜好选择"轻松边框""撕边边框""多图边框""自定义扩边"进行添加。

电子商务实战教程

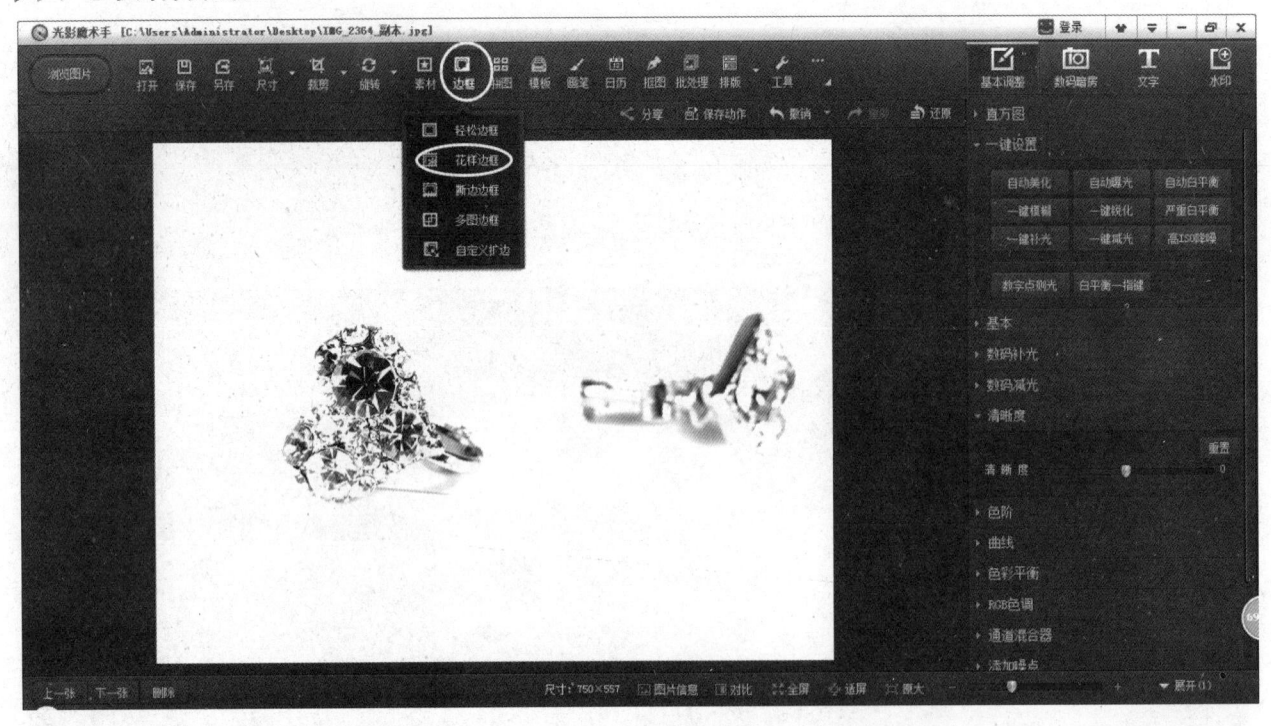

图 3-62　添加边框页面

点击"花样边框"以后进入图 3-63 所示的操作页面，默认显示"全部"边框目录。

图 3-63　添加花样边框

选择目录里的一个边框，可以看到预览效果，如果满意，就点击"确定"保存这个边框效果，如图 3-64 所示。

图 3-64 花样边框预览效果

2）添加文字

在右上方点击"文字"，进入如图 3-65 所示的操作页面，在文本框中输入要添加的文字，可以设置文字的字体、字号、颜色等。

图 3-65 添加文字操作页面

在预览区，用鼠标拖动可以调整文字大小、旋转文字、移动文字位置等，如图 3-66 所示。

图 3-66　调整文字操作页面

3）添加水印

点击"水印"—"添加水印"，会弹出一个文件选择对话框，如图 3-67 所示，从文件中选择一个图片作为商品图片的水印。

图 3-67　添加水印操作页面

之后，可以在"添加水印"操作页面中通过拖动滑块设置透明度、旋转角度、水印大小，如图 3-68 所示。

图 3-68　设置水印效果页面

> **想一想**
>
> 处理图片的常用软件还有哪些？如何使用这些软件实现对商品图片的处理？你还应该学习什么知识？

拓展学习

- 请利用互联网查找图片处理软件 Photoshop 的使用方法，记录相关的操作步骤。

调整图片亮度的操作步骤：_____
_____
_____
_____。

调整图片尺寸的操作步骤：_____
_____
_____
_____。

为图片添加水印的操作步骤：_____
_____

123

_____

_____。

- 小组讨论：了解光影魔术手和 Photoshop 各自的优势、区别，并选出小组代表在班内进行分享。

活动 3　了解商品上架的流程

做中学

- 利用网络搜索淘宝网店商品上架的操作流程，并将具体操作步骤填入表 3-5 中。

表 3-5　淘宝网店发布宝贝的流程

流 程 序 号	操 作 步 骤

- 结合必备知识和自己店铺的实际情况发布商品，请小组代表在班内进行演示。

必备知识

1．影响搜索排名的五大因素

根据淘宝搜索规则，影响搜索排名的五大因素包括商品上、下架时间，橱窗推荐，销量，关键词，收藏人气。为了达到好的营销效果，我们要了解如下知识。

1）商品上、下架时间

（1）商品上、下架时间的基本概念。

上架时间：商品发布或用数据包上传到店铺的时间。

下架时间：淘宝上规定每件商品上架 7 天后自动下架。

（2）商品上架的黄金时间。

- 黄金时间：每件商品的购买高峰期。
- 淘宝的流量黄金时间：

10:00—12:00（周一到周五的流量会好些）；

14:00—17:00（周六、周日相对少些）；

20:00—23:00。

注意：上架时间的分钟数最好错过 5 或 5 的倍数，因为大部分人都是定时上架的，而要定时只能是 5 和 5 的倍数，相对来讲，这些时间的竞争就会激烈一些；不一定所有商品都要放在高峰期，放几件商品在白天的其他时间也是可以的。

（3）商品下架时间的重要性。

越接近下架时间，商品排名就越靠前（即越临近下架时间的商品的权重越高），但也有一定的规则：

同款的商品，每页最多 4 件；

同卖家的商品，每页最多 2 件。

下架时间排名规则是淘宝对所有商家的免费流量扶持，如果安排得当，那么每件商品都有机会获得搜索或类目流量。

2）橱窗推荐

（1）橱窗推荐的商品排名高于没有设置橱窗推荐的商品。

（2）合理安排有限的橱窗推荐位。

（3）如果商品数量比橱窗推荐位的数量少，那么这些商品就全部永久橱窗推荐。

（4）如果商品数量比橱窗推荐位的数量多，那么销量比较好的永久橱窗推荐，剩余的橱窗推荐位优先给快下架的商品。

3）销量

现在，销量排名的权重有所下降（淘宝为了避免恶意刷单，降低了销售排名的权重），销量不高的商品也能排在前面。

4）关键词

标题中使用空格、标点分隔时会增加不同关键词的排名权重。

5）收藏人气

收藏人数多且关注热度高，这就是它成为人气宝贝的原因。

2．商品的上架流程

1）发布一口价商品的操作步骤

（1）进入"千牛卖家中心"，如图 3-69 所示。

图 3-69　千牛卖家中心

（2）点击"宝贝管理"—"发布宝贝"，如图 3-70 所示。

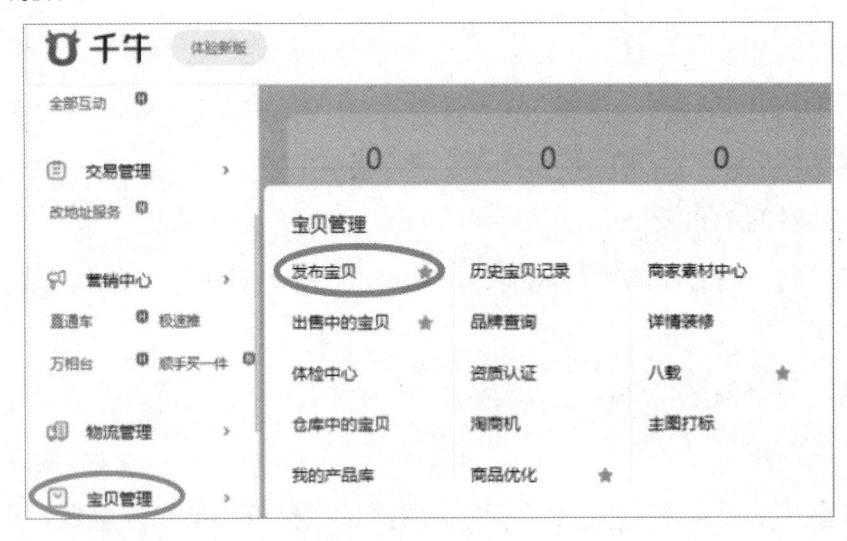

图 3-70　发布宝贝

（3）选择类目。

第一次发布宝贝时请仔细选择类目，如图 3-71 所示。

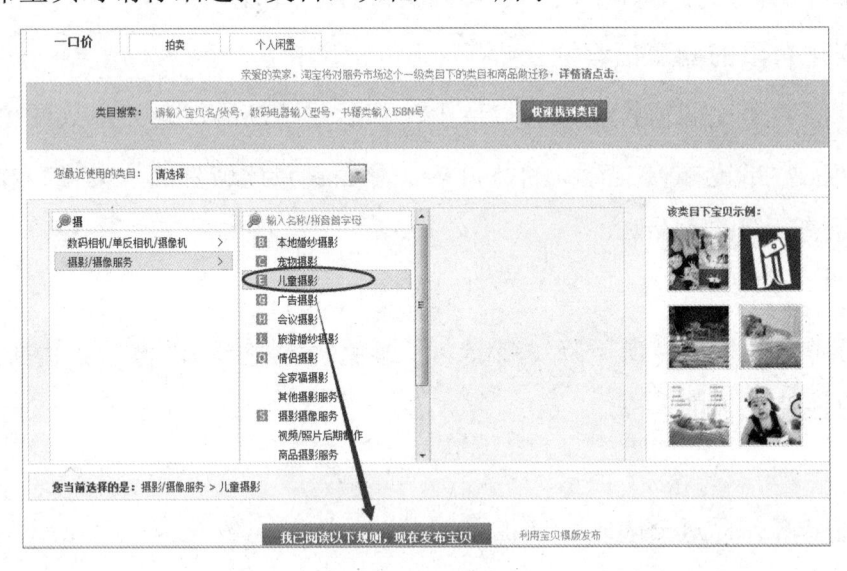

图 3-71　选择类目

在发布过一次后，则可以在"您最近使用的类目"中选择类目，如图 3-72 所示。

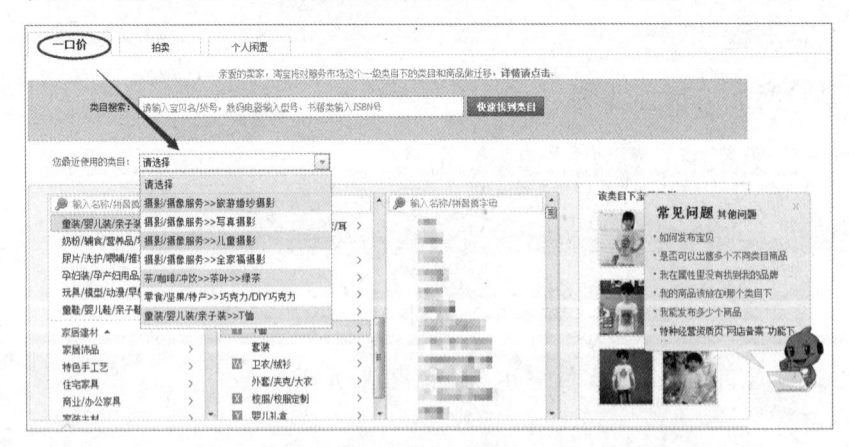

图 3-72　最近使用的类目

（4）填写宝贝基本信息。

带"*"号的是必填项，如图 3-73 所示。

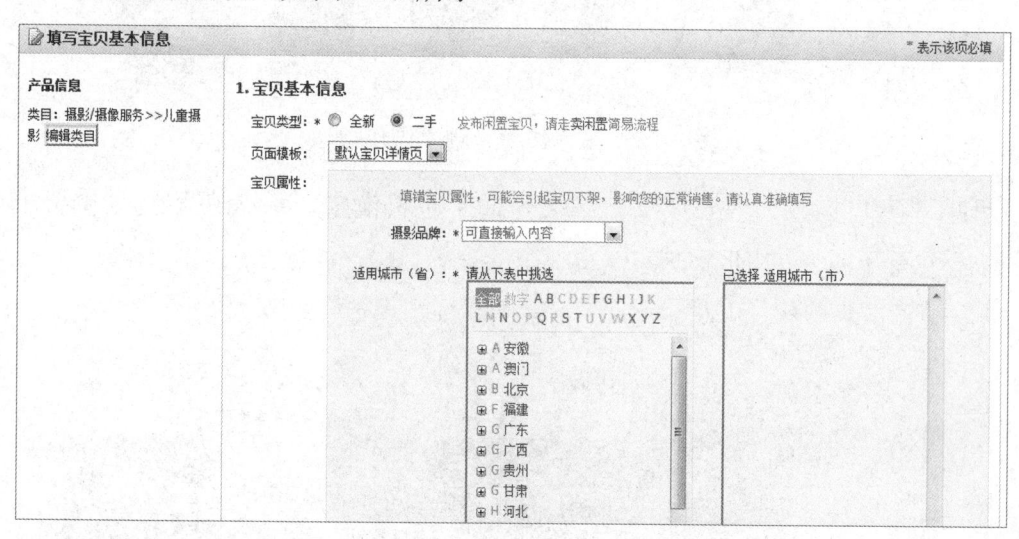

图 3-73　宝贝基本信息填写页面

填写的宝贝标题一定不能过于简单，如图 3-74 所示。

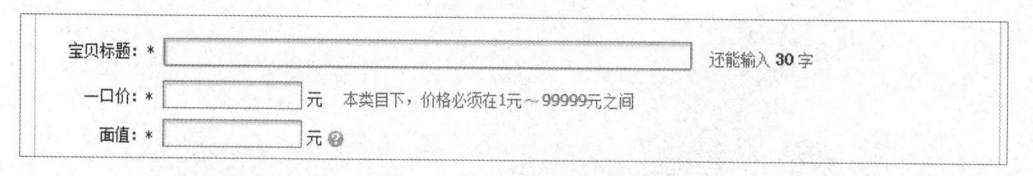

图 3-74　宝贝标题

可将宝贝图片提前上传至"图片空间"，选好图片后，点击图片即可添加，如图 3-75 所示。

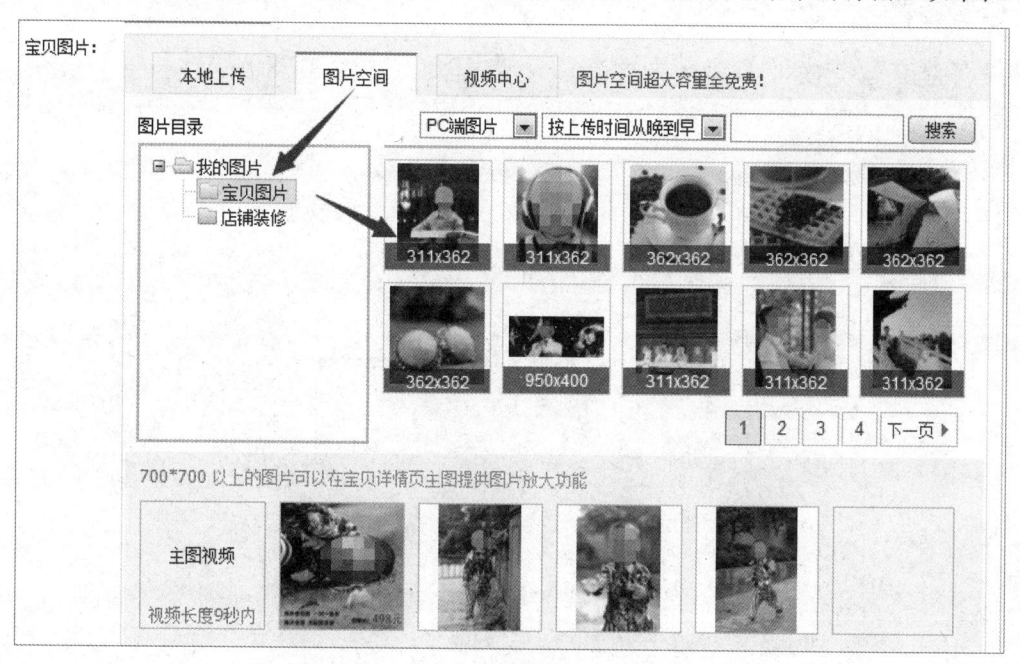

图 3-75　图片空间

用鼠标指向已添加的图片，可以对图片进行移动和删除，如图 3-76 所示。

图 3-76　图片移动和删除操作按钮

在电脑端，"宝贝描述"为必填项，如果开通了手机淘宝，那么在手机端也要填写。电脑端的宝贝描述页面如图 3-77 所示。

图 3-77　宝贝描述页面

（5）运费设置。

如果没有建立运费模板，那么先要新建运费模板，如图 3-78 所示。

图 3-78　运费设置页面

（6）其他信息包括会员打折、橱窗推荐等，完成后点击"确认"，如图 3-79 所示。

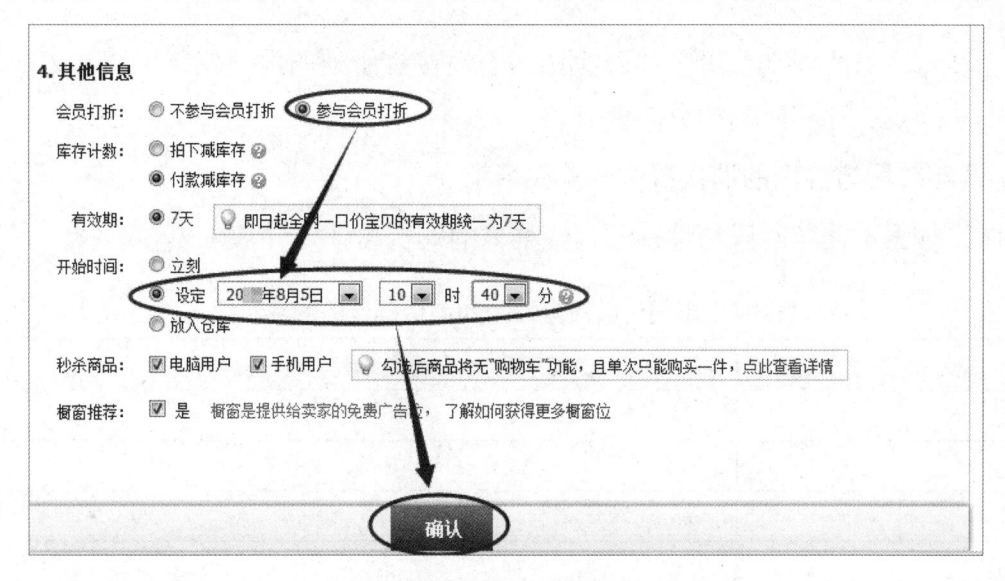

图 3-79　其他信息设置页面

2）发布拍卖商品

拍卖商品的信息页面如图 3-80 所示，拍卖商品的信息填写和一口价商品大体相同，不同的是对价格的设置。

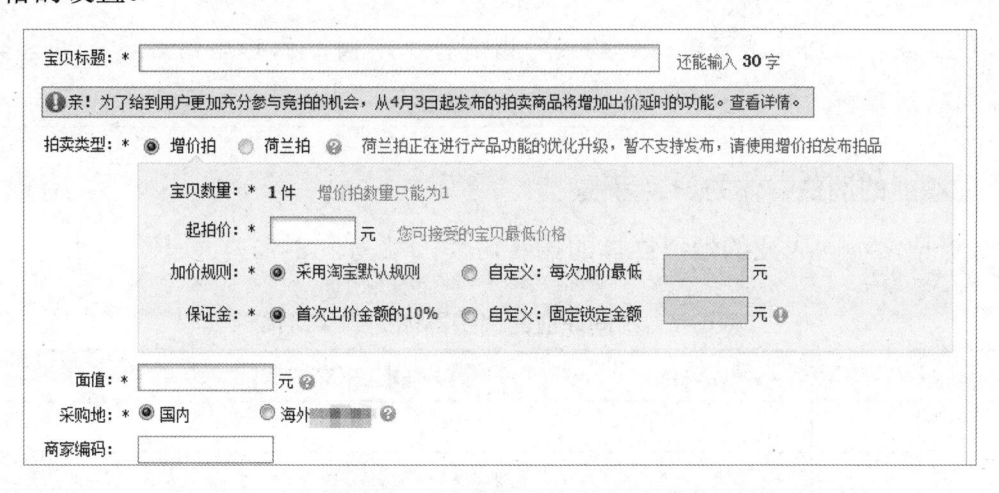

图 3-80　拍卖商品的信息页面

试一试

小组合作：请结合所学知识和店铺实际情况，为自己的店铺上传两件商品。在上传商品的过程中你遇到了什么问题？你是如何解决的？请小组代表上台分享。

拓展学习

- 请利用网络学会新建和设置运费模板。
- 请为你的店铺设计一份策划方案，包括图片策划方案和文案策划方案。

活动4 技能训练：搜索目标消费群体的购买习惯

消费涉及每个家庭，购买者多而分散。由于消费者所处的地理位置不同，闲暇时间不一致，导致购买地点和购买时间的分散性。

1. 不同年龄段与性别的消费群体的购买习惯

利用网络搜索不同年龄段与性别的消费群体的购买习惯，并填入表3-6中。

表3-6　不同年龄段与性别的消费群体的购买习惯

年 龄 段	性 别	购 买 习 惯

> **议一议**
>
> 不同年龄段和性别的消费群体的购买习惯有什么不同？你的店铺里的商品适合哪个年龄段和性别的消费群体？

2. 不同职业的消费群体的购买习惯

利用网络搜索不同职业的消费群体的购买习惯，填写表3-7。

表3-7　不同职业的消费群体的购买习惯

职 业	购 买 习 惯

> **想一想**
>
> 作为网店运营者，你该如何精准地找到目标消费群体？如何为不同的消费群体设计不同的商品推广文案？

3. 找到你的店铺的目标消费群体

结合你的店铺的商品特点，找到目标消费群体，并在班级内进行分享。

（1）店铺的商品特点：_____
_____
_____。

（2）店铺的目标消费群体：_____
_____
_____。

老师点评

任务3　实施店铺内促销

问题引入

叶飞已经将店铺装修好了，而且也上传了几件商品。作为一个新的淘宝店铺，叶飞应该如何让目标消费群体知道他的店铺？如何吸引客户进店浏览，并且留住客户？他应该采用什么样的营销方式来运营这个店铺？如何充分利用淘宝的营销工具？
_____
_____
_____

你知道吗？

2022年，影响淘宝商品排名的因素主要包含以下几点：

- 宝贝标题和宝贝属性；
- 关键词；
- 宝贝主图和详情页；
- 店铺动态评分；
- 旺旺在线时长；
- 退款率、投诉率、纠纷完结率；

- 价格是否在买家能接受的范围；
- 宝贝页面的浏览量；
- 公益宝贝。

活动1 了解店铺客户会员等级的设置

做中学

利用网络搜索以下问题，并记录答案和具体操作步骤。

- 什么是淘宝 VIP 价格？

_____
_____
_____

- 设置 VIP 价格有什么优势？

_____
_____
_____

- 如何设置 VIP 价格？

_____
_____
_____
_____

必备知识

在这个竞争激烈的现实状况下，有相当一部分店铺只注重吸引新客户，而忽略了维护现有的客户，或者只关注售前和售中，而不重视售后——售后服务中很多不必要的问题得不到及时解决，在无形中流失了大量的客户资源。当然，一家店铺要保持稳定、可持续的发展，无论是产品的更新，还是服务的不断完善，都是不可忽视的。如今，产品同质化的程度越来越高，同时，随着科学技术的发展，产品的生命周期越来越短，大多数的营销策略和方式也都大同小异，因此，想追求更高的利润，只有在服务上做个性化的突破。

1. 设置客户会员等级的意义

让客户成为店铺 VIP，这样能促使客户再次光顾，成为店铺的回头客。许多商家都在不断地寻找客户。殊不知，最大的客户源一直是老客户，因为凡是购买过店铺商品的客户往往都是店铺的主力客户，商家应想尽办法留住这些老客户。这就体现了设置客户会员等级的意义。

2. 客户会员等级的设置

1)会员的设置

进入"千牛卖家中心"—"客户运营平台"—"忠诚度管理",点击"VIP 设置"—"修改设置",如图 3-81 所示。

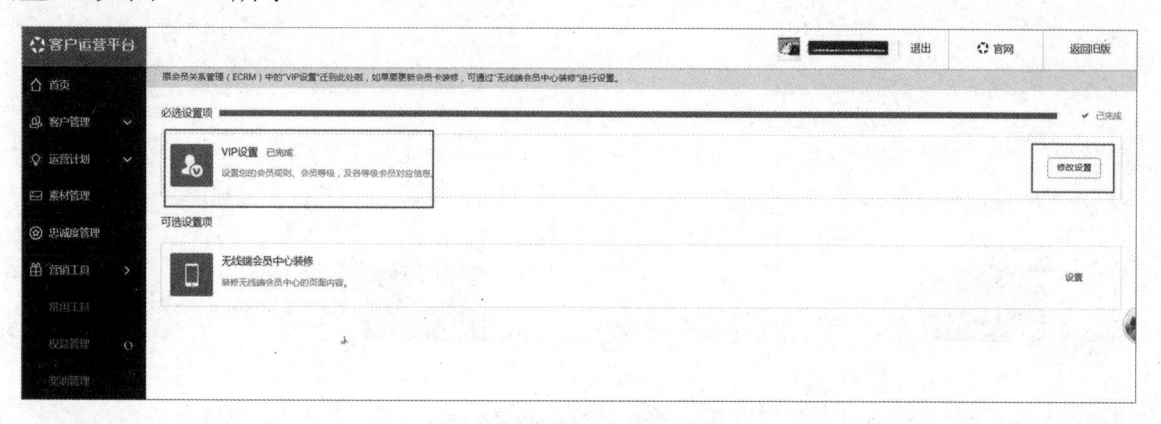

图 3-81　VIP 设置页面

进入新的页面,在"普通会员"下面可对普通会员进行折扣等设置,如图 3-82 所示。

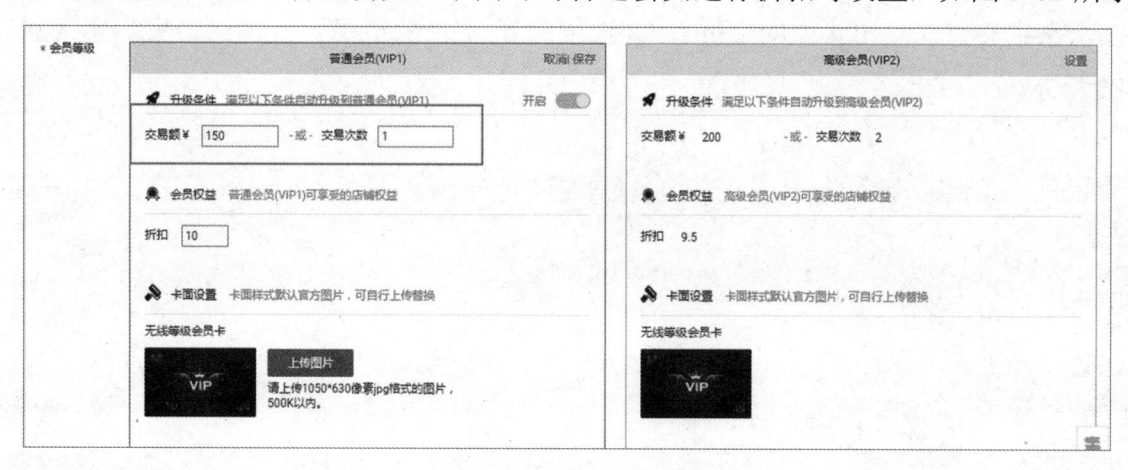

图 3-82　折扣设置页面

设置完成后点击"开启"后的按钮即可开启普通会员,如图 3-83 所示。

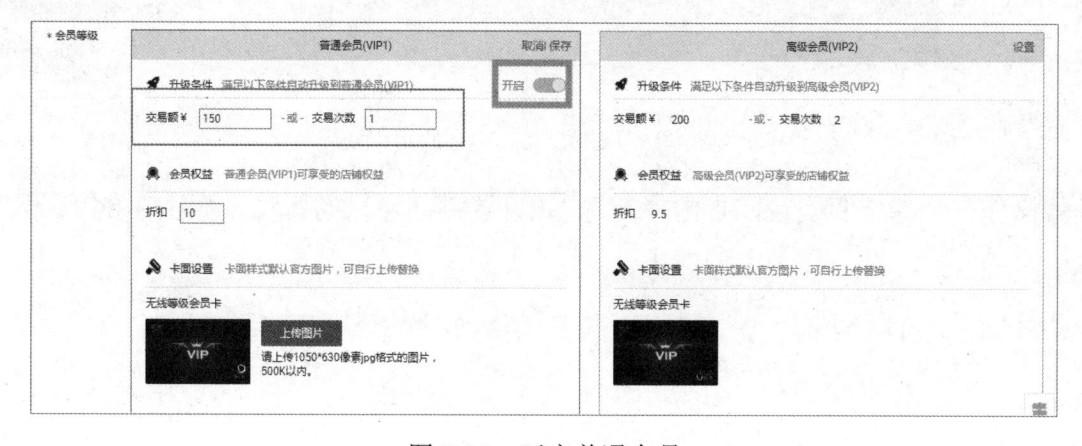

图 3-83　开启普通会员

要开启高级会员，可参照开启普通会员的步骤，点击"开启"后的按钮则该会员等级即完成设置，如图 3-84 所示。

图 3-84　开启高级会员

2）设置淘宝 VIP 的操作步骤

在卖家中心点击"出售中的宝贝"，勾选要设置 VIP 的宝贝，点击"设置淘宝 VIP"，如图 3-85 所示。

图 3-85　设置淘宝 VIP 的页面

具体操作：选择宝贝类目，点击"筛选"，设置不同会员的折扣，如图 3-86 所示。

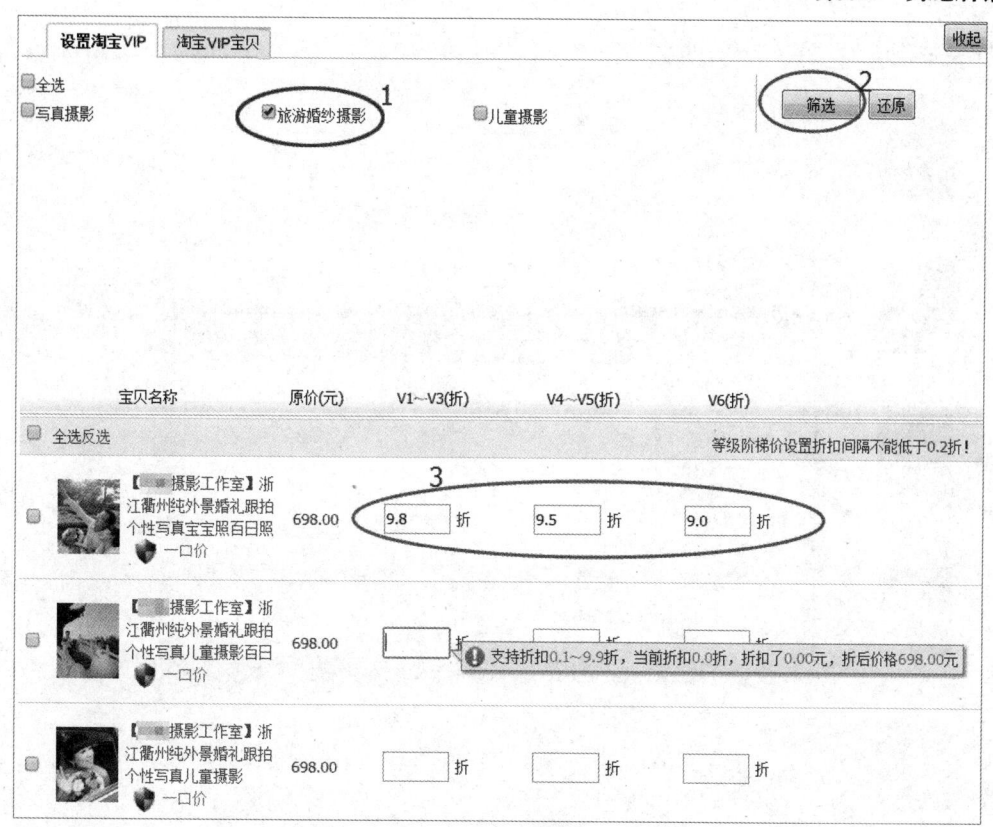

图 3-86 设置不同会员的折扣

设置好折扣后，点击"参加..."，显示"成功提交 5 条"，如图 3-87 和图 3-88 所示。

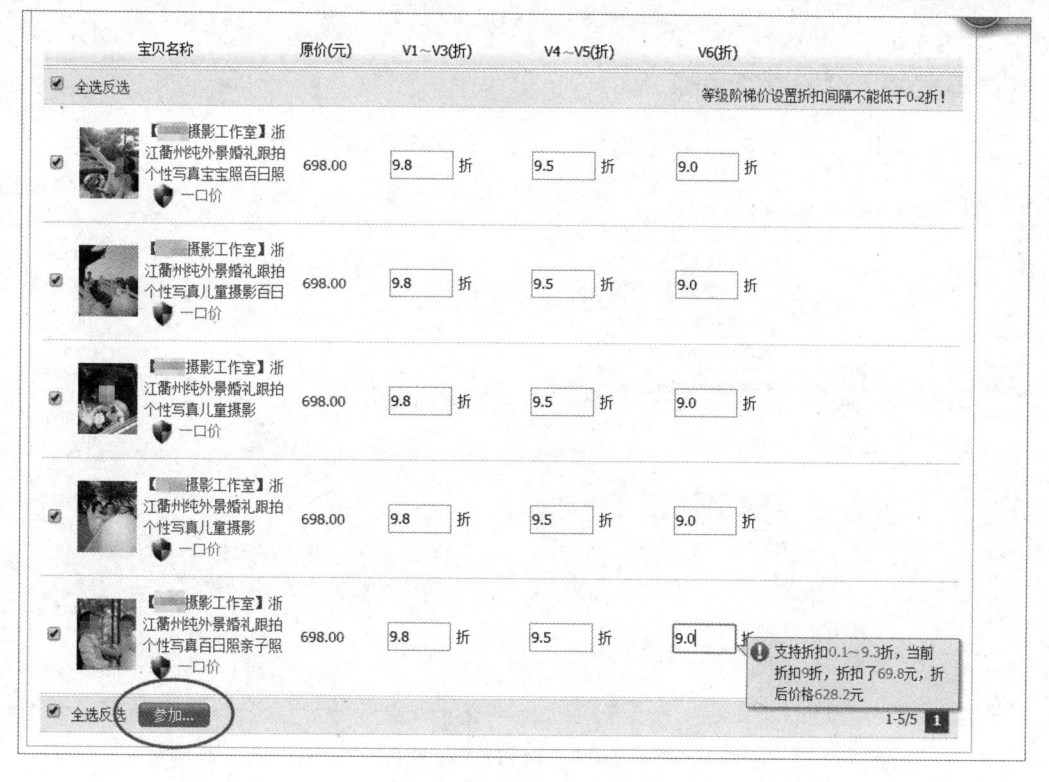

图 3-87 设置完成页面

图 3-88　成功提交页面

3）取消淘宝 VIP 价的操作步骤

在卖家中心点击"出售中的宝贝"，勾选要设置 VIP 的宝贝，点击"设置淘宝 VIP"，如图 3-89 所示。

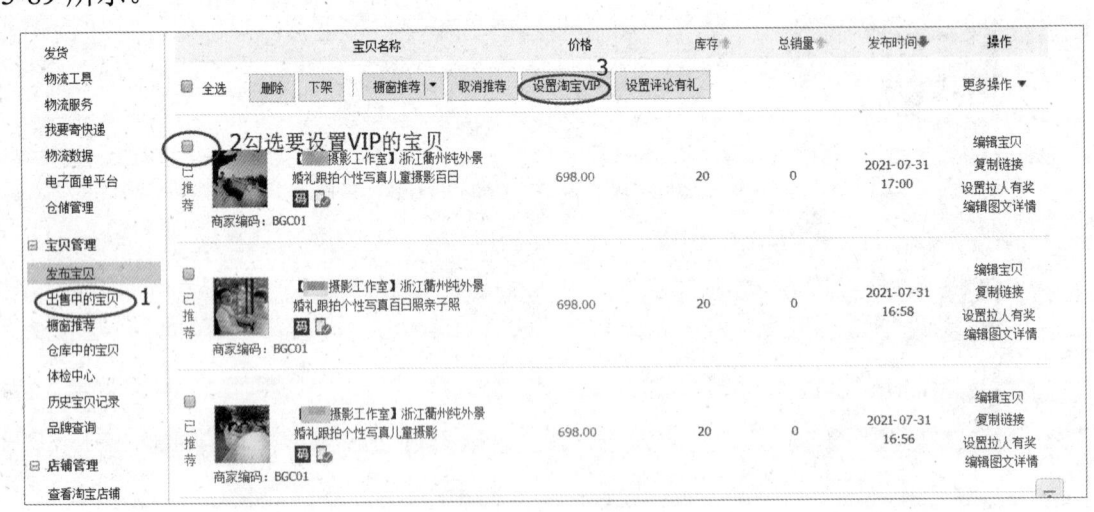

图 3-89　设置淘宝 VIP

进入新的页面，点击"淘宝 VIP 宝贝"，如图 3-90 所示。

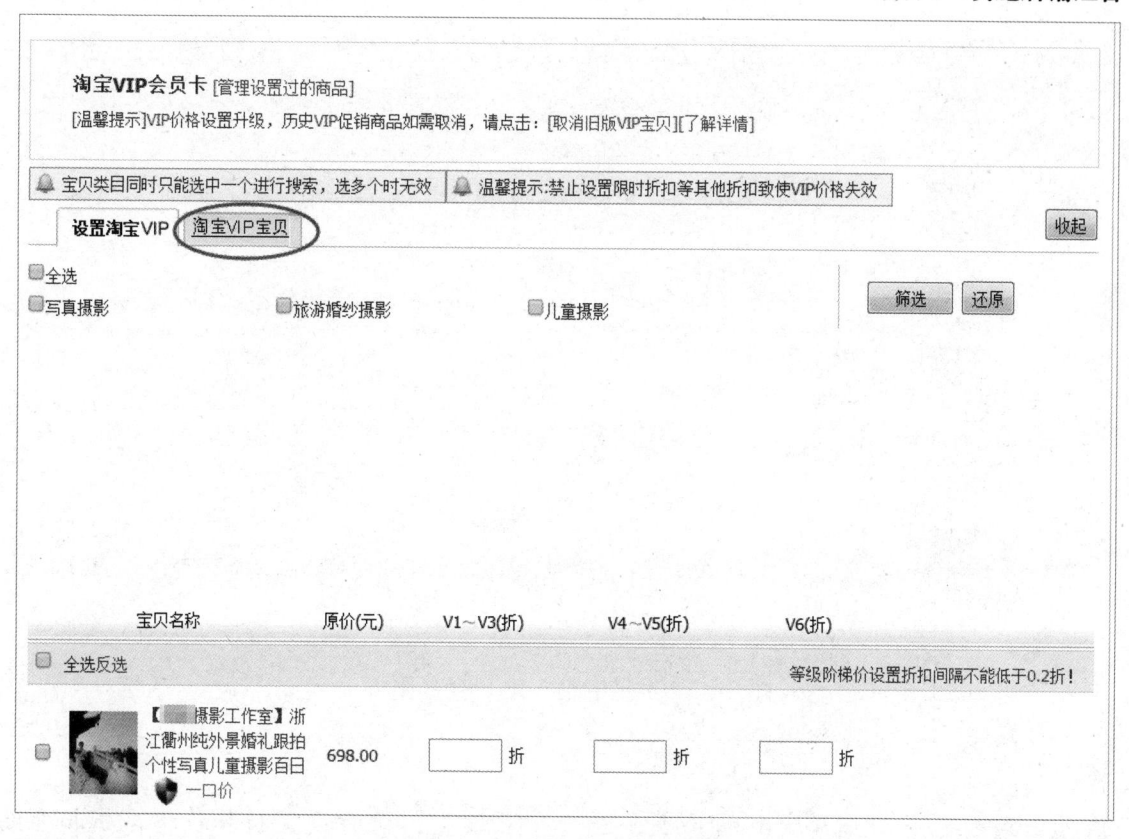

图 3-90 查看淘宝 VIP 宝贝页面

进入新的页面，点击"取消"即可取消一件商品的 VIP 价，如图 3-91 所示。

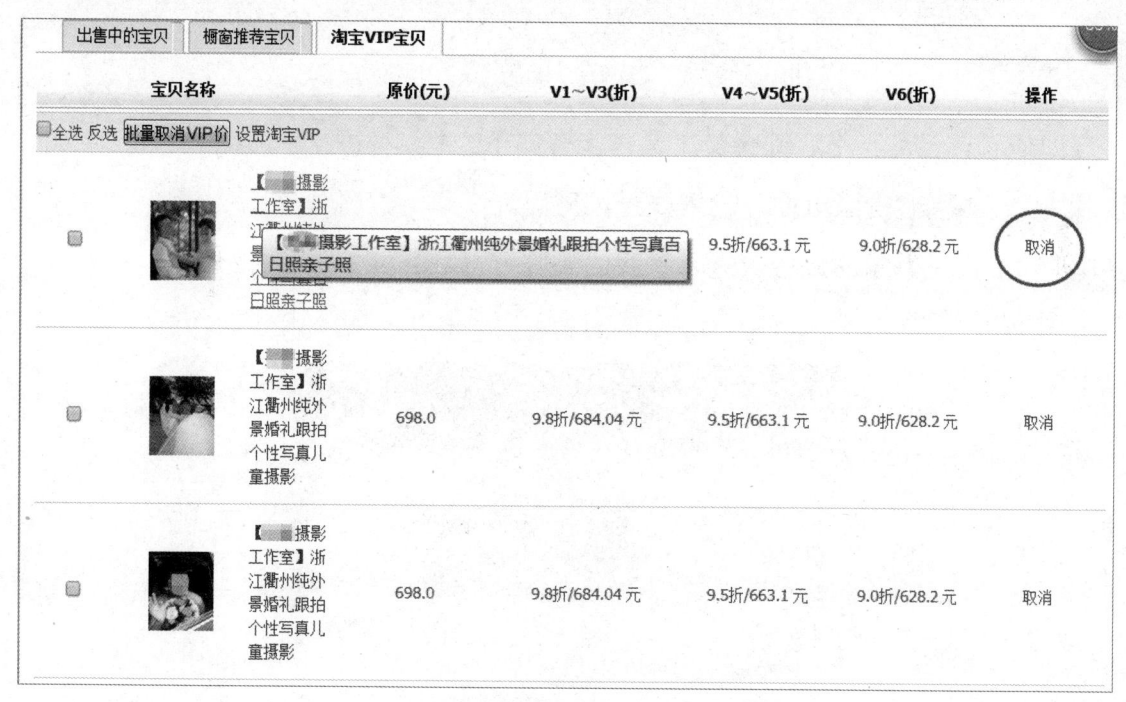

图 3-91 取消商品的淘宝 VIP 价格操作页面

要一次性取消多个 VIP 价，可以勾选多个要取消 VIP 价的商品（如果全部取消，则勾选"全选"），点击"批量取消 VIP 价"即可，如图 3-92 所示。

电子商务实战教程

		宝贝名称	原价(元)	V1~V3(折)	V4~V5(折)	V6(折)	操作
☑全选 反选 批量取消VIP价 设置淘宝VIP							
☑		【■■摄影工作室】浙江衢州纯外景婚礼跟拍个性写真百日照亲子照	698.0	9.8折/684.04元	9.5折/663.1元	9.0折/628.2元	取消
☑		【■■摄影工作室】浙江衢州纯外景婚礼跟拍个性写真儿童摄影	698.0	9.8折/684.04元	9.5折/663.1元	9.0折/628.2元	取消
☑		【■■摄影工作室】浙江衢州纯外景婚礼跟拍个性写真儿童摄影	698.0	9.8折/684.04元	9.5折/663.1元	9.0折/628.2元	取消

图 3-92　批量取消 VIP 价操作页面

试一试

请你针对自己的店铺和商品的特点，进行 VIP 设置，同时设置折扣价格。折扣要结合实际情况进行设置。

拓展学习

客户如何看自己是不是店铺会员？具体步骤如下。

步骤 1，进入淘宝登录页面，输入账号、密码。

步骤 2，点击左上角的账号，进入"我的淘宝"，如图 3-93 所示。

图 3-93　进入我的淘宝

步骤 3，点击"全部功能"，找到"我的优惠信息"并点击，如图 3-94 所示。

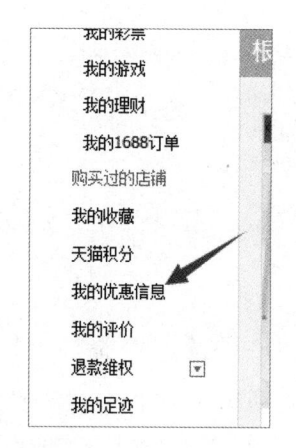

图 3-94 我的优惠信息

步骤 4，如果电脑端该页面已经下线，则将呈现如图 3-95 所示的内容。

图 3-95 页面下线

步骤 5，打开手机淘宝 App，点击"我的淘宝"—"红包卡券"，查看会员级别及折扣，如图 3-96 所示。

图 3-96 查看会员级别及折扣

活动2　学会店铺优惠方式的设置

做中学

- 打开百度搜索页，输入关键词"淘宝店铺内促销手段"进行搜索，记录搜索结果，并在小组内进行分享。
- 利用查询到的资料，结合你的店铺情况，整理出你认为合适的店铺促销方式，并在小组内进行讨论，之后选出代表在班内进行分享。

必备知识

淘宝店铺的具体促销策略可从店铺内、外两个方面入手。在店铺内进行的促销以免邮费、打折、赠品促销这几种方式为主，同时，由于网络购物和网店的特殊性，不能忽略其特有的网店信用管理。在店铺外进行的促销主要采取"三管齐下"的方式来保障搜索结果的排位，即和竞争店铺销售联盟，在淘宝社区和论坛发帖、回帖，有效利用广告推荐位和淘宝旺旺等。针对淘宝店铺的特点，店铺内部的促销策略着重考虑销售促进和信用管理两种方式。

1．销售促进

店铺内部的销售促进手段以免邮费、打折、赠品促销为主，其余方式为辅。

1）免邮费

网络购物的邮费问题一直是客户关注的焦点，邮费会影响到客户对于网购价格优惠的感知。当前，普通快递的费用适中，送货周期为3~5天；特快专递的速度快，但价格较高。商家可以根据客户所购买商品的数量来相应地减免邮费，让客户感受到实惠，尤其免邮费，让客户觉得就像在家门口买东西一样——不用附加任何其他的费用。

2）打折

由于打折促销直接让利于客户，让客户非常直接地感受到了实惠，因此是目前最常用的一种阶段性促销方式。

打折主要采取以下两种方式。

（1）不定期折扣。在重要的节日，如春节、中秋节等，推出8~9折优惠活动，因为在节日期间人们往往更具有购买潜力和购买冲动。商家应选择商品价格调节空间较大的商品参加活动，而不是全部参加。这种方式的优点是符合节日需求，会吸引更多的人前来购买，虽然打折后有可能造成利润下降，但销量会提高，总的销售收入不会减少，同时增加了店内的人气，拥有了更多的客户，对以后的销售也会起到带动作用。

（2）变相折扣。如采取捆绑式销售，以礼盒的方式在节假日销售，这种方式的优点是符合节日气氛，更加人性化。

3）赠品促销

赠品促销的关键在于对赠品的选择，一个合适的赠品会对销售起到积极的促进作用，而不合适的赠品只能使成本增加，利润减少，客户不满意。

选择合适的赠品应注意如下几点。

（1）不要选择次品、劣质品，这样做只会适得其反，影响店铺的信用度。

（2）选择合适的能够吸引客户的赠品，如赠送试用装或小样，或者赠送无形的东西——服务。

（3）注意赠品的预算。赠品要在能接受的预算内，不可因过度赠送赠品而造成成本增加。

4）会员、积分

凡在店铺购买过商品的客户，都能成为店铺的会员。会员不仅可以享受购物优惠，还可以累计积分，用积分免费兑换商品。天猫会员积分页面如图 3-97 所示。此方式的优点是可吸引客户再次来店购买，以及介绍新客户来店购买，不仅可以巩固老顾客，使其得到更多的优惠，还可以发掘潜在客户。

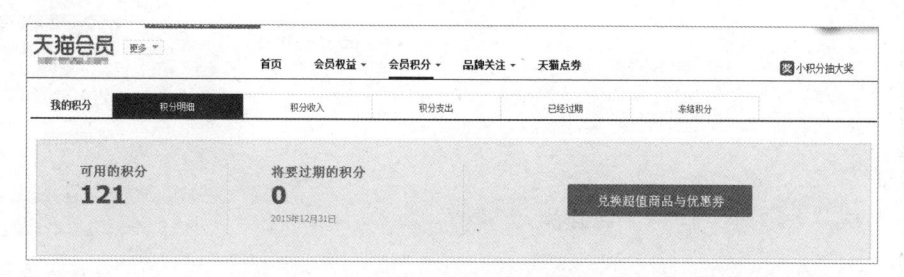

图 3-97 天猫会员积分页

5）红包、优惠卡券

红包是淘宝网专用的一种促销道具。商家可以根据各自店铺的不同情况灵活制定红包的赠送规则和使用规则，通过此种手段可增加店内的人气。由于红包有使用时限，因此可促进客户在短期内再次购买，从而有效提升销量。

优惠卡券有使用条件和使用时限，其作用与红包类似。优惠卡券如图 3-98 所示。

图 3-98 优惠卡券

6）其他促销活动

商家应积极参与淘宝网举办的各种促销活动。促销活动页面和活动报名页面如图 3-99 和图 3-100 所示。

图 3-99　各种促销活动页面

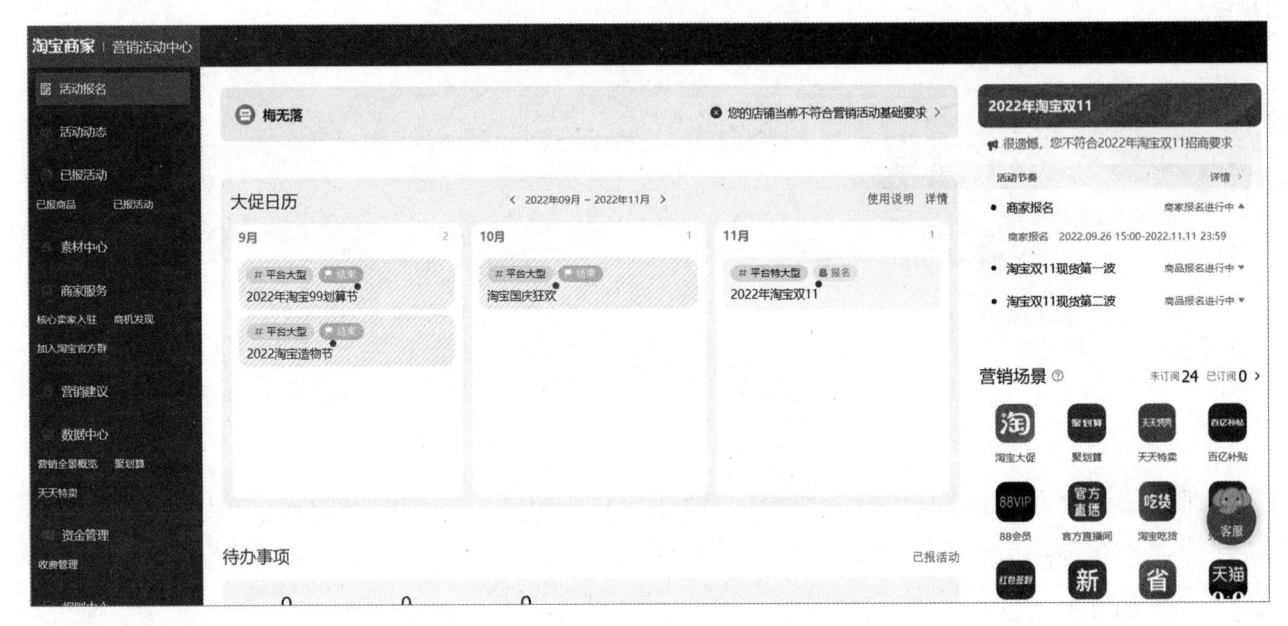

图 3-100　活动报名页面

2. 信用管理

信用评价是会员在淘宝网交易成功后，在评价有效期内（成交后 3～45 天），就该笔交易互相做评价的一种行为。评价分为"好评""中评""差评"，不同的评价对应不同的信用积分，具体为"好评"加 1 分，"中评"不加分，"差评"扣 1 分。买家收到商品后可以进行拍照，并将照片发表在评论中，还可以在使用商品一段时间后再对商品进行追加评论。买家评价页面如图 3-101 所示。

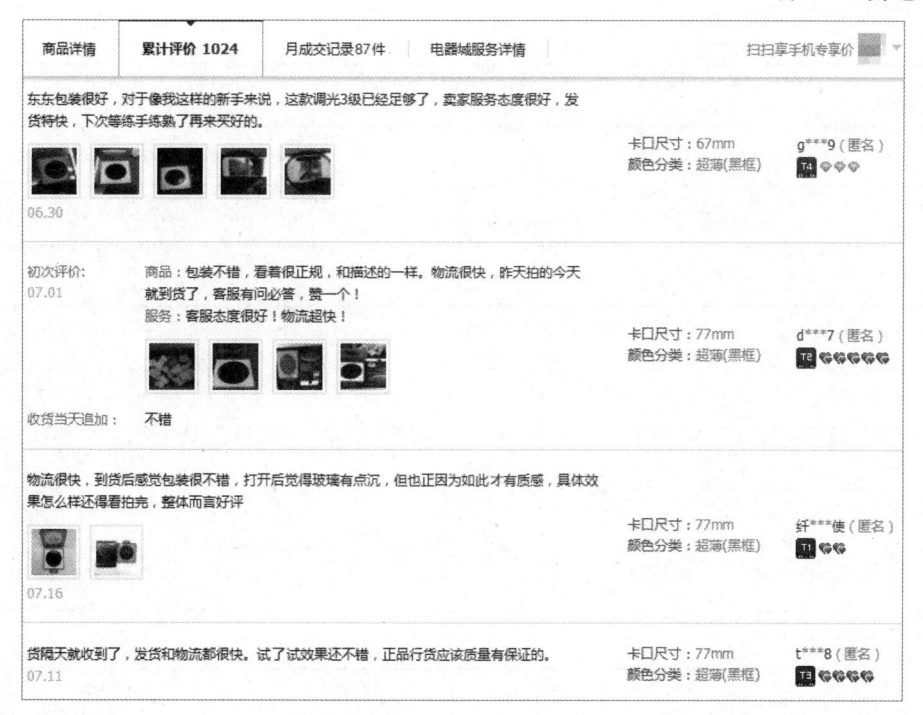

图 3-101　买家评价页面

据调查，一方面，网店的信用级别会对买家的购买决策产生影响；另一方面，买家在交易后会对卖家所给的信用评价表示关注。由此看来，卖家一方面要诚信经营，提升自己店铺的信用度和信用级别；另一方面，要把握好这个宣传机会，在每次交易后，不仅要对买家进行三级别评判，还要在评价留言栏留下店铺的相关信息，如"我们将在下周进行全场商品九折活动，欢迎再次光临"。这样一来，评价留言栏就成了一个促销信息的发布专区，合理地利用了网络资源。

想一想

假如你新开了一家淘宝店铺，你准备如何运营？你想通过什么样的促销手段来达到你的营销目的？

拓展学习

- 利用网络搜索淘宝促销活动的报名条件和规则，并思考如下问题。

（1）店铺红包的设置规则是什么？

（2）创建天天特价店铺活动的操作流程是什么？

（3）聚划算的报名条件是什么？

- 小组讨论：你的店铺可以参加什么活动？你准备怎么做？将讨论结果记录下来，并选出小组代表在班内分享。

活动 1：_____

规则：_____

_____

_____。

活动 2：_____

规则：_____

_____

_____。

活动 3：_____

规则：_____

_____

_____。

> *老师点评*
>
>

活动 3　技能训练：淘宝店铺促销设置操作

我们应根据自己店铺的实际情况，选择合适的促销方式，具体操作如下。

1．创建店铺红包

步骤 1，打开"千牛卖家中心"，点击"营销中心"下的"店铺营销工具"，如图 3-102 所示。

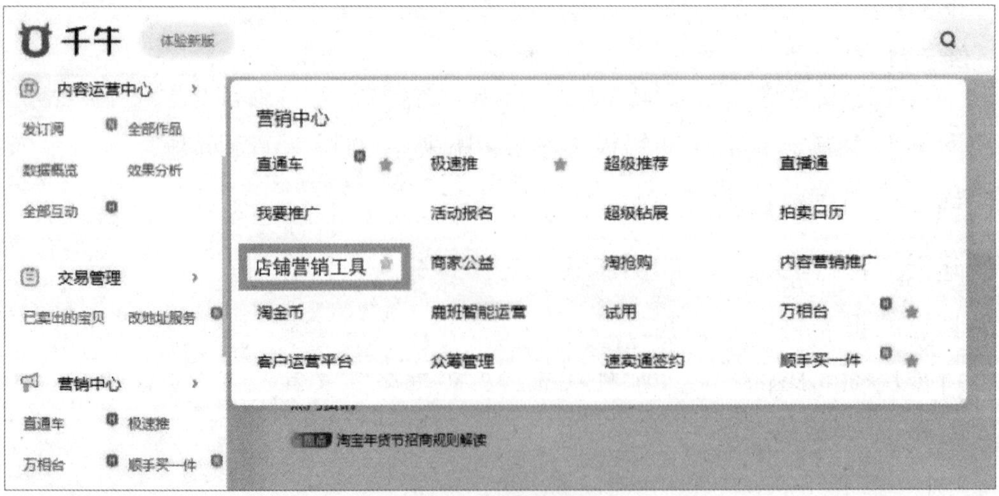

图 3-102　店铺营销工具

步骤2，点击"权益采买"—"权益管理"，如图3-103所示。

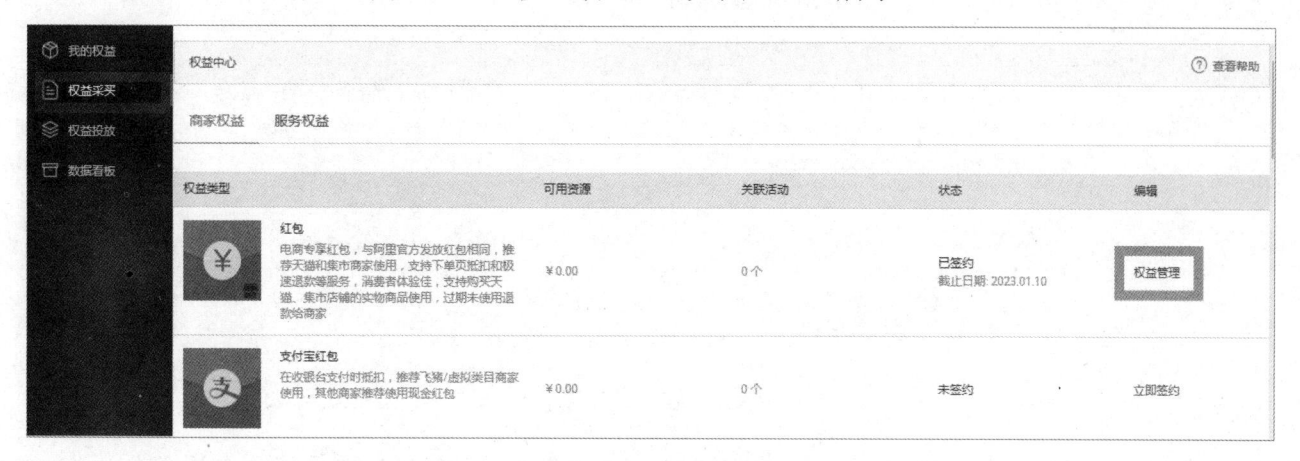

图 3-103　创建活动

步骤3，进入新的页面，点击"创建红包模块"，如图3-104所示。

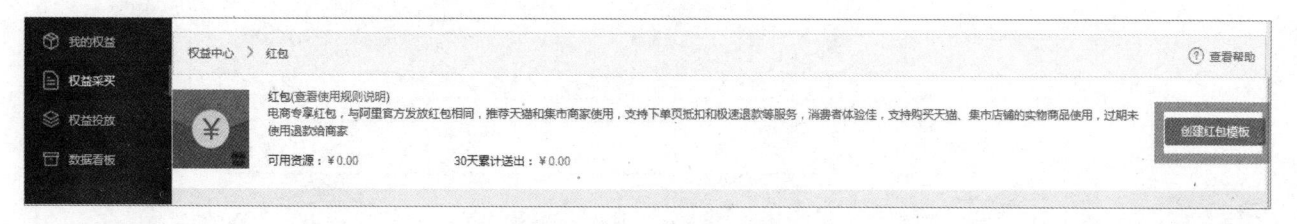

图 3-104　创建红包模板

步骤4，填写红包模板，如图3-105所示。

图 3-105　填写红包模板

步骤5，确认无误后，点击"确定"，如图3-106所示。

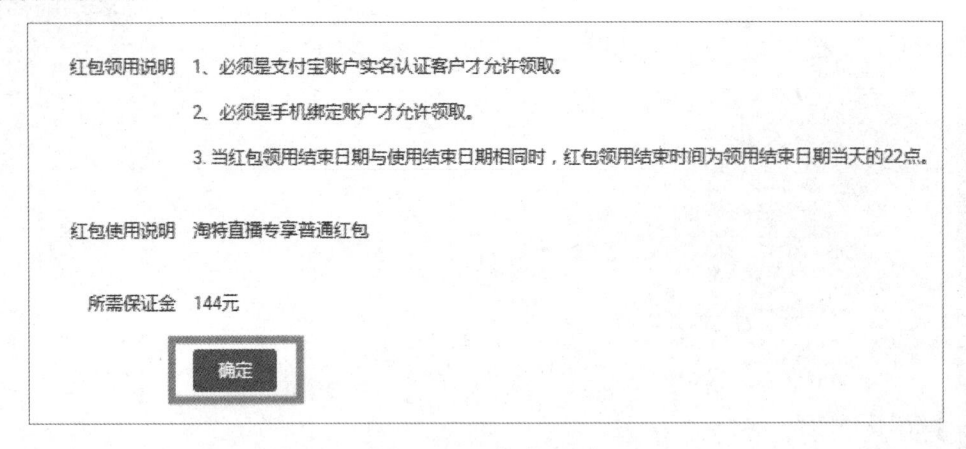

图 3-106　保存设置

步骤 6，输入支付宝支付密码，点击"确认付款"，如图 3-107 所示，发布活动。

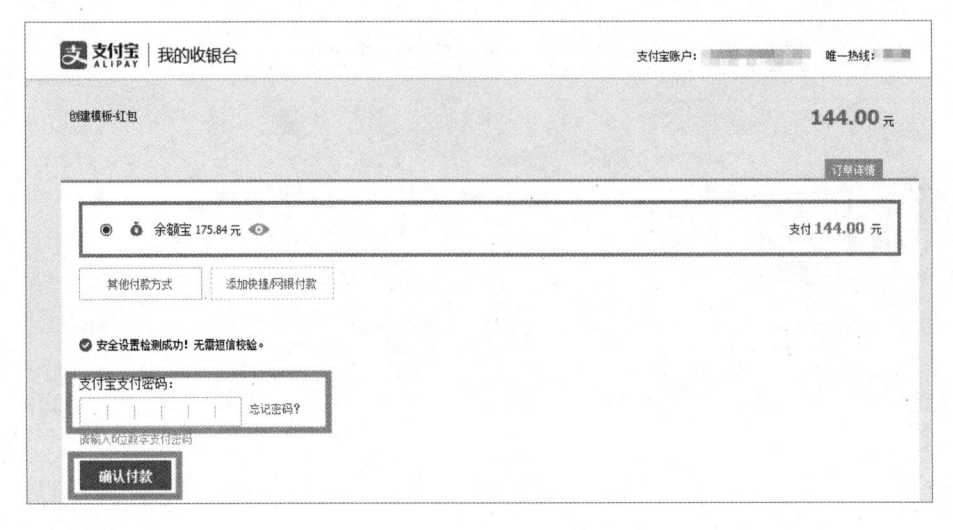

图 3-107　确认付款

2. 创建"天天特价"活动

请将创建"天天特价"活动的操作流程用绘制流程图的方式记录下来。

老师点评

项　目　小　结

从 2003 年至今，电子商务的客户群体对于网络购物的体验要求越来越高，行业内的竞争也越来越激烈。针对订单转化率、吸引流量和转化流量，店铺非常重要的工作就是用视觉手段去展示商品、吸引客户。因此，视觉设计的重要性不言而喻。

通过对本项目的学习，我们了解到常用的店铺装修工具。如果对电脑操作比较熟练，则可以选择两种工具搭配着进行店铺装修。熟练使用店铺装修工具可以让店铺美观，从而达到吸引客户并留住客户的目的。当然，为了节省在装修上所花的时间，我们可以在网上下载别人已经设计好的促销代码，只需要复制、粘贴到店铺中即可。如果对网页制作比较熟练，我们还可以对代码进行适当的修改，让其更好地与自己的店铺融合在一起。

通过学习不同的商品拍摄技巧，我们能根据自己商品的特点拍摄出比较美观的图片。掌握了拍摄技巧，就能拍出好的商品图片，如果前期的拍摄工作做得好，后期的图片处理工作就要简单很多。对于前期拍摄的商品图片，后期我们可以用光影魔术手来完成基本的处理，并完成商品上架。通过学习，我们能够熟悉商品上架的操作流程，以及商品上架时的注意事项。

前面所做的一切都是为了吸引客户，那么，要留住客户就要学会进行店铺促销活动。通过对本项目的学习，我们学会了设置店铺会员等级，以及设置店铺的优惠方式，让客户在店铺中享受到贴心的服务与实惠，从而留住客户，实现流量转化。

项目 4
开展店铺营销推广

学习目标

通过学习本项目，你应该能够：

（1）熟悉站内推广的主要方式；

（2）掌握站外推广的主要方式；

（3）撰写推广方案；

（4）了解淘词的相关知识，并能达到遴选的技能要求；

（5）熟悉商品上、下架时间的合理设置；

（6）能进行直通车的操作；

（7）具有网店推广策划的能力。

风帆，不挂在桅杆上，就是一块无用的布；桅杆，不挂上风帆，就是一根平常的柱；理想，不付诸行动，就是虚无缥缈的雾；行动，而没有理想，就是徒走没有尽头的路。成功的门往往虚掩着，只要你勇敢地去推，它就会豁然敞开。如今，仅在网上开店，却不去推广自己的网店，往往很难有好的销量。生意之所以能好起来，推广无疑是最为关键的一个步骤。

现在开淘宝店铺的越来越多，很多店铺已经埋没在店群当中，无论如何都没有流量，更别谈转化率了，可见，开网店已经没有以前那么简单了。刚开始的时候，没多少开网店的，只要宝贝名称取得好，自然排名就会很好。如今，竞争非常激烈，如何让自己的网店不被埋没？如何让自己的宝贝呈现在消费者的眼前？在竞争越来越激烈的今天，面对各式媒介载体，商家要清楚自己的网店的定位，在进行传统推广的同时，选择合适的网络推广方式可以将自己的网店轻而易举地推到消费者面前，销售额也会轻松攀升。

任务1　认识网店营销推广

问题引入

在淘宝开店的步骤很简单，在淘宝卖货的流程更简单，但是能把商品卖出去就不那么简单了，不懂网络营销的商家可能要吃亏。叶飞通过前期的努力，网店已有模有样，那么他接下来应该怎么进行推广呢？网店营销推广有哪些方式呢？

_____

_____

你知道吗？

随着中国电子商务的生根发芽，越来越多的人加入其中。中国十几亿的人口带动着电子商务的迅猛发展，如今，这个行业的人越来越多，团队和团队的竞争日益激烈，所以每个团队的负责人都思考着如何获得更多的利润。某位企业家说过："只有成为'狼'，中国企业和企业家才能在全球化进程中与'狼'共舞，如果站在羊的位置，结果只有被吃掉。"如果能把这句话铭记于心，那么大多能把网店经营得很好，而经营好网店的核心就是推广——只有做好推广才能给竞争对手当头一棒。

如果想要你的商品有充足的曝光率，就要先让你的商品"浮出水面"。宣传，让大家知道你的商品，而且信任你，这样大家才会买你的商品，你的店才会有生意。好商品是基础，而长期有效的推广则是店铺存活和销量提高的保障。

不同个性的人喜欢不同的推广方式，但是推广到底有没有用，要用事实来证明。

活动1　熟悉站内推广的主要方式

做中学

以小组为单位，利用网络搜索站内推广的主要方式，结合自己网店的实际情况和想要达到的效果，选择几种站内推广方式，将结果填入表4-1中，并推选代表进行课内分享。

表4-1　站内推广方式选择情况记录表

推 广 方 式	相 关 描 述	选 择 理 由

请依据表 4-1，进行网店推广的相关操作，结合必备知识掌握站内推广的主要方式。

必备知识

21 世纪，电商崛起，人们纷纷加入淘宝创业的队伍中，然而，蛋糕就那么大，怎样才能从中分得多一点？这是一个难题。何为推广？简单来讲就是提高曝光率，让更多的人看到并购买产品。淘宝推广的渠道可分为两种：站内推广和站外推广。

淘宝站内的营销推广目的主要是吸引客户、提高浏览量及增加回头客，目前我们可以采用的推广方式主要有如下几种。

1. 友情链接

友情链接是指互相在自己的网店放对方网店的链接。新手基本上很难和钻石卖家链接上，所以建议选择发展潜力大的、用心经营的新手网店做链接，共同进步。但要注意的是，如果你的网店链接在别人店里的位置比较靠下，甚至比留言栏还要靠下，那么对你的网店的宣传效果会大打折扣，因为很少有人会把页面拉到最下面。

2. 利用店铺留言

在自己的店铺里是可以随便留言的，我们在这里可以写商品的优势及促销信息。这样，客户到店里就有可能看到这些信息，提高购买的概率。当然，我们还可以去他人的店铺留言，选择一些浏览量大的钻石店铺留言，但切记不能直接推荐自己的商品，可以先夸一下别人的商品，再切入正题，如"我的小店也有新上架的商品，欢迎来看看"。语气要含蓄，太直接会让人反感，甚至被删。

3. 在论坛发精华帖与回帖

宣传淘宝店铺的最佳阵地就是论坛了，人气最旺的就是"经验畅谈居"。精华帖不但能赚到银币，还能成倍增加店铺的浏览量。

4. 群发旺旺好友

群发给已加为好友的客户，毕竟这些客户都是购买过或咨询过的。群发可分为两种：一种是组群发，即一次性给一个组中的所有联系人发送即时消息；另一种是联系人群发，即一次性给选中的联系人发送即时消息。

5. 直通车

直通车是为淘宝卖家量身定制的，按点击付费的效果营销工具，可实现精准推广。这种以点带面的关联效应可以降低推广的成本和增强整店的关联营销效果。同时，直通车还给用户提供了淘宝首页热卖单品活动和各个频道的热卖单品活动，以及不定期的淘宝各类资源整合的直通车用户专享活动。这对于很多小卖家而言是一种较为"奢侈"的方式，但对于能出得起竞价词价格的卖家来说还是很实用的。

6. 淘宝客

淘宝客是以实际的交易完成（买家确认收货）为计费依据的，支持按单个商品或单个店铺的推广形式，可以针对某个商品或店铺设定推广佣金。佣金可以在5%～50%的设置范围内任意调整，较高的佣金将会迎来更多推广者的青睐。具体佣金费用的扣除是在每笔交易结束后，根据相应的佣金设置从交易额中扣除。

7. 开通淘宝旺铺

据淘宝网两个月的数据跟踪分析：使用旺铺功能的卖家，店铺商品的平均浏览量相比全网卖家提升巨大。旺铺使店铺更加专业、漂亮，配合侧栏功能，提升了商品被访问的概率，增加了客户在店铺内的停留时间，浏览更多的商品，从而提升店铺的销量。

8. 店铺红包

多发红包，给客户真正的实惠（吸引客户比赚钱更重要），对稳定老客户很有帮助；将红包发到红包频道也会有很多新客户领取，可以吸引新客户。

9. 开展店内促销活动

提前一周在店铺公告栏内、签名档及店铺留言栏等可以进行宣传的地方通知客户，一般选一两件产品进行促销，旨在将客户吸引到店铺里来。为了配合活动，要换上新的签名档，以介绍活动，还要去论坛给周围的朋友发布这个"好消息"——充分利用每个可利用的资源来宣传店铺。

10. 利用评价管理

评价管理包括卖家对买家进行评价和买家对卖家进行评价。卖家在对买家进行评价时，可以适当打一下小广告，从而起到一定的宣传作用。在买家对卖家进行评价以后，卖家可以充分利用解释的地方做宣传，并不是只有中评、差评的时候才需要解释，收到好评时更应该好好利用这个机会进行宣传，因为许多买家在买之前都会看一下评价。

11. 超级卖霸

超级卖霸是淘宝网根据不同价值的推广资源，针对不同类型的推广需求，制定不同的主题活动，以促进卖家所参与活动的商品的推广与销售的服务。

12. 淘代码

淘代码推广是一种全新的线下媒体推广方式，协助卖家将自己的商品推广到报刊、电视等媒体上。淘代码推广渠道覆盖了更广泛的线下购买人群，是卖家进行品牌推广的新途径。

13. 钻石展位

钻石展位是专为有更高信息发布需求的卖家量身定制的产品，精选了淘宝网最优质的展示位置，通过竞价排序，按照展现计费，性价比高，更适于店铺、品牌的推广。

14. 淘宝试用中心

淘宝试用中心是全国最大的免费试用中心,是专业的试客分享平台。该平台较适合引流,能引进大量的流量,但在活动期间会将整个店铺的转化率拉低。

> **想一想**
>
> 前述站内推广方式你都了解了吗?在实际操作中你还欠缺什么?除了这些站内推广方式,你还知道哪些?

拓展学习

小组合作,掌握站内推广方式的应用方法。

- 站内推广方式分为免费推广和付费推广两种,请根据自己的理解将它们分别列出来。

  免费推广:_____
  _____。

  付费推广:_____
  _____。

- 小组讨论:选择 5 种站内推广方式,通过实际操作与上网查找等方式,写出它们的操作流程,并推选代表进行课内分享。

  方式 1:_____。操作流程:_____
  _____。

  方式 2:_____。操作流程:_____
  _____。

  方式 3:_____。操作流程:_____
  _____。

  方式 4:_____。操作流程:_____
  _____。

  方式 5:_____。操作流程:_____
  _____。

活动 2 掌握站外推广的主要方式

做中学

以小组为单位,利用网络搜索站外推广的主要方式,结合自己网店的实际情况和想要达到的效果，选择几种站外推广方式，将结果填入表 4-2 中，并推选代表进行课内分享。

表 4-2 站外推广方式选择情况记录表

推 广 方 式	相 关 描 述	选 择 理 由

请依据表 4-2，进行网店推广的相关操作，结合必备知识掌握站外推广的主要方式。

必备知识

1. 搜索引擎提交

搜索引擎是进行信息检索和查询的专门网站，是许多网友查询网上信息和在网上冲浪的第一去处，而在搜索引擎中提交店铺信息是推广和宣传店铺的首选方法。提交店铺信息的搜索引擎数目越多，店铺被访问的可能性就越大。

2. 网站问答类推广

很多网站都有问答板块，如百度知道、搜搜问答等，商家可去这类网站注册，搜索与自家产品相关的问题进行回答，多回答一些问题，尽量给出详细的解答，争取被选为最优答案，从而积累积分和等级。建议一开始不要直接做广告，也不要放联系方式，等达到一定级别之后再放联系方式或链接上去，这样不容易被封号。如果等级比较高，被选为最优答案的比较多，且答案专业，就比较容易获得客户的信任。

3. 其他平台引流

除了阿里平台，还有不少 B2B、B2C 平台可以发布免费信息，商家可以去这些平台注册，免费发布产品信息，留下联系方式，引流到自己的网店。不过，发布免费信息有一点不好，就是排名不容易做上去，而排名靠后，自己的产品就不容易被客户找到，推广的效果就会大打折扣。

4. 病毒式推广

病毒式推广有着天生的优势，一个信息一个爆点，很快就能在网络上快速、疯狂地传播开，是低成本、高爆发性的最佳营销手段。所以，越来越多的人想通过病毒式营销达到推广的目的。但是，天下没有免费的午餐。

要想将病毒式推广做成功，需要具备三大条件：超级话题、人机互动和人人互动。这也是互联网病毒式传播的三大要素。

拿近年最火的病毒式营销事件来说，如除夕微信红包收发总量达 10.1 亿次，春晚微信摇一摇互动总量达 110 亿次。春晚摇一摇互动出现峰值（每分钟 8.1 亿次）可以说是非常厉害的病毒营销大事件。微信借助央视春晚的影响力，加上红包的诱惑，成功创造了令人瞩目的病毒营销大事件，几乎每个有手机的中国人，乃至世界上有微信的人，都有机会参与其中。

> **想一想**
>
> 就微信红包事件谈一谈三大要素：该事件最符合"超级话题"的切入点是什么？人机互动指的是什么？人人互动的条件又是什么？

5. EDM 推广

EDM 是 E-mail Direct Marketing 的缩写，即电子邮件营销，简称邮件营销。EDM 推广是利用电子邮件与客户进行商业交流的一种直销方式，广泛应用于网络营销领域。EDM 软件有多种用途，可以发送电子广告、产品信息、销售信息、市场调查、市场推广活动信息等。

6. 软文推广

软文的精妙之处就在于一个"软"字，好似绵里藏针，克敌于无形。等你发现这是一篇软文的时候，你已经冷不丁地掉入了被精心设计过的"软文广告陷阱"。软文推广追求的是一种春风化雨、润物无声的传播效果。相对于硬广告，软文推广就是以柔克刚的拳法。

软硬兼施、内外兼修才是最有力的营销手段。

【案例 4-1】

从脑白金学习软文的创作形式

脑白金的营销手段在网上流传得很多。今天我们就从软文写作的角度，结合脑白金的软文案例，和大家谈谈软文惯用的且行之有效的几种形式。

新闻式

什么样的软文是好的软文？让读者感兴趣，润物无声，同时将所要传达的信息传达给读者的软文当属最佳软文；在诸多形式的软文中，最隐蔽、最有效的软文当属新闻式软文。软文类似新闻的撰写手法，读者在读完后感觉就像看了一则新闻，但是对其中宣传的产品、促销活动已经有了深入的了解。

在脑白金早期的诸多宣传软文中，传播效果最好的软文当属《南京出现"*国疯狂"的征兆》，从软文的标题中我们就可以看出这是一篇很有新闻性的软文，"出现""征兆"这些词语充满了新鲜性，诱导着人们去了解*国疯狂什么、南京出现的疯狂征兆是什么。而在正文中，作者以导语、背景、正文、结尾等新闻体的形式对*国人抢购脑白金，南京出现抢购脑白金的征兆进行了介绍，引发消费者对脑白金的关注。

悬念式

相声中有个绝活儿叫"抖包袱",就是把关键词的一个点先说出来,然后层层铺垫,慢慢解开,越解开就越有料,也就越吸引人。这点同样适用于软文创作。我们把这种形式的软文称为悬念式软文,悬念式软文设计的问题必须有吸引力,否则将不能引发读者的关注。

在脑白金早期的宣传软文中,传播效果第二好的软文就是采用悬念式创作的,标题为"南京睡得香,沈阳咋办?",也称"*国睡得香,中国咋办?"。看到标题,我们就想知道*国为什么睡得香,中国又将会怎么办。在软文的开头,作者并没有直接解释*国为什么睡得香,而是欲扬先抑,先说"自1995年开始,*国人疯了!自1996年开始,日本人疯了",他们疯了的原因是抢购一种叫脑白金的产品,进而解释脑白金有助睡眠,同时表达了对中国这么多失眠患者的担忧,引导有失眠症状的读者对产品的关注。

故事式或科普式

小时候,我们喜欢听爸爸妈妈讲故事;等长大一点,识字了,我们开始自己看故事,故事也成为人们接受知识的一种方式。故事因具有知识性、趣味性、情节性而受到读者的喜欢,在软文的创作中,我们可以尝试以故事的形式来撰写软文。

在保健品行业中,创作者们喜欢将故事式软文改成深受大家喜欢的科普式软文——通过说明一个道理,引发读者对道理背后产品的关注。脑白金早期宣传软文中效果第三好的当属《人不睡觉只能活五天》《一天不大便 = 吸三包香烟》,两篇文章分别从"失眠""便秘"两个角度进行专业知识的科普,进而引出脑白金产品的功效。

情感式

中国人是比较重感情的,软文创作同样可以走情感路线,打情感牌,创作情感式的软文。情感式的软文由于信息传递量大、针对性强,可以使人心灵相通,容易打动人,进而走进消费者的内心,因此"情感营销"软文在保健品、医疗美容等行业特别受欢迎,也是特别有成效的一种软文形式。

翻看脑白金前期的宣传软文,我们发现走情感路线的软文还真不少,如《女性大苦恼》等软文都是通过对40岁女性身材开始走形、皮肤变得粗糙导致生理和心理出现变化等常见烦恼的描写,引发40岁左右女性读者对软文的关注,进而对产品产生认同感。

促销式

促销式软文是各行各业都喜欢用的软文形式。促销式软文较常见的一个原因是这种形式的软文比较好写,基本上接近"硬广"的形式;另一个原因是对于有购买需求的读者来说,这种通过价格、促销等方式的刺激,更能促进成交。

在脑白金早期的宣传中,一般都是在前面大量的新闻式软文、悬念式软文、科普式软文、情感式软文之后推出促销式软文,给消费者临门一脚的感觉,从而促进产品的销售,如《广州出现"脑白金热潮"的征兆》就属于促销式软文,通过广州市民争相抢购脑白金促使消费者产生购买欲。

案例思考

脑白金的成功推广给了你什么启示？你了解什么是软文了吗？软文的种类有几种？你能给你的店铺写一篇软文吗？

7. 论坛推广

商家利用论坛这种网络交流平台，通过文字、图片、视频等方式发布产品和服务的信息，从而让目标客户更加深刻地了解产品和服务，最终达到宣传品牌、提高市场认知度等目的的网络营销活动就是论坛推广。在论坛上所发的帖子需要具有一定的吸引力，且能引起大家的共鸣。由于现在论坛管理严格，所发的帖子应合法、合规。

8. 博客推广

商家利用博客这种网络应用平台，通过博文等形式进行宣传展示，从而达到提升品牌知名度、促进产品销售等目的的活动，就是博客推广。由于博客推广易于操作、费用低，而且针对性强、细分程度高，因此越来越受到营销推广人士的喜爱。

9. QQ 推广

（1）QQ 空间推广。

做 QQ 空间推广，商家必须让潜在客户了解广告信息，最好把广告信息写成一篇文章。文章标题尤其要有吸引力，文章里一定要留下详细的联系方式，并且可以插入产品图片，同时在每篇文章的结尾做一个超级链接。当然，商家还可以利用 QQ 签名和相册功能进行推广。

（2）QQ 群推广。

QQ 群推广是网络推广中的一种免费推广方式。QQ 群推广就是利用 QQ 群向用户推广某项产品或服务，从而达到一定的商业目的。

想一想

前述站外推广方式你都了解了吗？在实际操作中你还欠缺什么？除了这些站外推广方式，你还知道哪些？

拓展学习

- 通过自己理解与上网搜索，比较站内推广与站外推广的异同点与优缺点，汇总后填写至横线处。

（1）两类推广方式在概念上的异同：_____

_____

_____。

（2）两类推广方式在效果上的异同：_____

_____

_____。

（3）你觉得怎样推广效果最佳？

_____

_____

- 小组讨论：各小组汇总学习结果，并推选代表在班内进行分享。

活动3　技能训练：推广方案的撰写

小组合作开展训练，针对自己的网店及产品的特点撰写推广方案，具体要求如下。

1. 明确推广目标

_____

_____

> **小贴士**
>
> 要明确各阶段的目标
>
> （1）访问量目标，（2）注册用户数量目标，（3）产品要达到的影响力目标，（4）店铺的排名、PR（Public Relations，公共关系）目标等，只有清晰的目标引导才能更清晰地制定不同阶段的目标。

2. 制定推广方案，填写计划单

第1步，_____。

第2步，_____。

第3步，_____。

第4步，_____。

第5步，_____。

根据不同的节日（如劳动节、国庆节）设计符合节日主题的活动推广方案（写出题目即可）。

_____

_____

> **想一想**
>
> 本组的推广方案是否周详？是否能解决自己网店的现有问题（如访问量、销售额、利润等）？

3. 根据推广方案，列出活动清单

活动1：_____。

活动2：_____。

活动3：_____。

活动4：_____。

活动5：_____。

> **议一议**
>
> 以上活动清单是否可行？作为商家，你觉得自己该做哪些推广活动才能吸引更多的客户？

【案例4-2】

天猫活动推广方案

活动目的

（1）把握中秋节网店促销活动策划时机，通过活动内容和活动对象避开"价格比拼"和"客源争抢"的恶性竞争，并给予客户新鲜感，进而刺激其消费。

（2）增加网店浏览量，吸纳新客源。

（3）打造网店的信誉度，提高客户的忠诚度。

活动时间

2022年9月3日—2022年9月17日。

活动主题

情浓一生，真心表爱意；情系中秋，礼表爱意。

活动对象

20～30岁的女性客户。

活动内容

"情系中秋，礼表爱意"特惠活动。

（1）在活动期间，凡是情侣客户，获赠爱情誓言卡一张，参加"最佳情话"评选活动，有机会获得精美奖品。

（2）一次购物满100元送10元优惠券，可以用这10元优惠券在本店进行消费。

（3）一次购物满150元免运费，并赠送精美的礼品盒。

（4）一次购物满100元加2元送项链，一次购物满200元加5元送丝巾。

（5）一次购物满300元赠送假日购物券，节假日购物双倍积分。

（6）本店会员可以通过在本店购物进行积分，然后用积分兑换产品。

活动宣传

（1）宣传重点时间：活动前2天，中秋后1天。

（2）宣传手段：目标对象确定后应选择合适的传播方法，如网上的旺旺消息、签名档、商品标题、公告、QQ、博客、论坛等，都可以起到传播信息的作用。客户确定了，才能选择合适的促销方法。

促销前的工作

（1）货源问题：确定促销的产品，并备好充足的货。对不同的产品采取不同的促销方式，要选择利润大的产品作为促销品。在促销期间，产品销售会比平时快，因此，充足的备货就是保障。如果经常发生缺货现象，不仅影响销售，还会影响客户对产品的好评。

（2）客户人群的确定：要促销，当然要把促销对象搞清楚，促销对象是网店的目标消费群，是利润的来源，所以促销一定要针对目标人群开展促销信息的传播，只有确定了目标消费群，促销才会有成效。

案例思考

你认为该推广方案有哪些可取之处？是否存在需要改进的地方？你有好的建议吗？

老师点评

任务2　学会站内引流的主要方法

问题引入

其实，做网店跟做实体店一样。一般商家在设立门店前都会先去做一个市场调研，首要任务就是调研该地的人流量，以及人群的特性分布情况。其中，人流量最终决定该地是不是适合设立门店。做网店也一样，再好的店铺，如果没有流量，想要销量，就是空谈。为什么会出现流量的概念？其实流量就是在广袤的网络世界里寻找商品的客户。不像实体店那样，客户会自动地走进实体店，要做网店就必须去引流推广，为自己的商品吸引客户。所以，引流推广成为不会推广的商家心中的痛。叶飞要成为一名合格的商家，你觉得他应该如何去引流呢？

_____

_____

_____

你知道吗？

  现在很多商家都喜欢去站外推广，而忽视了站内流量。其实，在淘宝最精准的流量、最容易引发购买的流量，都来自站内。如何获得站内流量呢？首先，帮派和论坛是不可忽视的推广渠道。大家熟悉这些渠道，也很容易掌握这种站内引流方式，且效果比较好，只是需要花费人力和时间成本。其次，大家比较熟悉的通过搜索进来的流量也是很好的站内流量。通过搜索进来的客户的目的很明确，就是要买东西。这样进来的流量是最优质的，但也是最难获取的，所有淘宝商家都在争抢这种流量。商家要做好店铺内功，每天关注店铺后台，还可以手动优化标题，做好橱窗推荐，安排商品上、下架时间，但是这样花费的人力和时间成本比较高，所以有条件的商家可以采用有此功能的软件来获取精准的流量。

活动1　遴选店铺商品的淘词

做中学

- 小组合作：通过在各大网站搜索"淘词"相关知识，进行资料的整合，之后完成下列各题。

（1）什么是淘词？

（2）谁应该使用淘词？

（3）淘词能做什么？

（4）如何选择淘词？

- 根据自己店铺商品的实际状况，结合必备知识，小组内部进行讨论：如何为自己店铺的商品遴选合适的淘词？遴选过程中要注意什么问题？有什么技巧？

必备知识

1. 数据魔方

  在这个大数据的时代里，想要运营好一个网店离不开数据的辅助，作为淘宝商家，其进行店铺数据分析必不可少。数据魔方是淘宝官方推出的一款付费的数据统计工具，主要提供行业数据分析和店铺数据分析，其中包含了品牌、店铺、产品的排行榜，购买人群的特征分析（年龄、性别、购买时段、地域等）。

数据魔方的功能亮点如下。

淘词：分析行业的热词榜，随意查找关键词，诊断商品标题，帮助商家及时更新关键词，优化标题以吸引流量。

自有店铺：分析店铺内的成交、转化率等店铺的一些整体数据，帮助商家了解店铺的整体运营情况。

行业分析：俯瞰行业市场大盘，分析行业内热销商品、热卖店铺的客户信息等，帮助商家做品类管理、定价、定向营销。

市场细分：从品牌、产品、属性的角度分析热销商品和热卖店铺的客户信息等，帮助商家做更细致、深入的市场分析。

2．转化率与关键词

转化率，就是所有进入店铺并产生购买行为的人数和所有进入店铺的人数的比率。

转化率=（产生购买行为的客户人数÷所有进入店铺的访客人数）×100%

图 4-1 中的后半部分即长尾部分，是不是很长？

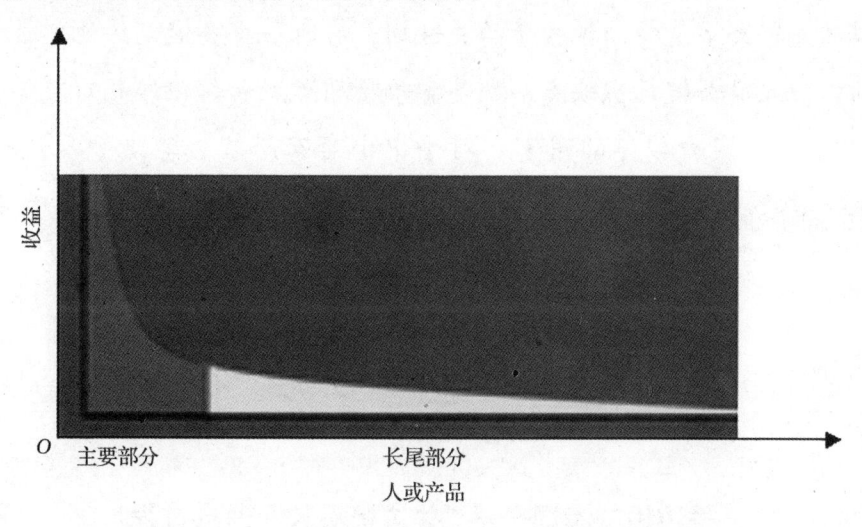

图 4-1　长尾理论

商业和文化的未来不在于传统需求曲线上那个代表"畅销商品"的头部（主要部分），而在于那条代表"冷门商品"经常被人遗忘的长尾。举例来说，一家大型书店通常可摆放 10 万本书，但在亚马逊网络书店的图书销售额中，有 1/4 来自排 10 万名以后的书籍。这些冷门书籍的销量呈高速增长的趋势，预估未来可占整个书市的一半。简而言之，长尾所涉及的"冷门商品"涵盖了几乎所有人的需求，当有了需求后，会有更多的人意识到这种需求，从而使冷门不再是冷门。

转化率低的关键词就隐藏在这个长尾理论的尾部曲线中,很多关键词的转化率都很低,以致被大家忽视。虽然这些关键词的转化率低,但是尾部的基数大,所以成交量也是非常可观的。

> **议一议**
>
> 有些商家一天的流量非常多,却没给店铺带来高转化率和高收益,只能说是空欢喜。而有的商家一天只有很少的流量,却能成交几单,而且利润可观。这是为什么呢?

> **小贴士**
>
> **选词要谨慎**
>
> 按照常理,大家都在盯着那些流量非常高的词,选择的都是热门的关键词,但为什么结果各异?
>
> 中小商家比较关注搜索次数和转化率这两个指标(成交笔数=搜索次数×转化率),但我们不能单看成交笔数,如果仅以成交笔数来衡量关键词,可能效果不会特别理想。这个时候,我们应该把眼光瞄向长尾关键词,只需选出那些搜索量大但竞争不大的关键词,只要发现新的商机,店铺的成交额还是比较容易做上去的。
>
> 实力雄厚的商家大多选择高搜索量的关键词,有时一个关键词给他们带来的流量是我们无法想象的,但此类关键词有缺点,就是竞争特别激烈和转化率相对较低,所以选择这类关键词的都是一些实力雄厚的商家。对于中小商家而言,笔者个人认为应选择高转化率的关键词。虽然此类关键词搜索量不是非常大,但竞争相对要小,可以避免和大商家"血拼"。

3. 淘词分析

【案例4-3】

餐边柜的淘词——"餐边柜薄款"遴选过程

我们在生意参谋中"市场"模块的"搜索分析"—"相关分析"可以查看关键词的搜索排行(输入关键词后,淘词就可以给出搜索词排行),以及该关键词的"相关搜索词""关联品牌词""关联修饰词""关联热词"的详细数据。那么,淘词能带给我们什么呢?举例来讲,餐边柜的搜索词排行如图4-2所示。

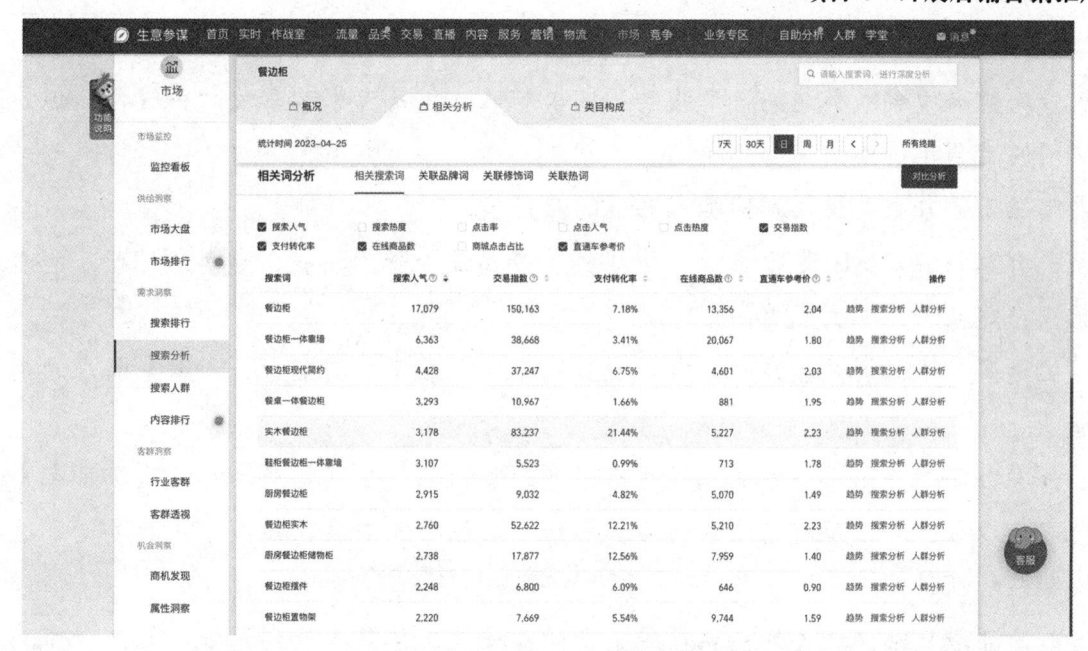

图 4-2 餐边柜的搜索词排行

页面会列出每日淘宝用户使用"餐边柜"进行搜索的键入词，我们可选择根据"搜索人气""交易指数""支付转化率""在线商品数""直通车参考价"进行排行。在前30个关键词列表中，虽然"餐边柜、餐边柜一体靠墙、餐边柜现代简约"等关键词的搜索次数多，但点击率并不太高，支付转化率很低，直通车的价格也比较高，我们使用这样的关键词会使自己的产品很容易被淹没在浩如烟海的同类产品中。

我们往下看，如图4-3所示，"餐边柜薄款"这个词，虽然只有75个产品取了这个名字，但是有296个用户搜索，交易指数为2192。可见，这是一个十分有效的关键词，且直通车的参考价也不高。各位赶紧拿下吧！

图 4-3 "餐边柜薄款"相关分析

> **读一读**
>
> 搜索次数与搜索人数越高,说明购买需求越旺盛,是大家都喜欢的关键词,但是这样的关键词的直通车价格通常会比较高。
>
> 占比显示了每个关键词在同类商品里的热门度。
>
> 点击次数的B/C(B类店铺和C类店铺)分离让专营、旗舰、专卖店铺商家能看到不同的数据,更精准,相关度更高。
>
> 转化率高,不仅说明客户的需求强烈且明确,也表示在淘宝上符合客户需求的商品数量比较多。
>
> 点击次数高但点击率并不高,说明有很多此类商品,但这些商品并没有满足客户的要求,商家可以分析一下现有的这些商品具备什么共性,或者共同缺失了哪些要素。这就是在寻找潜在的商机。
>
> 当前商品数反映了相关的商品在淘宝上的竞争情况,只要找到搜索次数多、商品数量少的关键词,就抢占了市场的空缺,此时还用担心没有流量吗?
>
> 最重要的就是直通车单价了,淘词对关键词的数据分析全面而系统,为商家进行直通车推广提供了有效参考。

4.淘词的功能

(1)更快、更好地找到有价值的关键词。

(2)展现客户需求,为商家提供商机。

商品不好卖,不一定是因为商品页面不美观,也不一定是因为商品价格高,有可能是因为客户的需求本身就没那么多。数据能够展现一切,建议商家合理运用淘词功能,及时发现市场需求,从而在第一时间上架客户所需商品,抢夺市场。

(3)展现关键词质量与竞争程度,诊断店铺的装修效果。

关键词的转化率越高,说明关键词越值得投资,也越能体现商品满足客户的能力与店铺的装修效果。淘词详细地统计了每个关键词的转化率,对于高转化率的关键词,商家应该适度提高它的推广价格,不要担心亏本,只要转化率高,那么出价高点也是值得的;对于转化率低的关键词,应该注意降低成本,不要只看表面推广价格比较低,实际算下来比转化率高的关键词的推广成本也许还高许多。

(4)指导商家对商品进行合理的分类。

类目搜索示例如图4-4所示。商品在某个类目中搜索得越多,说明越适合放在这个类目中。

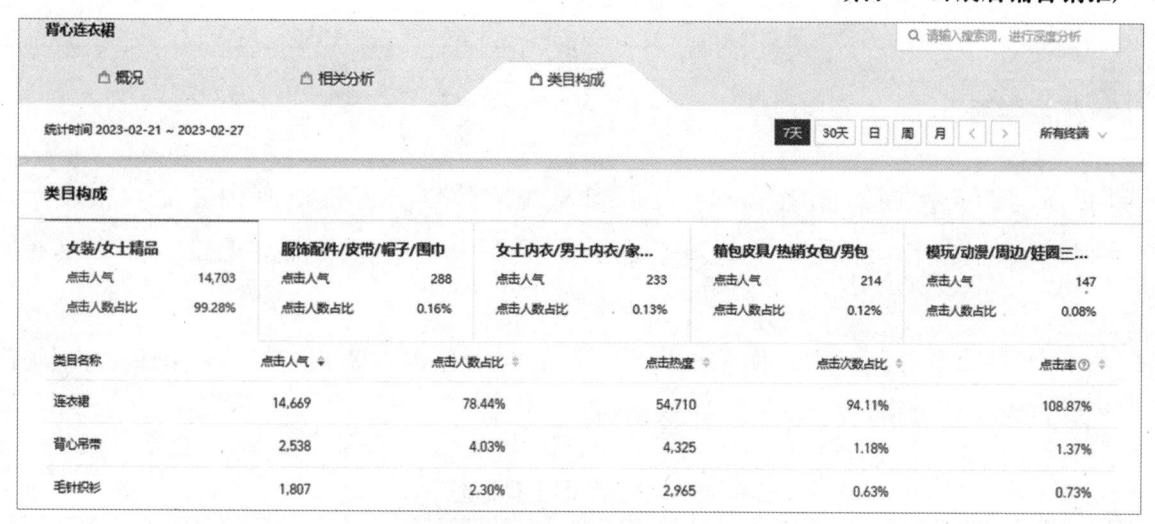

图 4-4　类目搜索示例

（5）根据提供的关联热词和关键词热度选择合适的关键词，并进行组合，如图 4-5 所示。

图 4-5　关联热词示例

（6）"关联宝贝"，可以参考"自然搜索宝贝"与"热销宝贝"的数据，如图 4-6 所示。

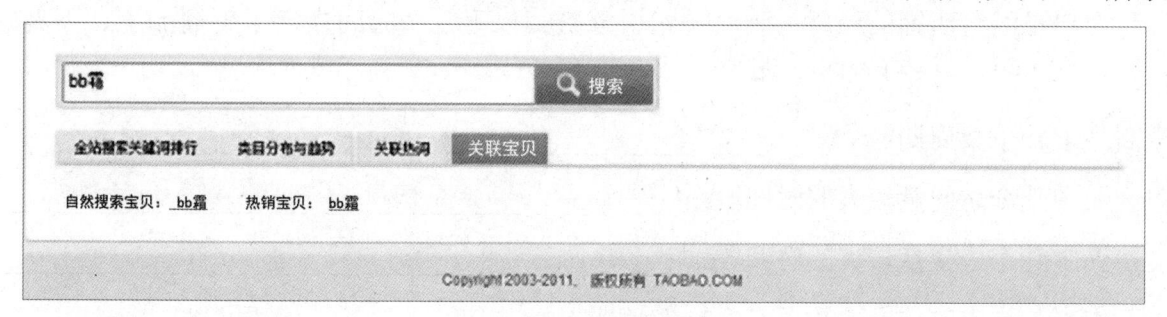

图 4-6　关联宝贝

> **想一想**
>
> 　　淘词的功能强大吗？除了前述功能，你还知道淘词的其他功能吗？你觉得使用淘词能给店铺带来流量与收益吗？

拓展学习

商品标题的关键词的优化至关重要,自从淘宝数据魔方推出淘词之后,很多店铺的流量得到了质的提升,流量翻了数番。这对于很多中小商家来说,无疑是非常具有吸引力的。

- 淘词工具除了数据魔方,你还知道哪些呢?打开百度搜索页,输入关键词"淘词工具""淘词软件"等进行搜索,填写表4-3。

表4-3 淘词工具汇总

工具名称	相关简介(特色功能、使用条件等)	是否免费

- 小组讨论:目前一些淘词软件基本上都是收费的,从几十元到几百元不等,很多人没有试过,也不能确定效果,所以往往有顾虑,不愿意花钱买。请试用你所搜集到的免费淘词工具,选择一款进行小组之间的分享。

活动2 熟悉商品上、下架时间的合理设置

做中学

结合自己经营店铺的经历,利用搜索引擎查找以下几个时间点,了解商品上、下架的相关知识,各小组成员相互交流,并统一意见。

商品上、下架周期:_____。

一天中几个访问量较大的时间段:_____。

一天中几个成交量较大的时间段:_____。

工作日与周末的访问人数存在怎样的差距?

_____。

必备知识

面对越来越高的流量成本,很多商家望而却步,殊不知,最重要的流量资源就是站内的免费资源,其中含金量最大的就是搜索带来的流量。商品的上、下架中就蕴含了搜索的逻辑,

如果能合理地优化商品的上、下架，就可以让自己商品的排名靠前。我们要从内功做起，在节省流量成本的同时提高搜索的权重。

1. 上、下架时间

上架时间指商品发布或用数据包上传到店铺的时间。只有"上架"操作才会更新在售商品的上架时间，其他的操作（如在出售的商品中更新标题、价格、编辑详情等）都不影响商品的上架时间。

下架时间用以保证每个商品都有展示机会。淘宝规定每个商品上架 7 天后会自动下架，所以上架时间决定着下架时间。

第一排序——加入消费者保障协议的靠前。

第二排序——橱窗推荐商品在前，其他商品在后。

第三排序——按距结束时间的远近，离商品下架时间越近，商品排名越靠前。

举例说明：本周一 12:00 将商品上架，下周一 12:00 系统会重新把商品上架。但是在下周一 12:00 之前商品即将下架的时候，系统会把即将下架的商品（排名）权重提高，使商品排名更靠前。设置商品上架时间，就是为了使商品在下架的时候出现在黄金时段，增加被点击的概率，提高店铺的自然流量。

2. 上、下架优化

1）规则中的时间轮播因素

自淘宝分拆后，淘宝网和天猫都有了各自的战略方向。相应地，二者搜索的因素也有一些差异和调整，时间轮播因素在天猫搜索中无效，仅在淘宝网的"所有宝贝排序"中有效，而且淘宝网中的商品到了下架时间不会被系统下架到仓库，而是进行有效期重新计算。

> **议一议**
>
> 假如你负责一个店铺的具体运营推广工作，如何做才能最大化地利用时间轮播因素呢？

2）分析客户访问时间

要想分析客户访问时间，需要获取客户的访问时间，看看什么时候访问人数最多。这里可以通过数据魔方的客户来访时间来获取相应的数据，如果经营多品类，则可以选取商品数量最大的两个行业获取数据。通过数据魔方获取客户来访时间的数据如图 4-7 所示。

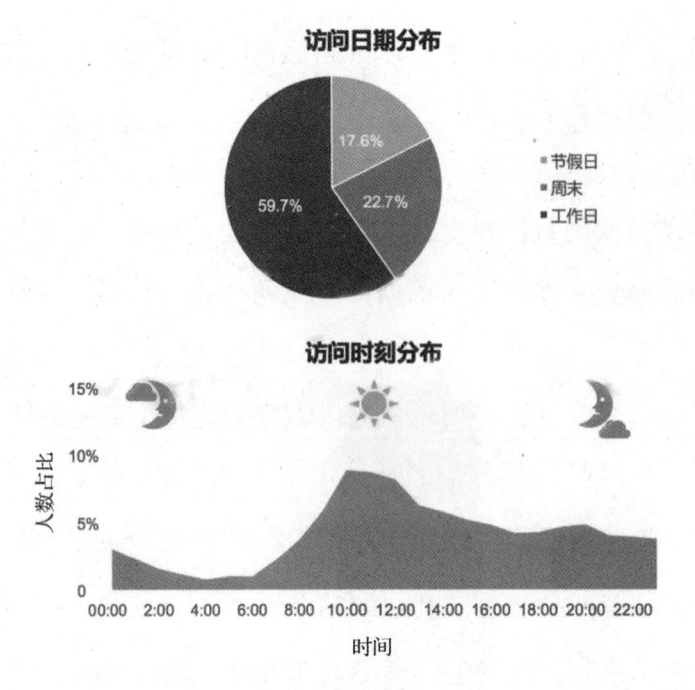

图 4-7 客户来访时间的数据

通过数据可以发现，在一天内有这样几个访问量最大的时间段：10:00—12:00、13:00—17:00、20:00—23:00，总计 9 小时，也就是说，如果下架时间在这些时间段内，获得流量的概率就会提高。

那么周一到周五与周末的客户访问人数存在多大差距？在通常情况下，大多数商家都能感受到周末的客户较少，因为周末多数人都忙于其他活动，所以上淘宝逛的人也就少了。这是凭经验判断的，我们还是看看图 4-8 所示的数据吧。

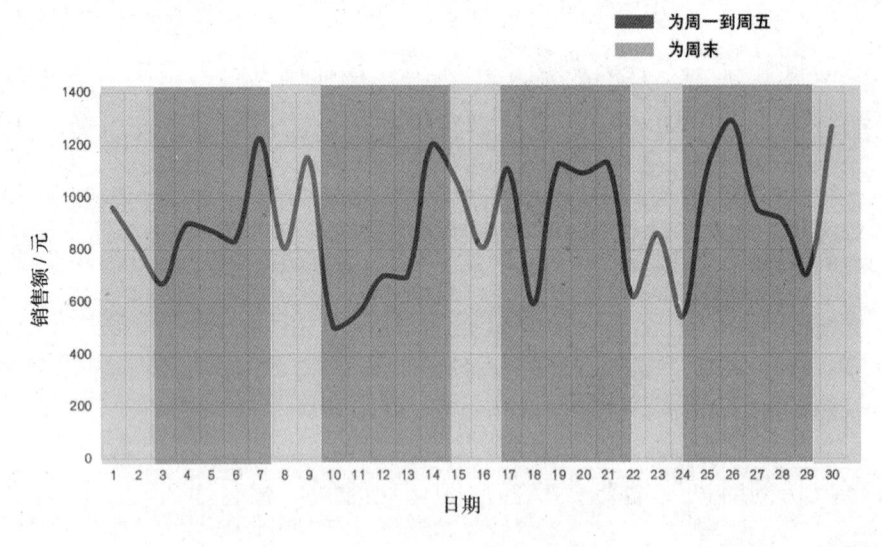

图 4-8 月销售额走势图

从图 4-8 中我们同样可以看出，周末两天的流量与周一到周五的流量的差距还是较大的。为了让商品能够尽量获得较多的流量，我们可以将商品上架时间主要集中在周一到周五，周六、周日两天合并为一天。依照这种方法，我们获得了两个数据指标：将一周按六天等分，一天内访问量较大的时间为 9 小时。

> **小贴士**
>
> **要注意目标客户的在线购物时间**
>
> 开过网店的都知道有 3 个时间段是网购高峰期，在这些时间段安排商品上架是不错的策略，可是这只是普通网民的基本情况，不一定适合所有的商品。所以在安排上架时间的时候，普通网民的上网时间分布数据只能作为参考，我们更需要考虑自己商品的目标客户的上网集中时间。如果我们的目标客户是大学生，那么他们上网的主要时间应该是晚上和周末；如果我们的目标客户是在家照顾孩子的年轻妈妈，那么她们的在线时间主要集中在白天。

3）分配每天上架商品

（1）计算每天上架商品数：根据平均分配的方法算出每天要分配多少商品上架。根据商品总数和一周的实际上架天数进行计算：商品总数÷一周的实际上架天数=每天上架商品数，324÷6=54，我们得出一天应该上架 54 个商品。

（2）管理分配品类：根据计算，我们可以先得出一张表（见表 4-4），将每天的商品品类上架数进行合理的分配。

表 4-4　每日商品品类上架数分配表

单位：个

商品品类	周一	周二	周三	周四	周五	周六	周日
U 盘	12	12	12	12	12	6	6
鼠键	11	11	11	11	11	6	5
耳麦	9	9	9	9	9	5	4
笔记本电脑配件	8	8	8	8	8	4	4
摄像头	7	7	7	7	7	4	3
手机膜	7	7	7	7	7	4	3

因将周六与周日视为一天，所以实际情况是 54÷2=27（个），即周六、周日每天平均上架 27 个商品。在表 4-4 中，商家可以根据实际情况对品类分配进行调整，如某商家发现摄像头在周末的购买率远高于周一至周五，则可以将摄像头的主要上架数调整到周六、周日，只要遵守每日商品上架总数即可。

4）商品上架时间安排

计算每小时上架商品数，同样按照平均分配的方法，计算每小时上架的商品数，并计算出上架间隔时间（每天上架商品数÷每天上架小时数=每小时上架商品数），得出 54÷9=6

（个）；计算每小时内上架商品的间隔时间（60分钟÷每小时上架商品数=上架间隔时间），得出60÷6=10（分钟）。最终算出每小时上架商品数为6个，上架间隔时间为10分钟。

【案例4-4】

商品上、下架时间安排实例

商品上、下架时间的安排，其实可以利用数学公式来快速计算。

商品数量（权重）：100%=80%+20%。

一周分配：7=5+2。

每小时分配：3个时间段（9小时）。

符号代表：A=商品数量；X=每个商品被安排上架的时间（分/个）；

$B=A×80\%$；$C=A×20\%$。

公式：$X=9×6×60÷A$。

假设艾美时尚精品屋现有300件女装需要上架，那么，如何安排上、下架时间会比较合理呢？

数据魔方显示，一天中9小时，搜索女装的概率其实是很大的。我们必须尽量让商品出现在这几个时间段内，因此，安排上架时间的方案如下。

方案一：

按7天平均分配的计算模式如下。

9×7×60÷300=12.6（分/个）

方案二：

300×80%=240（件）

300×20%=60（件）。

按7天时间分权重（5+2模式）与按商品数量分权重（80%+20%模式）的计算如下。

周一至周五：9×5×60÷240=11.25（分/个）

周六至周日：9×2×60÷60=18（分/个）

5）管理分配商品

根据上面的计算，我们可以设计出每个时间段上架的商品数量。这里需要注意，商品只有在即将下架的时候才会获得优先展现的机会，比如当你期望商品在10:00有优先展现机会时，商品的实际下架时间需要设定在10:10。如果你将商品设定在10:00下架，则商品的优先展现时间在9:50左右，即实际上架时间要比期望展现时间延迟相应的时间。

每小时商品上架表（以周一10:00—12:00为例）如表4-5所示。

表 4-5　每小时商品上架表（以周一 10:00—12:00 为例）

上架时间	U 盘	鼠键	耳麦	笔记本电脑配件	摄像头	手机膜
10:10	U 盘 1					
10:20		鼠键 1				
10:30			耳麦 1			
10:40	U 盘 2					
10:50				笔记本电脑配件 1		
11:00			耳麦 2			
11:10					摄像头 1	
11:20		鼠键 2				
11:30	U 盘 3					
11:40				笔记本电脑配件 2		
11:50						手机膜 1
12:00		鼠键 3				

根据表 4-5 可以扩展到每天每小时具体上架商品的安排，这样可以让运营人员有一个很明确的执行清单。同时，商家也可以根据不同的销售策略，在这个范围内调整相应的商品上架顺序。例如，在一天内，U 盘的主要成交时间段在上午，则可以调整其他品类的商品到当天的其他时间，让 U 盘集中在上午呈现。同样，这里需要遵守的是已计算好的总上架商品数和相应的时间节点。

6）运营中的过程监控

只执行却不监控、分析，就不会知道自己所做的工作效果如何。电子商务的优势就是绝大多数时候都是有数据呈现的，建议各位商家按照表 4-6 跟踪一下效果。

表 4-6　商品下架排序效果跟踪表

商品品类	商 品	指定搜索关键词	下架时间	测试时间 1	排序	测试时间 2	排序	测试时间 3	排序
U 盘	U 盘 1	U 盘关键词	10:10	9:40	1～30	9:50	1～20	10:00	1～10
	U 盘 2		10:40						
	U 盘 3		11:30						
鼠键	鼠键 1	鼠键关键词	10:20						
	鼠键 2		11:20						
	鼠键 3		12:00						
耳麦	耳麦 1	耳麦关键词	10:30						
	耳麦 2		11:00						
笔记本电脑配件	笔记本电脑配件 1	笔记本电脑配件关键词	10:50						
	笔记本电脑配件 2		11:40						
摄像头	摄像头 1	摄像头关键词	11:10						
手机膜	手机膜 1	手机膜关键词	11:50						

这里应指定搜索关键词，建议选用比较热门的关键词，这样便于对比监控效果。测试时间可以根据情况自己设定，一般建议在下架前 2 小时就开始测试，如果集中在接近下架时间时进行测试，就有可能无法进行差异对比。同时，可以根据下架时间多设置几个测试时间，也可以在商品的有效期重新开始计算的时候再测试一下实际情况。关于排序的统计，"1～30"表示第 1 页排序 1 至 30，通常建议监控 5～10 页，如果商品在 10 页之后都未找到，则可以算作未找到。

3. 上、下架技巧

1）上架尽量安排在流量高峰期

按照每周、每天上架时间的流量多少排序，尽可能把商品设置在流量高峰时间段内上架。

2）不要将准备上架的商品设置在一天全部上架

如果将商品设置在一天全部上架，那一周之内，店铺只会有一天是排名靠前的，而其他六天，由于店铺没有快下架的商品，而无法排序到前几页，很可能就"门庭冷落"了。这样导致两个极端：忙的时候忙死，闲的时候闲死。所以，建议商家把商品分别设置在七天的不同时间段内分批上架。

3）结合"橱窗推荐"的特性搭配使用

正如前面提到的"第二排序"，橱窗推荐的商品会靠前展示，商家结合这一特性，能使商品的排序尽可能靠前。

操作方式：选择即将下架的商品进行橱窗推荐。这样，对于搜索排序的第二、第三规则，我们都很好地利用到了，使排名靠前的再靠前，事半功倍。

4）避免设置整点上架

淘宝商家数不胜数，都设置了同样的商品上架时间，并且都加入了消费者保障协议，也都设置了橱窗推荐，那么如何让自己的商品排在前边呢？那就是不要设置整点上架。假如你想设置 8:00 上架，那么你可以改成 7:59，总之避免整点的大众时间。这样商品才有更大概率靠前展现。

5）要以标题优化到位为前提

上、下架时间安排得再合理，如果标题中没有客户搜索的关键词，那么一切都是无用功。所以，做好上、下架时间工作要以标题优化到位为前提。

> **想一想**
>
> 合理安排商品上、下架时间会提高淘宝搜索权重是淘宝商家都知道的公开"秘密"，那么，商家再根据规律安排上、下架还有意义吗？

> **拓展学习**

结合必备知识，设计一份商品上、下架时间优化方案，要求包括客户访问时间黄金段统计、每天分配上/下架商品数、上/下架时间安排、管理分配商品等，并填写表4-7。

表4-7 商品上、下架安排

时　　间	周　一	周　二	周　三	周　四	周　五	周　六	周　日
8:00—8:59							
9:00—9:59							
10:00—10:59							
11:00—11:59							
12:00—12:59							
13:00—13:59							
14:00—14:59							
15:00—15:59							
16:00—16:59							
17:00—17:59							
18:00—18:59							
19:00—19:59							
20:00—20:59							
21:00—21:59							
22:00—22:59							
23:00—23:59							

活动3 技能训练：淘宝直通车的使用

本次训练要求小组合作，了解淘宝直通车的使用，具体要求如下。

1. 认识淘宝直通车

淘宝直通车的概念：_____

_____。

淘宝直通车扣费原理：_____

_____。

淘宝直通车的推广展示位置：_____

_____。

淘宝直通车的推广优势：

（1）_____。

（2）_____。

（3）_____。

加入淘宝直通车的条件：

（1）_____。

（2）_____。

（3）_____。

（4）_____。

> **想一想**
>
> 　　淘宝直通车是按点击付费的广告模式，有的商家说淘宝直通车确实好用，流量、销量翻番上涨，于是有些新店也急切地想加入。你认为新店加入淘宝直通车能达到意想中的效果吗？对新店来说，这是一个好的推广方式吗？为什么？你认为什么时候加入淘宝直通车比较合适呢？

2. 开通淘宝直通车

根据图 4-9 至图 4-13 的提示，写出操作步骤。

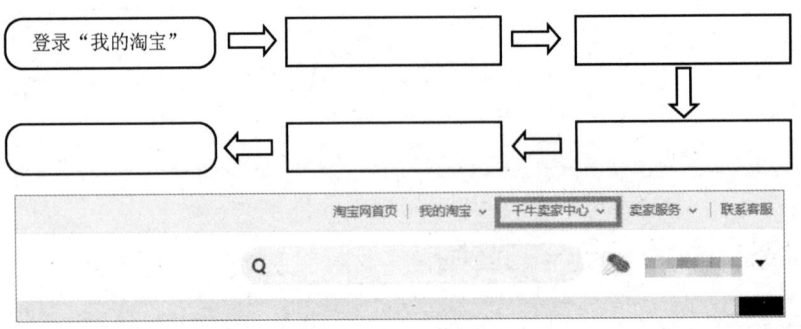

登录"我的淘宝" ⇨ ☐ ⇨ ☐ ⇩
☐ ⇦ ☐ ⇦ ☐

图 4-9　打开"千牛卖家中心"

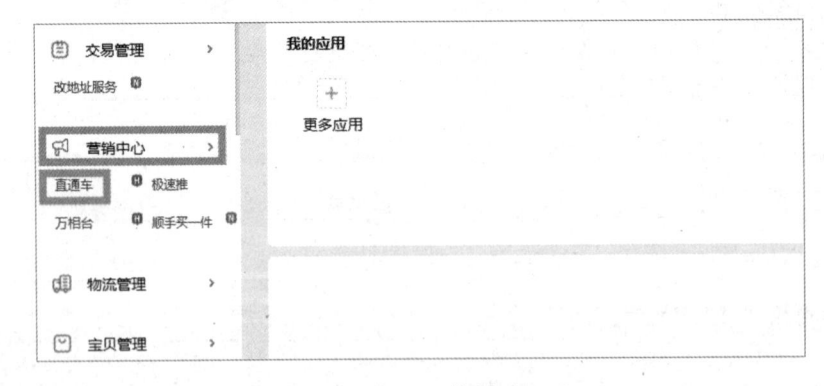

图 4-10　进入"营销中心"

图 4-11　进入直通车

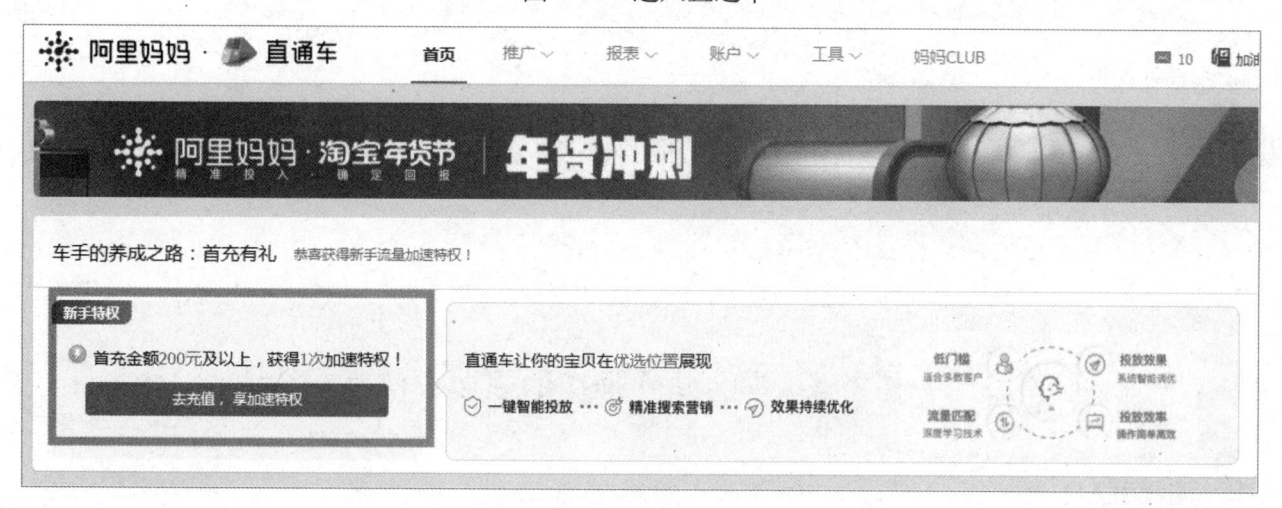

图 4-12　直通车活动设置

> **小贴士**
>
> **淘宝直通车计费方式**
>
> 　　开户预存：所有商家加入淘宝直通车的预存费用为 500 元起（和手机预存话费类似，没有任何服务费用），这些费用充值后只能作为推广资金，不退还，如果确认，就去充值。提示充值成功即表示已开通淘宝直通车。
>
> 　　按点击付费：开通后可免费获得海量点击，只有当潜在客户点击推广信息后才进行扣费，单次点击扣费不会超过商家所设置的出价。

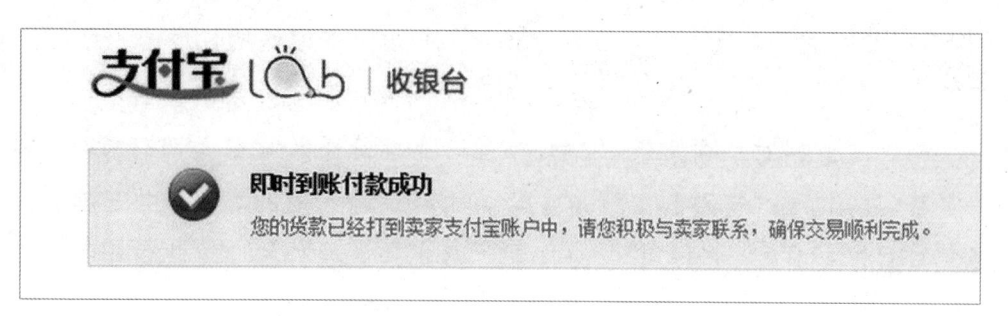

图 4-13　即时到账付款成功

3. 淘宝直通车推广的基本流程

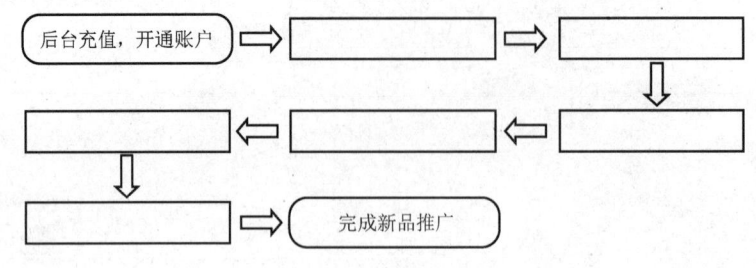

```
后台充值,开通账户 ⇒ □ ⇒ □
                              ↓
□ ⇐ □ ⇐ □
↓
□ ⇒ 完成新品推广
```

议一议
　　商家进行淘宝直通车推广应如何找关键词？

老师点评

任务3　学会站外推广的主要方法

❓ 问题引入

　　众所周知，淘宝内部推广是最有效的方法，不仅访问量大，而且转化率也很好。不过，站外推广也是不可小觑的，虽然成交率不是很高，但从长期来看，它更能深入人心。叶飞作为新手店长，应该如何选择站外推广平台？应该如何从站外把流量引进来？

_____
_____
_____

你知道吗？

　　淘宝官方为了满足淘宝商家的竞争需求推出了一系列推广方案，如淘宝直通车、钻石展位等，这无疑是提高销量、赚足人气的最好方法。但正如西方谚语所说的"硬币都有正反面"，淘宝直通车等价格昂贵的淘宝站内推广方式并不适合所有淘宝商家，甚至会给小商家带来绝对性的打击。相比之下，对小商家来说，站外推广在性价比及收益上都有很明显的优势。一个商品在淘宝站内的展现是有限的，但是在站外的展现是无限的。站外推广有助于网店信息被更多的网友看到，更有利于搜索引擎的收录，因此，做站外推广就要做出"无孔不入"的效果。

活动1 发布网络广告

做中学

小组合作：搜查几种常见的网络广告投放的形式，并截图说明。各小组以文档的形式进行记录，小组内进行交流讨论。

必备知识

1. 网络广告概述

网络广告，简单地说就是在网络平台上投放的广告。它是利用网站上的广告横幅、文本链接、多媒体发布广告，通过网络将内容传递给互联网用户的一种高科技广告运作方式。

网络广告具有传播范围广、交互性强、针对性强、受众数量可准确统计、实时、灵活、成本低、强烈的感官性等特点。除此之外，网络广告还具有强制性和用户主导性的双重属性，网络广告需要依附于有价值的信息和服务载体等。

> **议一议**
> 网络广告的表现手法与传统广告的表现手法相比，有何不同？相对于平面广告和影视广告而言，网络广告有哪些优势？

2. 网络广告形式

1）网幅广告

网幅广告包含通栏、竖边、巨幅等。网幅广告是以 GIF、JPEG、Flash 等格式建立的图像文件，定位在网页中大多用来表现广告内容，同时可使用 Java 等语言使其产生交互性，用插件增强表现力。

2）文本链接广告

文本链接广告以一排文字作为一个广告，点击文字可以进入相应的广告页面。这是一种对浏览者干扰最少，却较为有效的网络广告形式。有时候，简单的网络广告形式的效果反而更好。

3）电子邮件广告

电子邮件广告具有针对性强（除非你肆意滥发）、费用低廉的特点，且广告内容不受限制（不得违法违规）。其针对性强的特点，是指可以针对某人发送特定的广告，这是其他网络广告形式所不具备的特点。

4）赞助式广告

赞助式广告多种多样，比传统的网络广告能给予广告主更多的选择。

5）按钮广告

按钮广告一般位于页面两侧，根据不同的页面设置有不同的规格，可动态展示客户要求的各种广告效果。

6）浮动广告

浮动广告在页面中随机或按照特定的路径飞行。

7）插播式广告（弹出式广告）

这是指在访客请求登录网页时强制插入一个广告页面或弹出广告窗口。这种广告类似于电视广告，通常是打断正常节目的播放，强迫访客观看的。插播式广告有各种尺寸，有全屏的，也有小窗口的，而且互动的程度不同，从静态的到全部动态的都有。

8）其他新型广告

除前述网络广告形式外，还有视频广告、路演广告、巨幅连播广告、翻页广告、祝贺广告、论坛板块广告等。

网络广告形式还有许多，移动广告也有独特的广告形式。

> **想一想**
>
> 随着互联网的发展，网络广告除了前述几种常见形式，还出现了一些新的形式，你知道有哪些吗？

拓展学习

- 网络广告术语扫盲：请根据以下例子利用网络或查询其他资料回答下列问题。

（1）Logo（图标）：常用来宣传商家的商标或特定标志，通常标准横幅广告为468像素×60像素。

（2）Clicks（　　　　）：_____。

（3）Clicks Rate（　　　　）：_____。

（4）Page Views（　　　　）：_____。

（5）CPA（　　　　）：_____。

（6）CPC（　　　　）：_____。

（7）CPM（　　　　）：_____。

（8）CPT（　　　　）：_____。

（9）CPS（　　　　）：_____。

- 请根据所学知识，给自己的店铺设计一则网络广告，以提高店铺的知名度。

活动 2　优化搜索引擎

做中学

- 小组合作：选定蒙牛集团的网站，浏览该网站，并确定与该网站关系最密切的 3 个核心关键词：蒙牛、牛奶、酸奶，用每个关键词在百度上进行检索，把结果填写在表 4-8 中。

表 4-8　3 个关键词搜索结果比较

比较项目		蒙　牛	牛　奶	酸　奶
前 3 名条目（网站名称）	信息量/条			
	第 1 名条目			
	第 2 名条目			
	第 3 名条目			
同一关键词检索结果中伊利（竞争者）的排名和摘要信息				
在搜索引擎优化方面，你认为蒙牛集团做得如何				

- 小组讨论：若使用另一个搜索引擎进行检索，结果会有差别吗？搜索引擎可分为哪几类？它们的区别是什么？

必备知识

1. 搜索引擎优化的步骤

搜索引擎优化（Search Engine Optimization，SEO），是一种利用搜索引擎的搜索规则来提高目的网站在有关搜索引擎内的排名的方式。搜索引擎优化的本质是优化网站，让搜索引擎蜘蛛更好地阅读和抓取。

搜索引擎优化并不是简单的几个秘诀或建议，而是一项需要足够耐心和细心的脑力劳动。大体上，搜索引擎优化包括 6 个环节。

1）关键词分析（关键词定位）

这是进行搜索引擎优化最重要的一环。关键词分析包括关键词关注量分析、竞争对手分析、关键词与网站相关性分析、关键词布置、关键词排名预测。

读一读

某公司在为一个全球著名的手机网站做优化时，该公司的营销策略中不允许"cheap（便宜的）"的字眼，因为他们认为这个词对产品有负面影响。然而，在搜索引擎关键词分析数据中，"cheap"是一个"非常受欢迎"的词。经过一番论证，该公司的营销部门同意使用这个词，最有意思的是，在后来的传统营销广告中，他们也用上了这个词。

这个案例说明网站确定关键词不应凭空想象，而应进行搜索引擎的关键词分析。例如，一个减肥的网站，可以确定的关键词非常多：减肥方法、如何减肥、快速减肥、冬季减肥、减肥产品、健康减肥、减肥网、瘦身、瘦身方法。再如，一个小说网站，其关键词可以确定为青春小说、校园小说、小说下载、言情小说、都市小说，以及青春校园小说等具有相关性的词语。

那么，到底如何来确定关键词呢？这里涉及如下几点。

- 关键词的相关性和密度。"瘦身"和"减肥"的意思一样，但如果你的网站上很少出现"瘦身"的字眼，则搜索引擎认为"瘦身"和你的站点并不相关，你不会获得"瘦身"的排名。也就是说，你确定的关键词一定是在你的网站上经常被提及的。
- 关键词的搜索频率。在中文意思上，我们认为"快速减肥方法"和"快速减肥办法"应该是一样的，但搜索引擎并不这样认为。百度的数据表明，"快速减肥方法"每天有300次左右的搜索，而"快速减肥办法"每天的搜索量几乎为0。我们可以通过百度指数这个工具检查你的关键词的搜索量是多少。
- 关键词的竞争对手。例如，"减肥"这个关键词，虽然每天的搜索量以万次计，但其竞争对手都比较成熟，不是小站可以匹敌的。你也可以通过百度指数查看"减肥"这个词每天的搜索量，并分析竞争对手。
- 回避热点，即不要选取看起来能带来很多流量的关键词。这主要是由我们自身的实力和具备的资源等客观因素决定的。我们在选取一个关键词时，首先，看有没有门户网站和竞价排名网站的参与，如果有这些网站的介入，最好考虑换一个关键词。因为这些网站都是花钱的，我们的内容即使优化得再好，也无法在第1页显示。其次，不要选取热量过大的词，如"小说"这个词，看起来每天有巨大的搜索量，但是如果没有实力和那些大站去竞争还是不要选了，可以考虑选择"小说下载"，同样可以获得很多的流量。

议一议

关键词的选取尤为重要，也颇具难度，那么，热门的关键词一定好吗？根据前面的资料，你认为选择关键词的基本思路是什么？

2）网站架构分析

若网站架构符合搜索引擎的爬虫喜好则有利于搜索引擎优化。网站架构分析包括剔除网站架构不良设计、实现树状目录结构、网站导航与链接优化。

【案例 4-5】

某团购网站用户体验优化建议草稿

分析的站点暂不公布，但通过参考以下的分析要点，或许会让你有所领悟。

（1）链接结构很乱，用了很多二级域名、三级域名。从搜索引擎优化的角度来讲，这样做是很致命的。但因为这个站点比较特殊，需要深入探讨结构，这里的建议显得比较浅显。

建议：从搜索引擎优化的角度来讲，链接结构要简单；能不用二级域名则尽量不用二级域名；链接层次尽量控制在 3 层。

（2）链接没有静态化。道理很简单，因为静态化的链接更受搜索引擎喜欢。

（3）关键词都没有经过详细选择和分析。请了解这两个概念：目标关键词和长尾关键词。

用户体验方面的优化建议如下。

（1）Logo 至少需要添加一个链接。很多用户都习惯点击 Logo。

（2）结构复杂，可添加一个"当前的位置"，这样的导航是有助于用户体验的。

（3）页面的板块要清楚，各个板块的标题要显眼。

（4）博客和论坛，其实可以放在其他的位置。因为它们与左侧的内容根本不属于同类，且是起辅助作用的。只有你做起来了，它们才会发挥大作用。

（5）除了博客和论坛，其他页面的页脚和页眉要保持一致，这样才不会让用户误解。

此外，用户可以在首页直接选择城市，这样用户进入后就可以直接看到所选城市的信息，不会产生误解。或者，你可以把城市的选择放在页眉。

3）网站目录和页面优化

搜索引擎优化不只是让网站首页在搜索引擎上有好的排名，更重要的是让网站的每个页面都能带来流量。

4）内容发布和链接布置

搜索引擎喜欢有规律的网站内容更新，所以合理安排网站内容发布日程是搜索引擎优化的重要技巧之一。链接布置最主要的目的就是将整个网站中的所有页面合理地串联起来，让搜索引擎明确网站中每个网页的关键词的组成和重要地位。

5）与搜索引擎对话

在搜索引擎看优化的效果可通过"site：你的域名"的形式来实现。例如，site：hanbaozw.com 知道网站的收录和更新情况。

6）网站流量分析

网站流量分析是指从搜索引擎优化结果上指导下一步的搜索引擎优化策略，这对网站的用户体验优化具有指导意义。流量分析工具可以采用站长统计工具，从相关报表中获得有用的信息（如流量来源、关键词的流量等）。

搜索引擎优化是上述 6 个环节循环进行的过程，只有不断地进行这 6 个环节的优化，才能保证网站在搜索引擎有良好的表现。

2．搜索引擎优化的分类

搜索引擎优化从整体上来看可分为内部优化与外部优化两大类。

1）内部优化

（1）Meta 标签优化，包括标题、关键词、说明等的优化。

（2）内部链接的优化，包括相关性链接、锚文本链接、各导航链接及图片链接的优化。

（3）网站内容更新：每天保持站内的更新（主要是文章的更新等）。

2）外部优化

（1）外部链接的类别：包括博客、论坛、新闻、分类信息、相关信息网等，尽量保持链接的多样性。

（2）外部链接的运营：每天添加一定数量的外部链接，使关键词排名稳定提升。

（3）外部链接的选择：与一些和自己的网站相关性比较高，且整体质量比较好的网站交换链接，巩固关键词排名。

想一想

内部优化与外部优化有什么不同？它们各自的作用是什么？

拓展学习

- 请利用网络查找资料，把结果填写在表 4-9 中。

表 4-9 搜索引擎的网站收录入口

搜 索 引 擎	网站收录入口地址
百度	
搜狗	
搜搜	
雅虎中国	
网易有道	
必应	

- 将你的网店收录到百度搜索引擎中,并比较优化前后你的网店在百度搜索引擎中的排名情况。

活动 3　发送电子邮件

做中学

- 各小组成员申请一个免费的电子邮箱,利用该邮箱制作并发送一份自己店铺的宣传广告给组长。组长收到信件后给其成员发一封确认信,以"收到"为主题,"OK"为内容。
- 各小组成员确认邮件是否发送至组长的收件箱,有无发送至垃圾箱的现象,结合必备知识说明怎样才能避免所发邮件成为垃圾邮件。
- 根据所学知识完善自己的邮件广告,创建邮件列表,向邮件列表中的成员发送电子邮件。

必备知识

1. 邮件列表

邮件列表是在网上获得特定客户群体电子邮件地址并可快速发送大批量电子邮件的一种工具,主要用于各种群体之间的信息交流和信息发布。

通过邮件列表,我们可以对网站用户(会员)的邮件地址进行统一且有效的管理,如新会员邮箱的添加、删除、查询、统一发送邮件等。

邮件列表具有使用简单、方便的特点,只要能够使用电子邮件,就可以使用邮件列表。邮件列表不同于群发邮件,更不同于垃圾邮件,是在用户自愿加入的前提下,通过为用户提供有价值的信息,同时附带一定数量的商业信息,从而实现网络营销的目的。

> **试一试**
>
> 结合自己店铺的现实情况和目前所具有的资源,创建邮件列表栏目,并发布邮件列表订阅入口。

2. 许可电子邮件营销

许可电子邮件营销就是指企业在通过电子邮件向其目标客户发送产品、服务、促销等相关信息时，事先获得了他们的"许可"。

真正的电子邮件营销是指许可电子邮件营销。其基本思路就是通过为客户提供某些有价值的信息，如产品信息、免费报告及其他为客户定制的个性化服务内容，吸引客户参与，从而收集客户的电子邮件地址（邮件列表）。企业在发送定制信息的同时可对自己的网站、产品或服务进行宣传。

许可电子邮件营销既包括企业自行建立邮件列表开展的电子邮件营销活动，也包括通过专业电子邮件营销服务公司投放电子邮件广告。根据所应用的用户电子邮件地址资源的所有形式，可以分为内部列表电子邮件营销和外部列表电子邮件营销。

> **议一议**
> 许可电子邮件与垃圾邮件有什么区别？怎么才能让自己的邮件成为许可邮件？

3. 电子邮件广告设计

1）邮件主题的设计

原则 1，邮件主题体现出邮件内容的精华。这样可以增强用户的信心，通过邮件主题来让用户感觉到邮件内容的价值，迅速做出打开邮件进行详细阅读的决定。

原则 2，邮件主题体现出发件人信息中无法包含的内容。发件人信息中除了显示的发件人名称和电子邮件地址，很难包含更为详尽的信息，因此需要通过邮件主题来体现。将邮件主题的空间留出一部分来推广品牌是很有必要的，尤其在用户对于企业品牌信任程度不高的情况下更重要。

原则 3，邮件主题体现出品牌或产品信息。有独特价值的产品、信息或给人印象深刻的品牌出现在邮件主题中，应尽可能将重要的营销信息展示出来，即使用户不阅读邮件内容也会留有一定的印象，这是可以监测到的电子邮件营销效果之外的意外收获。

原则 4，邮件主题含有丰富的关键词。关键词除了能加深用户的印象，也是为了在用户检索收件箱中的邮件时增加被发现的机会，因为部分用户收到邮件后并不一定马上对邮件中的信息做出回应，有些甚至在 1 个月之后才突然想到曾经收到过的某邮件中含有自己需要的信息。

原则 5，邮件主题不宜过于简单或过于复杂。尽管没有严格的标准来限制邮件主题的字数，但若保持在一定的范围之内，既能反映出比较重要的信息，又不至于在邮件主题栏默认的宽度内看不到有价值的信息。一般来说，邮件主题保持在 8~20 个汉字比较合适。

2)邮件内容的设计

诀窍1,将企业的Logo固定在同一位置。

在每次发送营销邮件时,企业也要借机树立自己的品牌形象,而将企业的Logo置入每封电子邮件中是一种有效的方法,最好是将Logo固定在同一位置(可以是电子邮件顶部的显眼处,但不要太大,更不要占据整个屏幕)。

诀窍2,善用电子邮件预览框。

相关调查显示,70%的客户会被邮件预览吸引,进而打开邮件进行仔细阅读。这意味着企业的客户或潜在客户在决定完整打开邮件之前,或许只会注意到电子邮件中的一部分,因此,应确保企业的Logo及其他重要的信息都能够显示在预览窗口内。

诀窍3,使用统一的字体。

在一封营销邮件中,一般建议最多使用两种字体。例如,一种字体用来撰写正文,另一种字体用来显示大小标题。你可以使用标准字体来加强通用性。因为如果使用了非常规的字体,有些客户的电脑不一定能正常识别。

诀窍4,运用不同颜色来强调重点。

在决定使用哪种颜色时,应优先考虑使用企业的基准色。持续使用一种基准色是突出品牌形象的关键。运用不同颜色来高亮显示邮件正文中的重要内容,能帮助收件人更轻松地抓住重点。

诀窍5,简洁明了,重点突出。

许多客户在浏览营销邮件时往往会一目十行,因此,营销邮件只有几秒钟来决定能否吸引他们的注意力。

诀窍6,用图片作为补充。

在营销邮件中加入图片能让邮件内容更加生动并引人注目,从而更好地传递信息。一张图片可以抵得上千言万语。但如果图片质量太差,反而会影响收件人对企业的印象。因此在选择图片时,要挑选那些简单的、易于理解的,并且与正文内容有直接关联的图片。

诀窍7,行文排版,巧用空行。

空行可以让收件人的眼睛得到休息。否则,面对一大堆没有划分段落的文章,收件人不知从何阅读。因此,应确保在标题、正文与其他主要内容之间保留足够的空行。

诀窍8,切勿在图片中嵌入正文。

有些人会在接收电子邮件时默认关闭图片显示功能,因此,不要在图片中嵌入正文,正文内容应当单独显示。

诀窍 9，简约而不简单。

在设计上有这么一句名言：简约而不简单。那些看上去整齐划一、能够明确表达信息的邮件更能引起反响。电子邮件营销的目的是让收件人看后采取一些行动，如访问企业的网站、获取一些产品信息等。一套设计良好的电子营销邮件应当能让潜在客户关注并采取企业所希望的行动。

诀窍 10，信息有针对性。

如果邮件不能让收件人特别感兴趣，那么他们很可能忽略邮件的信息，最佳方式是让邮件的信息更有针对性。

3）需要有退订提示

在邮件内容的"签名"文件中，含有隐私政策和退订提示。这样可以让收件人不必担心收到垃圾邮件，并随时退订不喜欢的邮件。这些信息不仅能够提高订阅率，而且可以证明自己的企业是一个许可营销邮件公司，而不是垃圾邮件的制造者。

> **想一想**
> 你制作的电子邮件广告是否符合前述要求呢？你认为电子邮件广告设计的关键是什么？

拓展学习

电子邮件使用情况分析：根据最近一期的 CNNIC 公布的《中国互联网发展状况统计报告》，搜索"中国网民电子邮件使用率"及相关资料，填写表 4-10。

表 4-10 中国网民对电子邮件的使用状况和态度

中国网民电子邮件使用率及简评	中国垃圾邮件涉及最多的内容前 3 类，以及主要传播渠道	中国对垃圾邮件采取的防范措施
第（　　）次调查：		

活动 4　学会微博营销

做中学

- 打开百度搜索页，输入搜索内容，查找新浪微博平台的相关知识，完成表 4-11。

表 4-11　新浪微博平台

名　　称	字 数 限 度	拥有用户数	具备的功能	与博客的区别
新浪微博				

- 注册新浪微博，浏览微博页面，学习常用设置并发表一条微博内容。

必备知识

1. 微博营销

微博，即微博客的简称，是一个基于用户关系的信息分享、传播及获取平台，用户可以组建个人社区，以 140 个左右的文字更新信息，并实现即时分享。

微博营销，就是借助微博这一平台进行的包括品牌推广、活动策划、个人形象包装、产品宣传等一系列的营销活动。微博营销成为电子商务中的一种新颖的、独特的营销模式，方便、快捷、广泛、互动、实时都是微博营销的特色。

读一读

中国四大门户微博简介

中国四大门户网站指的是腾讯、新浪、网易、搜狐四大网站。这四个网站曾经几乎占领了中国整个门户网站的市场。

腾讯微博

腾讯微博是一个由腾讯公司推出，提供微型博客服务的网站。用户可以通过网页、手机、QQ 客户端、QQ 空间及电子邮箱等途径使用腾讯微博。2020 年 9 月，腾讯微博停止服务。

新浪微博

自 2009 年 8 月上线以来，新浪微博就一直保持着爆发式增长。2010 年 10 月底，新浪微博注册用户超过 5000 万个。2014 年 3 月 27 日，新浪微博正式更名为微博。2014 年 4 月 17 日晚，新浪微博正式登陆纳斯达克，股票代码 WB。2018 年 11 月 1 日上线新版本客户端，微博暂停对不满 14 周岁的未成年人开放注册功能。

网易微博

网易微博于 2010 年 1 月 20 日正式上线内测，自 2010 年 7 月 13 日 19:00 起，网易微博进入系统维护时间，之后开通。2014 年 11 月 4 日，网易微博宣布将正式关闭。网易微博页面提醒用户将迁移到轻博客以保存原内容，但也意味着原网易微博用户关系链的断裂，网易微博将不复存在。

> **搜狐微博**
>
> 搜狐是中国一家领先的门户网站,是中国网民上网冲浪的首选门户网站,和新浪、网易、腾讯并称"中国四大门户"。
>
> 搜狐微博的特点在于和博客、视频、相册、圈子、新闻的整合,搜狐微博没有140个字的限制,非注册用户可以阅读微博内容,用户对搜索网站内新闻的跟帖评论会自动收录到用户微博中。
>
> 搜狐微博现已停止服务。

2. 微博营销的优势

微博营销跟传统营销手段一样,可以起到提高产品知名度、扩大品牌影响力、向外界展示企业形象等作用。除此之外,微博营销还具有一些传统营销手段所不具备的优势。

1)成本低

微博发布门槛低,成本远低于广告,效果却不差;140个字的字数限制远比发布博客容易,而对于能产生同样效果的广告则更加经济;与传统的大众媒体(如报纸、电视等)相比,受众同样广泛,前期一次投入,后期维护成本低廉。

2)便捷

微博营销发布信息的主体无须经过繁复的行政审批,从而节约了大量的时间和成本。

3)立体化

微博营销可以借助先进的多媒体技术手段,以文字、图片、视频等展现形式对产品进行描述,从而使潜在客户更形象、直接地接收信息。从人性化角度来看,企业品牌的微博本身就可以将自己拟人化,更具亲和力。

4)覆盖广

微博用户体量大,因此微博营销传播效果好,覆盖面广。微博信息支持各种平台,包括手机、电脑与其他传统媒体。传播方式具有多样性,转发非常方便,尤其利用名人效应能够使事件的传播量呈几何级放大。

5)传播速度快

一条关注度较高的微博内容在互联网及移动网络平台上发出后,短时间内的互动性转发就可以抵达微博世界的每个角落。

6)效果优

微博营销是投资少、见效快的一种新型的网络营销模式,可以使企业在短期内获得最大的收益。社交网络服务与类似于网络论坛形式的传统媒体广告的优势在于社交信任与信息筛选。传统媒体广告往往针对性差,难以进行后期反馈。而微博针对性极强,绝大多数关注企业或产品的粉丝都是本产品的客户或潜在客户，企业可以对其进行精准营销。

议一议
微博营销与其他网络营销方式相比有何不同？

3．微博营销的要点

要想使微博营销达到一定的效果，还需要注意微博营销过程中的一些要点。

1）话题

根据目标听众设定话题，这就是要在微博设立初期制定内容策略，就像一本杂志的主编设定杂志内容策略一样。微博的最终目的其实是分享内容，对于企业来说，运用好社会化媒体的关键在于内容策略。内容策略=我听见你的声音+我在听你说+我明白你说的+达成营销目标的内容措施。

想一想
你的微博所发的内容是写自己的心情日记，还是准备用来做广告？
你的微博针对的是哪个群体？如何让这个群体关注你的微博？这个群体喜欢什么样的话题？

2）标签

设定好了标签可以帮你找到你想找的人，如果不设定好标签，就算你有许多粉丝也没有用。当然，不同的时间需要用不同的标签，尽可能让搜索结果一直处在第1页，这样才有机会被你想找的人关注。

3）善用大众热门话题

每小时热门话题排行及每日热门话题排行都是很有用的，因为这些话题适合使用微博的每个人，若合理地加入营销内容，可以提高被搜索到的概率。一般在热门关键词前后加"#"，如#世界经理人#。

4）主动搜索相关话题

在"百度知道"中，把企业所在的行业中用户常问的问题整理出来，提取重要的关键词，如世界经理人、世界经理人管理、世界经理人资讯……随时关注微博用户的讨论内容，主动搜索，主动与用户互动。

5）制定有规律的更新频率

一般每天发5~20条微博内容，1小时发1~2条微博内容。如果把握不好频率和节奏，粉丝就会流失。

6）让内容有"连载"

例如，每天推荐一个好作品或热门资讯，每周发布一次活动结果。连载会增强粉丝的活跃度。

7）规划好发帖时间

微博有几个高峰人群时间，上班、午休、下午 4:00 后、晚上 8:00，要抓住这些高峰人群时间发帖，这样才可能产生高阅读率和高转发率。

8）善用"关注"

在微博推广的前期，"关注"能够让你迅速聚集粉丝。对新浪微博用户来说，每天最多只能关注 500 人，关注的上限人数为 2000 人。

小贴士

增加粉丝数量

我们可以到 QQ 群、论坛等地方宣传自己的微博，让更多的人知道，也可以加入一些相关的微信群，关注一些名人和相关微博，还可以借助报刊、电视等媒体进行宣传。

9）活动

一定要定期举办活动，活动能加快粉丝的成长、增强粉丝忠诚度，以及与竞争对手建立区隔。

10）互动

要为客户和潜在客户创造有意义的体验和进行有效的互动。只有做到这两点，客户和潜在客户才会与你交流，才会分享你的内容。

拓展学习

- 收集最新的微博营销案例，说明该营销案例的独特之处，并将案例整理后进行课堂分享。

    案例：_____，来源_____，独特之处：_____
    _____。

- 借鉴成功营销的案例，动手策划一场吸引人的营销活动，并投放在你的微博上，等活动结束后记录你的新粉丝数。

    微博营销策划：_____
    _____
    _____。

新粉丝数：_____。

活动 5　使用微信营销

做中学

结合必备知识回答以下问题。

- 你为什么要做微信营销？

（1）是因为大家都在做微信营销吗？（要知道所有人都在做同一件事情有时候也不一定是好事。）

（2）是觉得自己不做微信营销就会处于被动地位吗？（如果你不弄懂"为什么要做微信营销"这个问题，那么即使做了微信营销，你也会处于被动地位。）

（3）是因为你觉得微信这种独特的产品模式更适合做营销吗？那么，微信与其他产品或营销工具相比，其独特性体现在哪里呢？

- 你的产品是否适合做微信营销呢？

（1）你的产品有哪些特点？

（2）能否借助微信将你的产品的特点放大？

（3）你认为哪类产品适合做微信营销？

- 用户基于什么情境使用微信？用户登录微信的目的是什么？（因为你可以利用用户使用微信的目的来进行营销。）

必备知识

1. 微信概述

微信是腾讯公司推出的一个为智能终端提供即时通信服务的免费应用程序，它可以通过网络快速发送免费（需消耗少量网络流量）语音短信、视频、图片和文字。

微信有微信公众平台、朋友圈、消息推送等功能。用户可以通过摇一摇、搜索号码、附近的人、扫二维码的方式添加好友和关注微信公众平台。同时，微信用户可将内容分享给好友，也可将自己看到的精彩内容分享到朋友圈。

> **想一想**
> 微信与 QQ 有何不同？与微博又有何不同？

2. 微信营销概述

微信营销是网络经济时代企业或个人营销模式的一种，是伴随着微信的火热而兴起的一种网络营销方式。微信不存在距离的限制，用户在注册微信账号后，可与周围同样注册微信账号的"朋友"形成一种联系，也可订阅自己所需的信息，而商家则通过提供用户需要的信息来推广自己的产品，从而实现点对点的营销。

微信营销主要体现在利用安卓系统、苹果系统的手机或平板电脑中的移动客户端进行区域定位营销。商家通过微信公众平台，结合转介率微信会员卡管理系统展示自己的微官网、微会员、微推送、微支付、微活动，形成一种主流的微信互动营销方式。

3．微信营销的模式

（1）草根广告式——附近：微信中基于位置的功能插件"附近"便可以使更多的陌生人看到这种强制性广告。

（2）品牌活动式——看一看：移植到微信上后，"看一看"的功能基本保留了原始简单、易上手的风格。

（3）O2O折扣式——扫一扫：二维码发展了这么久，其商业用途越来越广，所以微信也就顺应潮流，结合O2O展开商业活动。

（4）互动营销式——微信公众平台：对于大众化媒体、明星及企业而言，如果微信开放平台+朋友圈的社交分享功能的开放，已经使微信成为一种移动互联网上不可忽视的营销渠道，那么微信公众平台的上线则使这种营销渠道更加细化和直接。

（5）微信开店——这里的微信开店（微信商城）并不是微信"精选商品"频道升级后的腾讯自营平台，而是由商家申请获得微信支付权限并开设微信店铺的平台。微信公众平台要申请微信支付权限需要具备两个条件：必须是服务号；需要申请微信认证，以获得微信高级接口权限。商家只有申请了微信支付，才能进一步利用微信的开放资源搭建微信店铺。

> **议一议**
>
> 除了以上几种微信营销的模式，你还知道哪些模式可以达到营销的目的吗？把它们一一列出来并进行适当的描述。

拓展学习

- 通过注册操作与上网搜查相关资料，比较微信个人账号与微信公众平台账号的区别，汇总并填写至画线处。

（1）我的微信个人账号：_____，我的微信公众平台账号：_____。

（2）两类账号的区别：_____
_____
_____。

（3）3种不同的微信公众平台账号的区别如表4-12所示。

表4-12 3种不同的微信公众平台账号的区别

公众平台账号类型	特　　点	适　用　用　户

活动6 技能训练：网店推广策划

小组合作开展训练：针对自己店铺的实际情况，上网搜集相关的资料，制定适合自己店铺的推广策划书。

1．学习推广策划

上网浏览以下网站，了解营销策划的相关知识，构建方案框架。

如风营销策划工作室；

中国营销传播网；

博导前程网站；

阿里学院。

> **议一议**
> 网店推广策划方案有什么作用？它的框架是怎样的？

2．填写《店铺诊断信息表》（见表4-13）

表4-13 店铺诊断信息表

项　　目	本店情况	可　选　回　复
店铺定位		（产品品牌/渠道品牌）
视觉识别设计		（有/没有）
品牌故事		（有/没有）
线下实体店		（有/没有）
媒体报道		（有/没有）
软文设计		（有/没有）
热卖商品		（如光效达5流明/瓦的LED）
试用商品		（可以10元包邮的商品）
低价引流商品		（列出商品名称、单价、与同行的同类商品的对比情况）
主推爆款商品		（性价比高、库存多、销量高）
服务差异点		（与同行的同类商品对比）
季度推广预算计划		（有/没有）
年度销售额目标		（有/没有）

> **议一议**
>
> 做推广策划方案为什么要先对店铺进行诊断分析？各小组展示店铺数据分析报告，并阐述本小组的观点。

3．分析的理论依据

1）本店铺数据与行业数据的对比

（1）本店铺客单价与行业平均水平的对比。

（2）本店铺转化率与行业平均水平的对比。

（3）本店铺访客数与行业平均水平的对比。

分析的意义：可将行业平均水平作为一个参照物，通过对比知道本店铺的优点和缺点。

2）本店铺近两个月的销售数据对比

这主要是分析本月销售情况、本月销售指标完成情况，以及与上个月对比的情况，从而知道同比销售趋势、实际销售与计划的差距。

3）品牌和产品定位分析

从商业模式上来定位，确定是做自己的产品品牌、自己的渠道品牌，还是销售其他公司品牌的产品。

4．推广策略及具体方法选择

根据分析确定推广策略，详细列出将使用的网络推广方法，如搜索引擎推广、博客营销、邮件营销、QQ群营销、论坛发帖、软文宣传、活动推广、网络广告投放等，对每种推广方法写出具体怎么应用，并对推广方法的优劣及效果等做出分析。

5．投入预算

每个推广方案肯定会有一定的投入预算，要通过合理规划让有限的资金实现最大的推广效果，让每分钱都能真正助力网店的推广，尽量避免浪费。因此，应制订一个最佳的组合计划，让推广的效果达到最大化。

6．效果预测

对网店主要推广措施的效果进行跟踪，定期进行网店流量统计分析，预测网店月点击率及月营业额。

> **老师点评**

项 目 小 结

通过对本项目的学习,我们知道了网店营销推广是运用一定的媒介,有计划地进行网店传播的广告活动,它的具体意义有以下几点:让客户在众多商品中发现你的商品,让客户在众多网店中选择进入你的网店,让客户购买你的商品,让客户成为回头客。

淘宝推广的渠道可分为站内推广和站外推广;站内推广方式分为付费推广和免费推广。

目前采用的站内推广方式主要有友情链接、利用店铺留言、在论坛发精华帖与回帖、群发旺旺好友、直通车、淘宝客、开通淘宝旺铺、店铺红包、开展店内促销活动、利用评价管理、超级卖霸、淘代码、钻石展位、淘宝试用中心等。站外推广方式主要有搜索引擎提交、网站问答类推广、其他平台引流、病毒式推广、EDM推广、软文推广、论坛推广、博客推广、QQ推广等。

在淘宝,最精准的流量、最容易产生购买的流量都来自站内流量。我们要想做好店铺内功,需要每天关注店铺后台,通过手动优化标题、做好橱窗推荐、安排商品上/下架时间等来吸引流量,但是这样所花费的人力成本、时间成本、金钱成本会比较高,所以有条件的可以采用有此功能的软件来帮助我们获取精准的流量。

淘宝内部推广虽然是很有效的方法,不过站外推广也是不可小觑的,虽然成交率不是很高,但从长期来说,它的作用更深入人心。站外推广的主要方法包括发布网络广告、优化搜索引擎、发送电子邮件、微博营销、微信营销。

开店容易养店难,一个成功的商家绝对不是单纯的投机主义者,而应该是一个推广高手。其实这个世界上没有所谓的最好的推广方式,适合的就是最好的,我们应该根据实际情况找到最适合自己的推广方式。

项目 5
掌握客服技巧

学习目标

通过学习本项目，你应该能够：

(1) 熟悉千牛工作台的使用技巧；

(2) 学会快捷短语的设置技巧；

(3) 掌握售中、售后服务的沟通技巧；

(4) 具有使用在线沟通工具和处理网店交易纠纷的能力。

随着网络购物的兴起，网店经营的日益火爆，一个全新的职业——网店客服悄然兴起了。网店客服沟通技巧你知道多少呢？售前需要沟通，售后还要跟踪，纠纷更要沟通。沟通无处不在，技巧决定交易成败。客服首先要让客户方便、快速地体验客服人员所给予的服务，在购物的过程中一定要让客户感到愉快。良好的客户沟通可以改善用户体验，提高潜在客户的购买率，还可以极大地促进客户的重购行为，甚至使客户成为网店的推广者。

任务1 学会在线沟通工具的使用技巧

问题引入

电子商务行业的特殊性，要求客服人员能熟悉在线沟通工具的使用，如千牛工作台是如何使用的？又是如何进行快捷短语的设置的？这些都需要客服人员去学习。

_____

_____

你知道吗？

2013年1月，阿里巴巴商家业务事业部推出千牛工作台。2013年2月，开始进行用户迁移，主要进行平台切换和升级工作。2013年5月，千牛装机量超过80万个，日活跃用户数超过50万人。2013年6月，阿里巴巴集团正式为淘宝、天猫、1688的商家提供手机和电脑端一站式解决方案——千牛。千牛工作台是阿里巴巴集团官方出品的，淘宝、天猫的商家均可使用，包含卖家工作台、消息中心、阿里旺旺、量子恒道、订单数量、插件中心等主要功能。

据介绍，千牛移动版现已覆盖iOS、Android、阿里操作系统等平台。

活动1 熟悉千牛工作台的使用技巧

做中学

- 小组合作：在百度等网站使用"千牛工作台""阿里旺旺卖家版"等关键词进行搜索，注意将两个不同的软件所具有的功能填入表5-1中。同时，了解二者的区别和千牛工作台对卖家的帮助表现在哪里。

表5-1 搜索结果比较表

软　件	主　要　功　能	拓　展　功　能	两者的区别
千牛工作台			
阿里旺旺卖家版			

- 小组讨论：在使用千牛工作台后，卖家能获得的帮助是否有所增加？其在移动端具有哪些新的功能？结合必备知识，你认为千牛工作台还应该具有哪些方便用户的功能？

必备知识

客服人员面对网络上的消费群体，必然需要沟通的工具。目前比较常用的有阿里旺旺和QQ等即时聊天工具。作为卖家，除了需要沟通工具，还需要对店铺进行管理，所以千牛工作台更适合卖家。那么，千牛工作台具有哪些功能、如何对其进行设置，是一个客服人员需要掌握的必备知识。千牛工作台的功能大概可以归纳为更好地搜索和推荐、更多订单的显示、更方便客服工作、更便捷的插件中心。

1. 核心模块

千牛工作台是从阿里旺旺卖家版的基础上升级而来的，拥有四大核心模块：卖家工作台、阿里旺旺卖家版、消息中心、插件中心，同时添加了"淘宝智能机器人"智能客服系统，提升了卖家在服务过程中的工作效率，并有效降低了店铺的运营成本。

（1）卖家工作台：支持子账号登录，为卖家提供店铺关键信息提醒，以及商品、交易、数据等常用操作的快捷入口，使用时更方便、快捷。

（2）阿里旺旺卖家版：支持手机和电脑同时登录，卖家可随时看到订单情况及后台推送的最新消息。另外，移动版具备添加好友、查看买家个人主页的功能，方便买卖双方的沟通交流，有利于促进交易的达成。

（3）消息中心：实现第一时间将商品消息、订单消息、退款消息、官方公告等推送到卖家移动端，避免卖家错过关键的信息。

（4）插件中心：卖家可根据店铺的实际运营情况选择合适的商品管理、交易管理、数据统计等常用插件，应用起来更合理。

2. 登录状态的设置

千牛工作台的登录状态分为淘宝网、1688和企业商家3种模式，如图5-1所示。

3. 店小蜜的使用

店小蜜是一款针对卖家的智能客服机器人。店小蜜全自动模式为7×24小时在线，具有智能预测、主动营销、催拍跟单等智能辅助模式，能够代替人工客服处理60%的咨询问题。店小蜜的页面和店小蜜的开启如图5-2和图5-3所示。

图 5-1 千牛工作台的登录状态页面

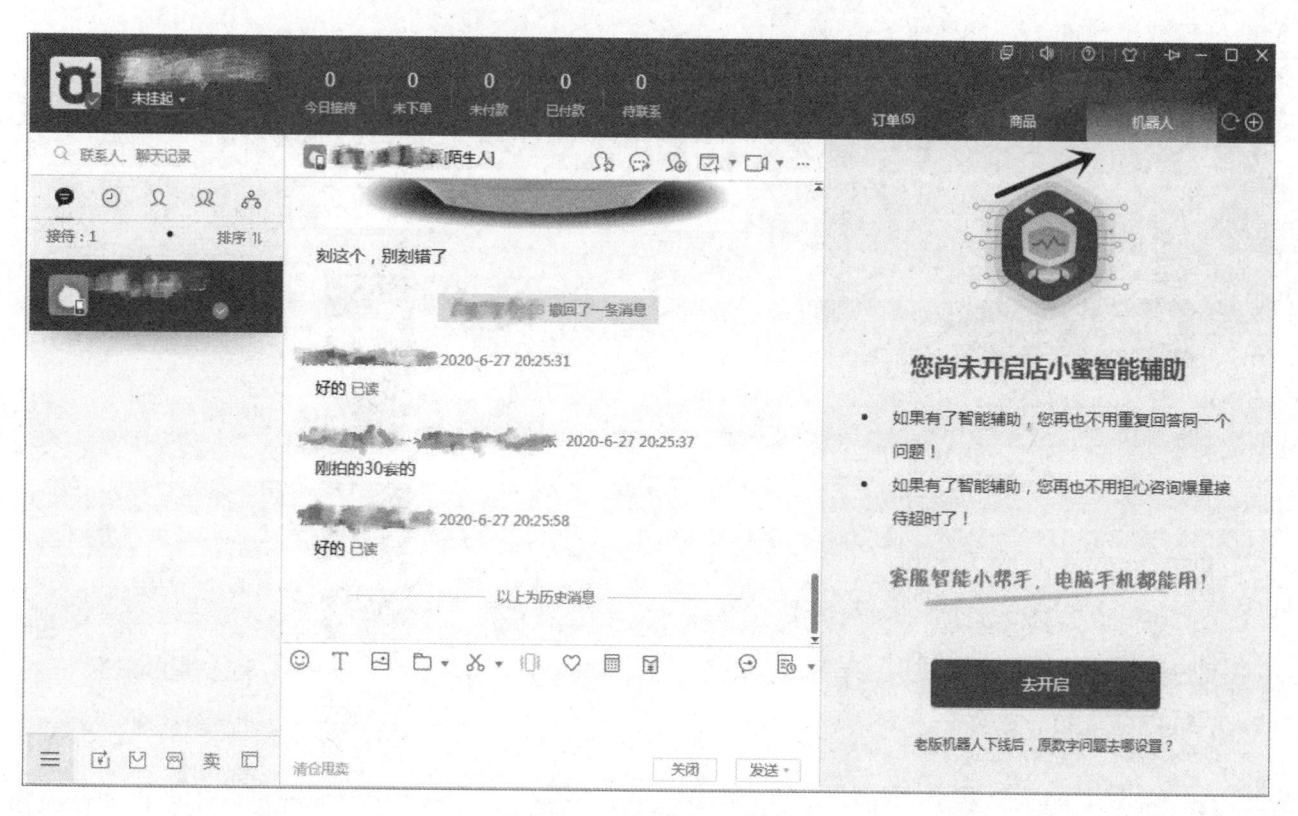

图 5-2 店小蜜的页面

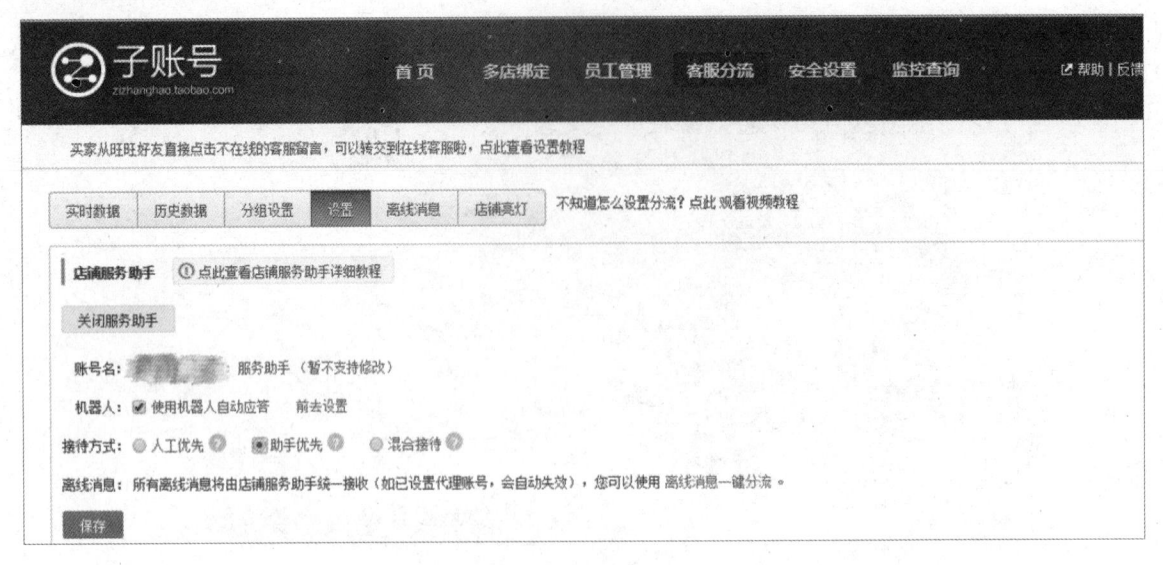

图 5-3　店小蜜的开启

4．搜索功能项

客服人员再也不用到页面去搜索商品了，直接在页面右侧搜索就可以发送链接，更加方便向买家推荐商品，如图 5-4 所示。

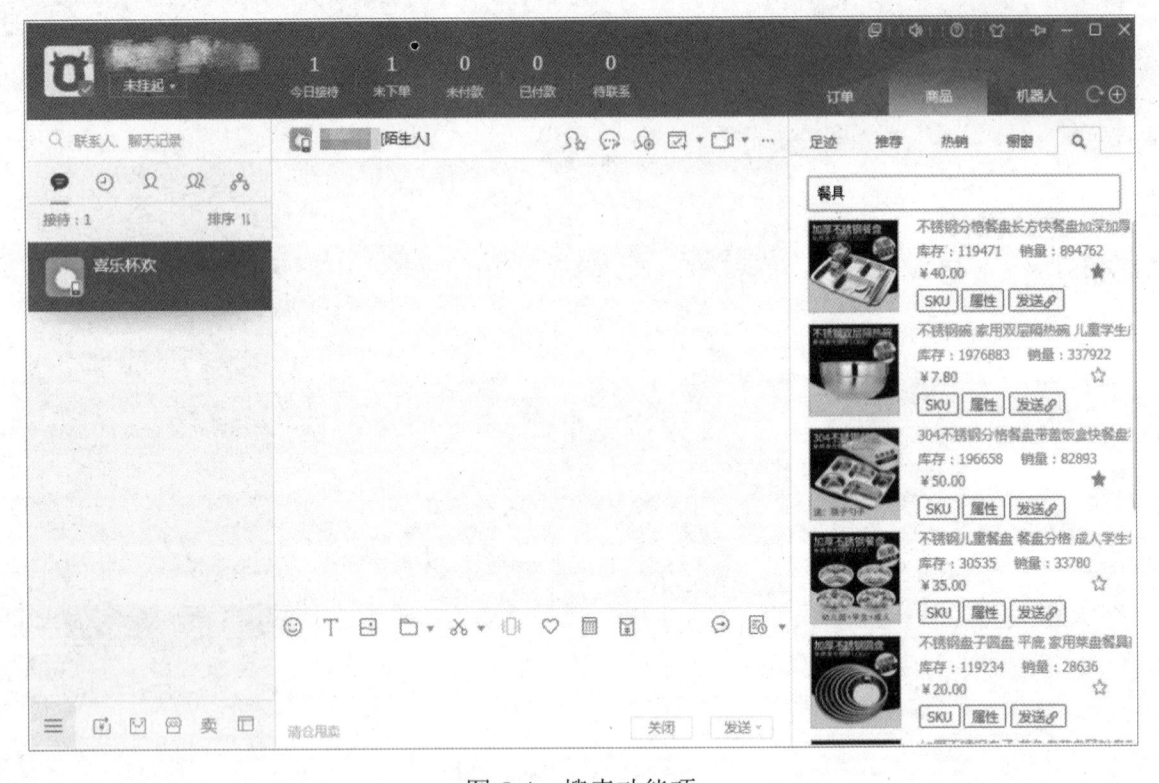

图 5-4　搜索功能项

5．预防差评

多少卖家曾经被"差评师"深深地伤过，自从千牛工作台有了买家好评率后，卖家可以有效地防止"差评师"。将好评率高的用户加为好友，将差评率高的用户拉进黑名单，这样的功能设置在聊天窗口的菜单栏上，方便操作，如图 5-5 所示。

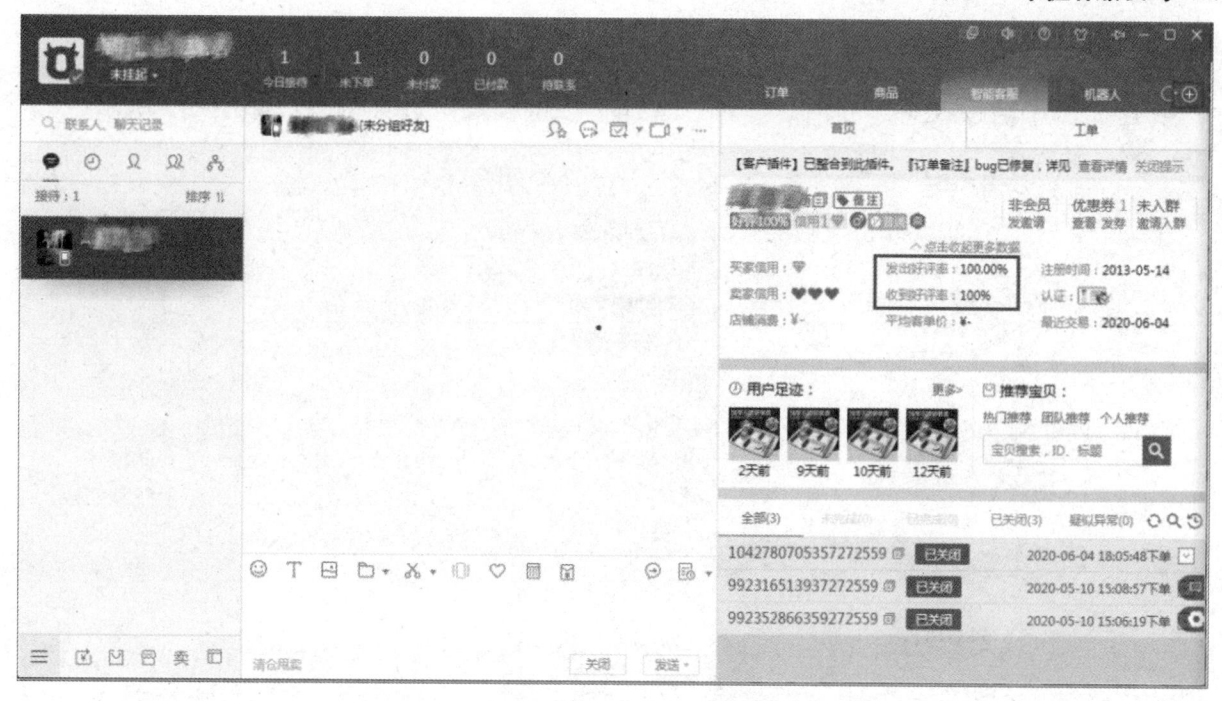

图 5-5　买家好评率

6．交易信息查询

之前，交易信息需要在网页上查找，而在千牛工作台上，可以通过左边用户列表的名称和用户名称后所带的标记了解信息，极大地提升了客服人员的工作效率，如图 5-6 所示。

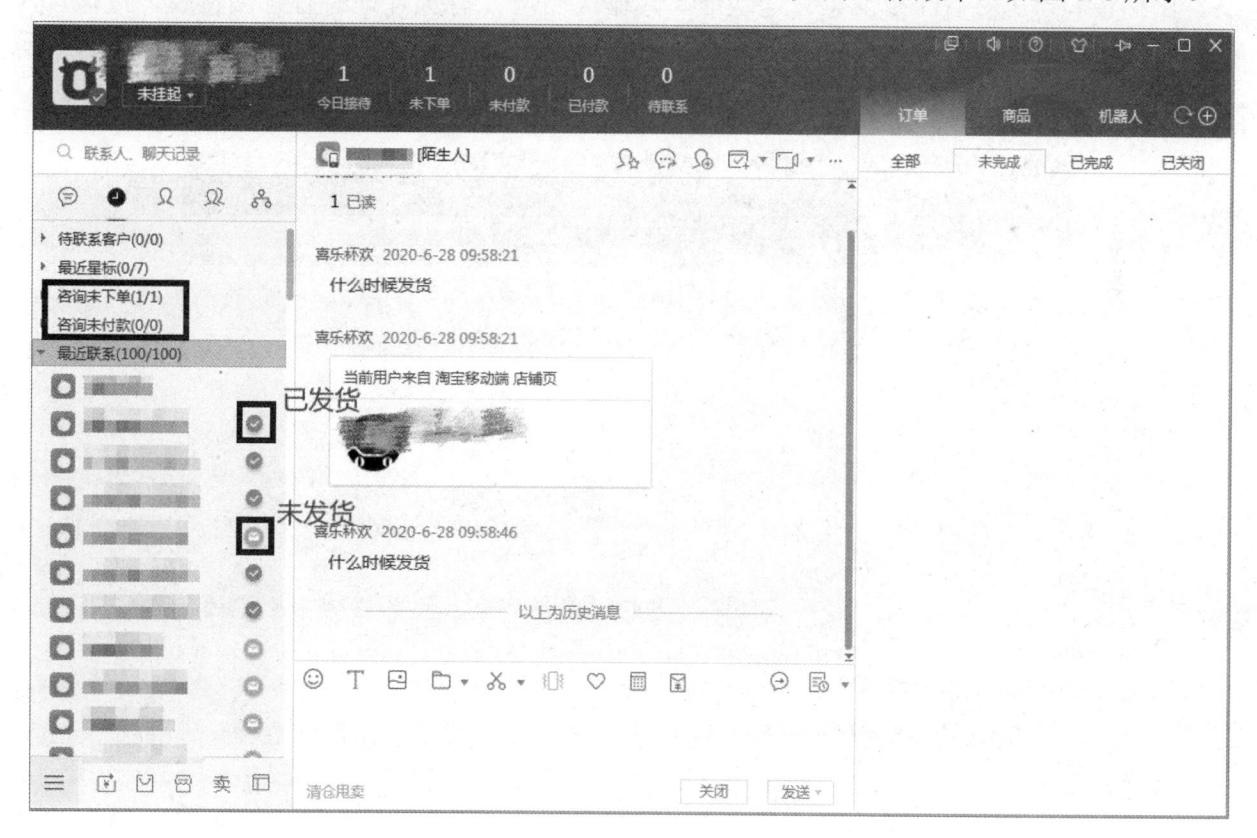

图 5-6　用户信息查询

7. 子账号的消息接收

若子账号不能接收买家的消息，可以选择"接待设置"进行调整，如图 5-7 所示。

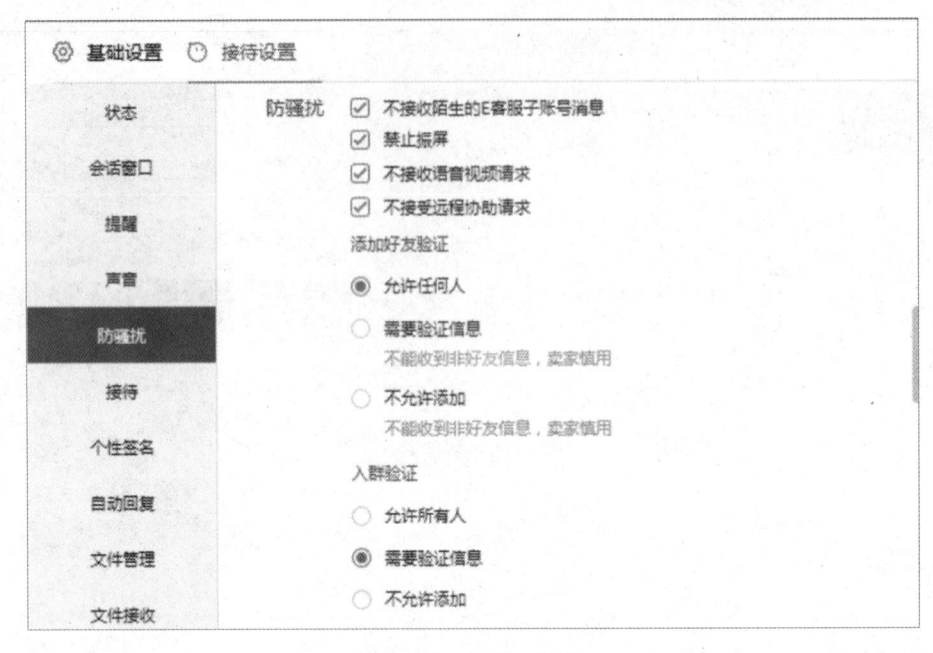

图 5-7　接待设置

8. 消息订阅设置

千牛工作台开发了许多消息发送功能，客服人员可以有选择地进行订阅接收，过滤掉不需要的信息，专心做好客服工作。客服人员可以通过"消息中心"—"订阅设置"进行交易信息的设置。交易消息是必须设置为接收的，这样方便查询，如图 5-8 所示。

图 5-8　消息订阅

拓展学习

- 小组合作：掌握手机版千牛工作台的设置技巧和数据查询方式。

  手机版千牛工作台的下载方式和步骤：_____
  _____。

  账号登录，可以设置手势密码，其设置过程：_____
  _____。

  管理店铺，可以设置的模块：_____
  _____。

  添加数据，可以添加的内容：_____
  _____。

  交易管理，可以查询的信息：_____
  _____。

  商品管理，可以实现的功能：_____
  _____。

  管理店铺，可以设置的内容：_____
  _____。

  生意参谋，可以具有的页面：_____
  _____。

  消息设置，可以设置的内容：_____
  _____。

  账号设置，可以设置的内容：_____
  _____。

- 本小组推荐的代表：_____。

活动2　学会快捷短语的设置技巧

做中学

结合自己店铺商品的实际状况，利用搜索引擎查找相应店铺快捷短语的设置，依据不同的状态设置不同的短语，小组成员之间进行相互交流，选择相对合适的快捷短语。

有人"旺"客服人员时：_____。

客户咨询产品质量：_____。

售后质量保证：_____。

商品特征：_____。

欢送客户：_____。

结合必备知识，给自己的店铺设计 20 条快捷短语，要求是在不同状况下的，如促销活动、商品特征、包邮情况、到货期限、付款方式等。

必备知识

1．快捷短语的设置要求

快捷短语最多设置 500 条，单条限制 800 个字符，一个文字为 2 个字符，标点或空格算作 1 个字符。

2．快捷短语的设置

设置快捷短语便于迅速回复客户的问题，减少客户的等待时间，增强客户的黏性，提升店铺形象，提高转化率。设置快捷短语的步骤如下。

（1）登录店铺千牛工作台。

（2）打开联系人（任意选择）。

（3）点击"快捷短语"，如图 5-9 所示。

（4）新增快捷短语，如图 5-10 所示。

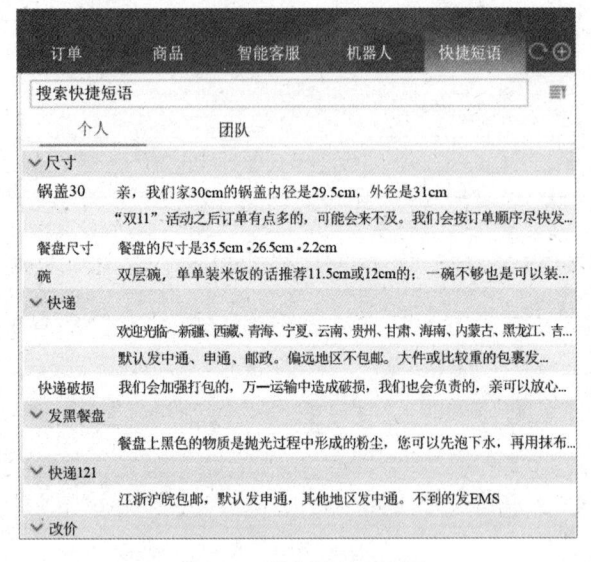

图 5-9　快捷短语设置　　　　图 5-10　新增快捷短语

3．自动回复短语的设置

自动回复短语主要是在客服人员离开工作岗位、当天第一次收到客户消息等情况下，便捷自动回复，摆脱尴尬局面的设置，如图 5-11 所示。

图 5-11　自动回复短语的设置

4. 店小蜜自动智能回复设置

店小蜜自动智能回复是卖家快速回复客户问题用的智能化回复功能。为了提高卖家的工作效率，店小蜜将帮助卖家分析出店铺被高频咨询的 6 个问题，之后卖家可以根据情况进行自动智能回复设置，设置成功后就可开启自动智能回复了。

具体方法：在机器人页面点击开启店小蜜智能辅助，开启后进行问题设置，如图 5-12 所示。

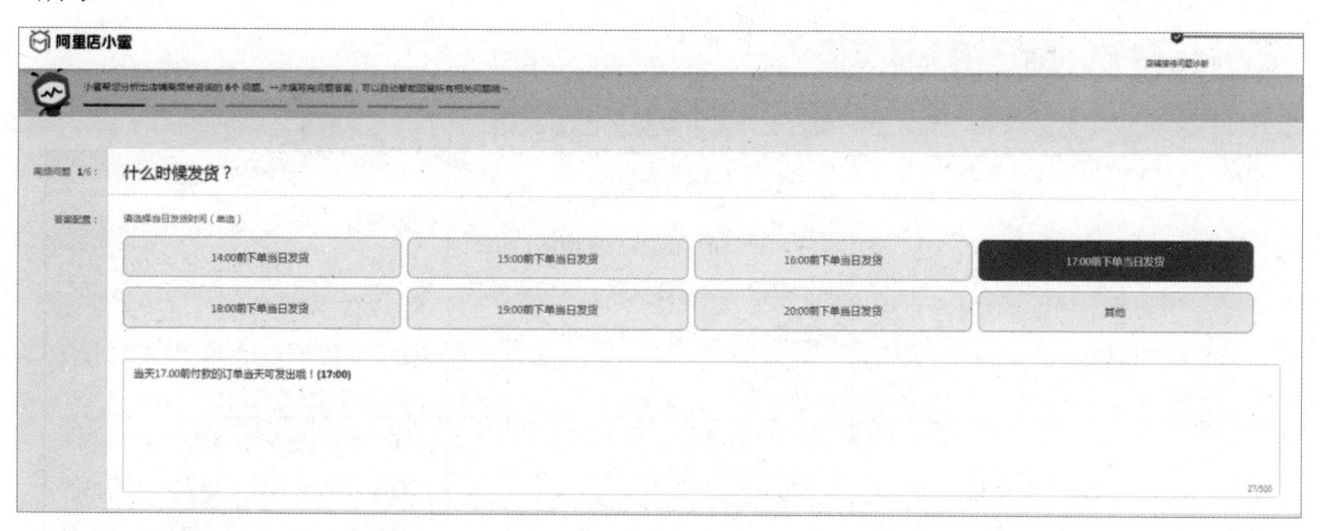

图 5-12　问题设置

5. "双 11"等重大活动快捷短语的设置

众所周知，"双 11"是淘宝卖家的福音，巨大的流量和疯狂的购物给卖家带来许多好处，但同时增加了客服人员的工作量,使用快捷短语能有效地提高回复速度,减少大量的相同或相似回复的打字工作。

1)售前两大任务:活动预告和自动回复

活动预告可以通过短信、电子邮件、QQ 消息等方式通知老客户,提高对老客户的回访率。快捷短语举例如下。

(1)亲,欢迎光临××店,诚挚为你服务!"双 11"来临,你我同欢,狂欢购物,全场 4 折,买任意 3 件包邮,买得越多,折得越多!亲,赶快下单哦!

(2)为了庆祝"双 11",凡光临××店购买 3 件以上宝贝的,都有机会抽签获赠礼品。活动仅限今天哦!

(3)亲,舒心购物,"双 11"当天只要购物 180 元以上的都可以免邮,超级划算的!

针对突发情况或比较忙的情况的快捷短语的设置举例如下。

(1)亲,客人比较多,不要着急哦!您可以先参观店铺的其他宝贝,我会一一回复,我已经成了三头六臂了!

(2)亲,吃饭时间到了,优惠活动期间任何宝贝都有货,您放心拍下,有疑问可以留言,晚点回复您!

(3)亲,掌柜外出发货,非常抱歉没能及时回复您,看到喜欢的宝贝直接拍下,回来联系亲,祝亲生活愉快!

2)做好售中:塑造优质形象

售中问题主要包括处理销售过程中的店铺发票、尺寸、色差、价格、质量、快递、发货等问题。售中常见的回复短语如表 5-2 所示。

表 5-2 售中常见的回复短语

类 别	问 题	回复短语 1	回复短语 2
发票	在吗?我买的东西比较多,请问您这里能开发票吗	本店提供正规发票,发票随货物一起发给您(您若有需要,请拍下后备注就可以了。请放心购买您心仪的宝贝哦)	本店提供正规发票,只是我们是每月一开,集中寄出的(您若有需要,请拍下后备注就可以了,我们会统一以挂号信的方式寄给您,邮费我们出。请放心购买您心仪的宝贝哦)
尺寸	您好!我身高 166cm,体重 59kg,穿多大码才合适呢	亲,宝贝详情页有对应身高的尺码表。尺码表数据是根据实物测量得出的,亲可以根据自己的实际情况及个人喜好的松紧度来选择尺码哦	亲,根据您提供的数据,我觉得您比较适合穿××尺码。但您对您自己的身体的尺码肯定要比我更加了解,您可以参照宝贝详情页的尺码表再做定夺哦

续表

类别	问题	回复短语 1	回复短语 2
色差	您好！请问您家的宝贝有色差吗，会不会跟实物的颜色有很大的区别呢	亲，您放心，我们是实物拍摄的哦	亲，我们是专门请摄影师拍摄的，由于电脑显示器的亮度调节不同会导致出现色差，但是我们都是把色差减到最小的，您可以放心购买
价格	您好掌柜！请问这个衣服可以再优惠些吗	亲，"双11"期间我们有活动，已经很便宜了，质量有保证，性价比也很高，您可以看一下评论。亲，如果想优惠就参加团购，我们可以给您免邮哦	亲，为了庆祝"双11"，这件衣服我们可以给您免邮，您还有任何喜欢的也可以继续购买，购买越多，优惠越多哦
质量	掌柜，这件衣服的质量有保证吗，出现问题可以退货吗	亲，我们家的宝贝都是自家生产的，有问题的宝贝是不允许出售的，您大可放心购买哦！如果还是出现质量问题，我们支持7天内无理由退换哦	亲，您放心，我们的衣服在发货之前都是有做检查的，保证质量，您也可以查看评价。如果还是出现质量问题，我们支持7天内无理由退换哦
快递	这件衣服包邮吗	亲，在"双11"活动期间，衣服都是以低价销售的，您多买的话我们可以给您免邮哦	欢迎光临！西藏、青海、宁夏、贵州、内蒙古、新疆等偏远地区不包邮哦，其余地区均包邮，默认发圆通快递哦
快递	掌柜，您家一般发什么快递呢	亲，我们一般发申通、韵达，您想发其他快递可以拍下备注，不同快递的运费和到达时间也是不同的	亲，江、浙、沪、皖包邮，默认发申通快递，其他地区发圆通，一般快递无法到达的发EMS
发货	掌柜，已经拍下了，什么时候可以发货呢，多久可以到	亲，我们统一下午6:00发货，省内的一般3天之内到达，省外的一般5~7天到达哦	亲，我们统一下午6:00发货，省内的一般3天之内到达，偏远地方和北方下雪地段可能久一些，一般10天内到达。如有突发情况可以随时联系我们哦

3）售后：品牌形象的进一步树立

问题1，客户反映还没收到货。这类问题相对来说比较好解决，可以叫客户自己查询物流信息，或者客服人员帮忙查询物流信息。如果是偏远地方的可以解释一下："亲，帮您查询了一下，您的物件正在派送的途中，为了您的帅气或美丽，麻烦您耐心等一下，相信很快就到哦！"如果核实后发现发错件，客服人员可马上跟客户解释："亲，真的不好意思，由于'双11'的订单较多，工作人员发错件，我立即帮您安排发货，同时免邮，并给您小礼品作为补偿哦。望亲原谅！"

问题2，客户收到货后反映发错货。百密一疏，特别是在"双11"这个大日子，订单多了，忙起来难免有所疏忽。不管是不是发错货，只要客户来反映情况，一定要先安抚客户，千万不要推卸责任，否则只会使情况恶化。这里推荐一些快捷短语："亲，先不要着急，可以麻烦您给我发一下图片吗？我确认一下，如果是我们的过失，我们一定会承担责任哦，谢谢！"

如果确认是自己的过失，首先跟客户道歉，如"亲，真的对不起，给您造成不便，在此郑重向您道歉"，然后在尽量降低成本的基础上跟客户协商解决方法。一般的解决方法如下。

- 亲，您可以找一下裁缝店帮您修补一下裤子，我们补给您费用。或者您申请换货，我们承担邮费。
- 亲，我给您返还些钱作为补偿可以吗？真的很抱歉！
- 亲，您那边直接退货给我们，或者如果您想换货也是可以的，邮费都由我们来承担哦！您看这样行吗？

最重要的还是卖家把发货工作做好，尽量避免此类情况的出现。

问题3，客户反映不喜欢商品或商品不合适，提出退换货。相信很多卖家都会遇到这种情况，千万不要感到厌烦，可以这样说："亲，宝贝是可以退换的，非质量问题，邮费要由亲来承担哦！"这样接下来的沟通也就比较顺畅、明了了，且能省去一些不必要的纠缠。总之，对这样的客户一定要晓之以理，动之以情，相信只要付出了真心，买家也会回报你以宽容和理解的。

问题4，由于商品本身或快递导致出现问题被客户投诉或给出差评。这个问题想必是大部分卖家最为头疼的。因为看不到商品，不知是客户弄坏的还是商品本身的问题，或者是快递导致的问题。

（1）一定要沉住气，如"亲，您好！是哪方面出现问题了呢？可否告知一下？如果确实是我们的问题，我们会尽最大能力补偿您；如果是快递损坏的，我们也会要求快递赔偿给您；如果非以上问题，我们就无能为力了哦！"

（2）经确认，如果是商品本身出现的问题，马上道歉："亲，由于'双11'订单比较多，工作人员可能在检查的时候疏忽了，我们立即帮您安排退货或换货。给您造成了不便，我们衷心致歉！"

（3）如果是快递方面导致的问题，可以说："亲，经核查是快递公司运输途中出现差错导致的，我们这边帮您申请退款或换货，快递公司那边我们也会申请赔偿的。给您造成了不便，我们衷心致歉！"

（4）解决完投诉，接下来是处理给出差评的客户了。客服人员要保持良好的态度："亲，您好！首先感谢您对我们店铺的支持！看到您对我们家宝贝的评价不是很好，可以告之是哪方面的问题吗？我来帮您分析、解决。做淘宝不容易，有打扰之处请求见谅！"

卖家要多站在客户的角度思考，但面对比较刁难的买家也绝不要妥协，不必为了一两个差评丢失了自己的立场。

> **想一想**
>
> 客服人员还应具备哪些知识?你能把那些知识归纳并整理吗?针对自己的店铺,你认为还应该掌握什么知识?

拓展学习

结合自己店铺的实际情况,设置好相应的快捷短语,同时进行机器人的回复关联,对设置过程中遇到的问题进行记录,可通过查找相关资料、小组讨论解决问题,之后把结果填写在表 5-3 中。

表 5-3 店铺快捷短语的设置

类　　别	快　捷　短　语
活动预告	
突发情况	
发票问题	
价格问题	
质量问题	
发货时间	
商品说明	
颜色差异	

小组讨论:确定相对合理的各类快捷短语,利用搜索引擎查找网络中相应的快捷短语并进行比较,之后把结果填写在表 5-4 中。

表 5-4 常见快捷短语的采用

类　　别	小　组　确　定	网　络　查　找	最　终　采　用
活动预告			
突发情况			
发票问题			
价格问题			
质量问题			
发货时间			
商品说明			
颜色差异			

活动 3　技能训练:在线沟通工具的使用

小组合作开展训练,具体要求如下。

1. 选择店铺插件

千牛工作台是一款基础功能+第三方插件的平台化软件。在千牛工作台的"我的应用"当中，一般有商品、交易、客服、客户运营、仓储物流等项目，可在项目中选择需要的插件，如服务市场、赤兔交易、千牛 110、淘宝交易管理等，若列表中没有想要使用的插件，点击"+更多应用"即可跳转至服务市场订购。请根据实际情况，把你认为应该存在的插件填入表 5-5 中。

表 5-5　店铺插件的选择

插 件 名 称	内 容 选 择
商品	
交易	
客服	
客户运营	
仓储物流	
……	

> **议一议**
>
> 你通常如何选择插件？如何根据店铺需要选择第三方收费插件？你对插件的使用有什么不满意的地方？说出你考虑的因素。

- 本小组确定购买的第三方插件是＿＿＿＿＿＿＿＿＿＿＿＿＿＿＿＿＿＿＿＿＿＿＿＿。
- 选择该插件的理由是＿＿＿。

2. 店小蜜的使用设置

- 如何进行店小蜜的答案配置和自动回复？结合自己店铺的实际情况，将店铺中 6 个高频问题和自动回复列出，并说明使用的理由。

＿＿＿

> **想一想**
>
> 店小蜜作为千牛工作台的一个智能工具，客服人员在设置回复短语的时候应该关注什么问题？

- 在进行短语设置前需要做的准备工作有＿＿＿＿＿＿＿＿＿＿＿＿＿＿＿＿＿＿＿＿＿＿
＿＿。

3. 快捷短语的使用设置

卖家应针对不同的购买阶段分别设置不同的快捷短语，在设置快捷短语的过程中配以表情符号，使沟通更具人情味，拉近与客户的距离。请你将在不同的购买阶段设置的短语进行截图，完成体验报告。

> **议一议**
> 快捷短语与表情符号的配合是否合理？如何设置更具人情味的快捷短语？

4. 活动专用短语的设置

你所知道的淘宝店铺有哪些活动？各小组成员进行交流，整理出比较完整的活动类型，并选派代表在班内进行分享。

（1）针对天天特价，店铺的要求和设置的短语是_____。

（2）针对聚划算，店铺的要求和设置的短语是_____。

（3）针对免费试用，店铺的要求和设置的短语是_____。

（4）针对一元起拍，店铺的要求和设置的短语是_____。

（5）针对微淘，店铺的要求和设置的短语是_____。

> **老师点评**

任务2　熟悉客服的沟通技巧

问题引入

有网购经历的叶飞深知客服工作的重要性，但是对于客服人员如何有效地与客户进行沟通，以及如何引导客户愉快地购物，他还是缺乏全面的认知。虽然他想成为优秀的客服人员，但是他没有沟通技巧。客服人员该做什么？哪些是客服的专业用语？这些他都需要学习。

你知道吗？

销售的困境本是沟通的困境，销售的难题也是沟通的难题！要想走出销售的困境，首先要突破沟通瓶颈！你知道客服工作的58个禁忌吗？所有的禁忌其实都是由于缺乏沟通、缺乏用心交流。沟通贵在"用心"，只要"用心"体会客户的感受、"用心"查找工作过失、"用心"解决客户问题、"用心"拉近与客户的距离，一切禁忌便"烟消云散"了。你也便成了一个优秀的客服人员。

某销售大师曾经说："影响成交与否的最关键因素是销售员的沟通能力。"事实也正是如此，套用一句广告词来表达就是"无沟通，不销售"。

活动1　掌握售中服务的沟通技巧

做中学

请在你的家人、朋友和同学中做一个小调查，了解他们在网购的过程中最关心的问题是什么，影响他们购买的最重要的因素是什么。《网购影响因素调查汇总表》如表5-6所示。

表5-6　网购影响因素调查汇总表

年龄段	调查人群性别		网购中最关心的问题						
	男	女	价格	质量	商家信誉	售后	服务态度	资金安全	物流问题
50岁以上									
35~50岁									
18~34岁									
12~17岁									

必备知识

1. 衡量客服人员工作效率的公式

客服人员的业绩=咨询量×成单率×客单价

咨询量：在一定时间内，客服人员收到的客户咨询的总量。尤其当咨询量大时，客服人员的业务能力会得到很好的考验：一个客服人员若能同时响应多个客户的咨询，说明这个客服人员业务熟练，打字速度也够快。据调查，客户在发出信息60秒内得不到响应，客户满意度立马下降80%，离开率超过70%。

成单率：最后成交的订单占咨询量的比例。一般来说，成单率低就意味着客户流失率高，需要加强对客服人员的培训。只有完成付款的订单才算有效订单。有数据表明，下单48小时以后还未付款的客户，不再付款的概率超86%。所以，对下单未付款的客户，客服人员在一定时间后要进行跟踪、提醒，甚至电话回访，促使客户完成付款。另外，客服人员通过回馈也需要拿到客户不付款的原因，是付款流程的问题、商品的问题，还是服务的问题。

客单价：在一定时间内，每个客户平均购买商品的金额。网店常用低价商品（以秒杀、团购、大优惠等方式）来吸引客户到达网店，但低价商品往往不会带来好的利润，所以需要让客户在购买低价商品的同时，吸引他们购买一些利润较高的商品，对此，除了网店页面上的推荐与套餐搭配，还需要客服人员做相应的诱导与推荐。分析和统计每个客服人员成交业绩的商品品牌及类别的分布情况，有助于提升客服人员推荐高利润商品的主动性，进而提高客单价与营业利润。

2. 售中服务与售后服务

售中服务指在交易过程中销售者向购买者提供的服务，如咨询服务等。售后服务指生产企业、经销商把商品（或服务）销售给客户之后，为客户提供一系列服务，包括商品介绍、送货、安装、调试、维修、技术培训、上门服务等。

【案例5-1】

接收到客户的信息之后……

每个客户都是客服人员用前期巨大的付出换回来的资源，所以，每个客户都是非常珍贵的。那么，当收到消息的时候，客服人员应该怎样应对呢？

（1）当"叮咚"声响起时，可以简单地敲一个"亲"，为的是让客户知道有人立即回应了，这是对客户的一种尊敬。

（2）若回复的内容很长，可以分开回复，而不应打完一大串文字再回复，因为有的客户没有耐心等那么长时间。

（3）若不能及时回答问题，要先回复"请稍等"。生意好的时候，一个客服人员可能需要同时接待几十个客户，这时客服人员要反应快。对于难以回答、需要求助上级的问题，不要胡乱回答，也不要晾着客户，可以先回复"不好意思，亲！现在比较忙，请稍等哦"，这样客户比较容易接受，但是空一点的时候千万不能把这个客户给忘了。

（4）当回复了问题以后，请把光标移到非文字录入区。

（5）回答问题一定要非常有耐心，尽量不用"嗯""哦"等词；对不会操作流程的客户，客服人员最好通过发送截图一步一步教他操作。

（6）快捷回复，不让客户等待。客服人员可以把客户最常咨询的问题设置成快捷短语，从而减少客户的等待时间。

案例思考

在收到消息后，除案例中出现的这些做法外，你还知道其他的注意事项吗？

拓展学习

打开百度搜索页，输入关键词"客服技巧"进行搜索，了解更多的客服人员应答技巧，分组讨论，并整理讨论的内容，形成一份关于客服人员应答技巧的报告。各小组之间互相分享。

活动2　打造优质售后服务

做中学

- 上网查找，结合自己店铺的实际情况，小组成员之间进行交流，列出优质售后服务的关键点，以知识点或短文的方式在班内展示。
- 你觉得优质的售后客服人员该做哪些事情？客户关怀该怎么做？
- 结合必备知识，根据自己店铺的实际情况回答以下问题。

针对老客户采取的措施：_____
_____
_____。

针对快递的沟通方式：_____
_____
_____。

客户关怀：_____
_____
_____。

必备知识

如果无法阻止客户的流失，那就意味着网店将永远无法做大。那么，如何才能阻止客户的流失呢？笔者认为：首先要弄清楚客户流失的原因，然后对症下药，采取相应的有效措施加以阻止。

1．导致客户流失的因素

客户的需求不能得到切实有效的满足往往是导致客户流失的最关键因素，一般表现在以下几个方面。

1）商品质量不稳定，客户利益受损

很多网店在开始做的时候会选择质量好、价位稍高的商品来销售，但时间久了，便会选择一些劣质的商品，认为只要图片漂亮一样好卖，于是将便宜的劣质商品充当高档商品卖高价位。这样一来，客户肯定会流失很多。

2）缺乏创新，客户"移情别恋"

任何商品都有自己的生命周期。随着网上购物市场的成熟及商品价格透明度的提高，商品带给客户的选择空间越来越大，若不能及时进行创新，客户自然会另寻他路，毕竟买到性价比最高的、具有新意的商品才是客户所需要的。

3）客服人员的服务意识淡薄

客服人员傲慢、对客户提出的问题不能及时回复、回复留言语气生硬、接听电话支支吾吾、回复邮件草草了事、工作效率低下等也是直接导致客户流失的重要因素。

4）客服人员跳槽，带走了客户

网店大都是小规模的雇人经营的，客服人员流动性相对较大。店主在客户关系管理方面不够细腻、规范往往造成店主自身对客户的影响相对乏力。一旦客服人员摸清进货渠道，在网上自立门户，以低价位进行恶性竞争，老客户就会随之而去。

5）客户遭遇新的诱惑

市场竞争激烈，为了能够迅速在市场上占据有利地位，竞争对手往往会不惜代价搞低价促销、做广告、做"毁灭性打击"来吸引更多的客源。在这种情况下，客户"变节"也不是什么奇怪现象了。

另外，个别客户自恃购买次数多，为了买到网上最低价格的商品，每买一个商品都搜索最低价来对比，否则就以"主动流失"进行要挟。

2．如何防范客户流失

找到客户流失的"病"，至于如何防范，店主们还应结合自身情况"对症下药"。一般来讲，店铺应从如下几方面入手来防范客户流失。

1）做好质量营销

要明白质量是维护客户忠诚度的最好保证，是对付竞争对手的最有力的武器，是保持盈利的唯一途径。可见，店铺只有在质量上下大功夫来保证商品的耐用性、可靠性、精确性等价值属性才能在市场上占据优势，才能为商品的销售及品牌的推广打下良好的运作基础，也才能真正吸引客户、留住客户。

2）树立"客户至上"的服务意识

在重大活动期间，销售量剧增，客服人员的工作压力增大，这时最能体现客服人员的服务水平。只有经历过重大活动洗礼的客服人员才最能感受到"客户至上"的含义。由此可见，在任何行业中，服务质量好都是最重要的，是留住客户的最重要因素。

3）强化与客户的沟通

客服人员在得到一位新客户时应及时将店铺的经营理念和服务宗旨传递给新客户，以便于获得新客户的信任；在与客户交易的过程中遇到矛盾时应及时与客户沟通，及时解决问题，在适当的时候可以选择放弃自己的利益来保全客户利益，对此，客户自然会感激不尽，从而在很大程度上增强客户对店铺的信任。

4）打造店铺的品牌形象

这就要求店铺一方面通过改进商品、服务、人员和形象来树立自己店铺的品牌形象，另一方面通过改善服务和促销网络系统，减少客户购买的时间和精力的消耗，以降低货币和非货币成本，从而影响客户的满意度和双方深入合作的可能性，为自己的店铺打造出良好的品牌形象。

5）建立良好的客情关系

员工跳槽带走客户的原因之一就在于店铺缺乏与客户的深入沟通与联系。客户资料是一个店铺最重要的财富，收集好客户的详细资料，建立客户档案并进行归类管理，适时把握客户需求，让客户信任这个店铺，而不是单单一件商品，这样才能真正实现"控制"客户的目的。

6）做好创新

一旦店铺的商品不能根据市场变化做出调整与创新，就会失去市场竞争力。市场是在不断变化的，只有不断地迎合市场需求，才能赢得更多的客户。只有那些走在前面引导客户、驱使市场发展的经营者才能取得成功。

对于那些用"自动流失"相要挟的客户，尽管放弃吧，原则性问题，任何店铺的店主都不应该妥协。防范客户流失工作既是一门艺术，又是一门科学。店铺与客户要保持有效联系，在联系的过程中创造和传递客户价值，这样才能最终获得、保持和增加客户，锻造店铺的核心竞争力，拥有立足市场的资本。

想一想

一个优秀的售后客服人员应该具有哪些特质？如何做才能把自己打造成一个优秀的售后客服人员？

拓展学习

（1）针对自己的店铺或你所了解的店铺的实际状况，说说处理客户投诉的过程是怎样的，并将其作为小组案例进行讨论。

（2）当你的店铺中出现客户给予中差评的情况，你是如何进行有效沟通的？沟通的结果如何？请将其作为小组案例进行反思，并写下来。

（3）你觉得对店铺的VIP客户在哪些时间点要做客户关怀？该做什么？

活动3 技能训练：网店交易纠纷处理

1. 店铺中差评的修改

结合自己店铺的实际情况，参照图5-13，小组合作开展训练。

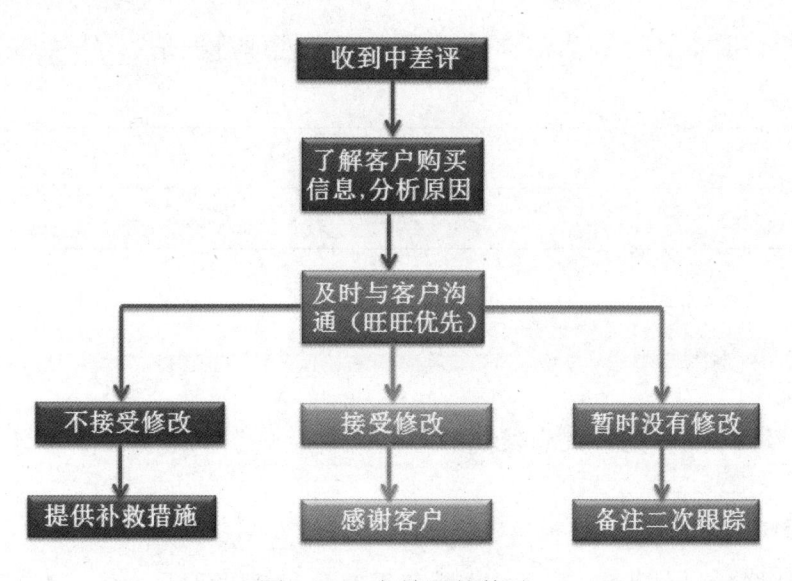

图5-13 中差评的修改

（1）采用什么方法了解客户购买信息和分析原因？

_____

_____。

议一议

客户给予中差评的原因很多，如商品质量问题、物流问题、故意刁难等。你会如何确定具体原因？如果遇到恶意差评师，你该怎么办？

（2）最终确定的原因是＿＿＿＿＿＿＿＿＿＿＿＿＿＿＿＿＿＿＿＿＿＿＿＿＿＿＿＿＿＿

＿＿。

（3）针对3种不同的情况，你采取的措施分别是什么？

对"不接受修改"的补救措施是＿＿＿＿＿＿＿＿＿＿＿＿＿＿＿＿＿＿＿＿＿＿＿＿＿

＿＿。

对"接受修改"的感谢是＿＿＿＿＿＿＿＿＿＿＿＿＿＿＿＿＿＿＿＿＿＿＿＿＿＿＿＿

＿＿。

对"暂时没有修改"的备注是＿＿＿＿＿＿＿＿＿＿＿＿＿＿＿＿＿＿＿＿＿＿＿＿＿＿

＿＿。

> **想一想**
> 　　换位思考，如果你是客户，出现中差评的情况，你希望客服人员怎么做？换句话，怎样才能消除你的不满？

2. 客户投诉的处理

当出现客户投诉时，作为商家，你的处理程序和处理流程是＿＿＿＿＿＿＿＿＿＿＿＿

＿＿

＿＿

＿＿

＿＿＿＿＿＿＿＿＿＿＿＿＿＿＿＿＿＿＿＿＿＿＿＿＿＿＿＿＿＿＿＿＿＿＿＿＿＿＿。

> **议一议**
> 　　作为售后客服人员，你觉得最难处理的客户投诉是什么？怎样处理客户会更乐于接受？

3. 平台处罚

当遇到平台处罚时，作为商家，你的处理程序和处理流程是＿＿＿＿＿＿＿＿＿＿＿＿

＿＿

＿＿＿＿＿＿＿＿＿＿＿＿＿＿＿＿＿＿＿＿＿＿＿＿＿＿＿＿＿＿＿＿＿＿＿＿＿＿＿。

> **老师点评**

项 目 小 结

通过对本项目的学习，我们认识到学会电子商务客服技巧有利于促使客户购买。销售的困境本是沟通的困境，销售的难题也是沟通的难题！要想走出销售困境，就要突破沟通瓶颈！你知道客户服务的禁忌吗？你知道有许多不该说、不能说的语言，以及不能用的表情符号吗？只要"用心"交流，"用心"体会客户的感受，"用心"查找工作过失，"用心"解决客户问题，"用心"拉近与客户的距离，一切服务问题便"烟消云散"了。你也便成了一个优秀的客服人员了。

熟悉千牛工作台的设置和使用，熟悉各种模块的设置，充分利用工具及时了解客户信息，查找店铺关联信息，开展各类展示，做好各类活动，关注机器人的新功能的开发，这样才能做好客服工作。

客服人员在沟通过程中要有端正、积极的态度和足够的耐心与热情，可多采用旺旺表情，将自己的情感信号通过表情符号传达给对方——不要让冰冷的文字遮住你迷人的微笑；同时，应礼貌对客，让客户真正感受到被尊重；培养与客户的感情，采用礼貌的态度、谦和的语气，从而顺利地与客户建立起良好的沟通，让客户心理上的抗拒感减弱或消失。平时，客服人员要注意修炼自己的"内功"，因为对同样一件事采用不同的表达方式会表达出不同的意思。很多交易中的误会和纠纷就是因为表述不当而引起的，客服人员应学会正确的沟通方式，尽量满足客户的合理要求。

反侵权盗版声明

电子工业出版社依法对本作品享有专有出版权。任何未经权利人书面许可，复制、销售或通过信息网络传播本作品的行为；歪曲、篡改、剽窃本作品的行为，均违反《中华人民共和国著作权法》，其行为人应承担相应的民事责任和行政责任，构成犯罪的，将被依法追究刑事责任。

为了维护市场秩序，保护权利人的合法权益，我社将依法查处和打击侵权盗版的单位和个人。欢迎社会各界人士积极举报侵权盗版行为，本社将奖励举报有功人员，并保证举报人的信息不被泄露。

举报电话：（010）88254396；（010）88258888
传　　真：（010）88254397
E-mail：dbqq@phei.com.cn
通信地址：北京市万寿路 173 信箱
　　　　　电子工业出版社总编办公室
邮　　编：100036